## 东南学术文库
SOUTHEAST UNIVERSITY ACADEMIC LIBRARY

# 城市交通管制的法治化问题研究
## 以公民交通权为视角

Research on the Rule of Law in Urban Traffic Control:
from the Perspective of Citizens' Traffic Rights

李煜兴 • 著

东南大学出版社
·南京·

图书在版编目(CIP)数据

城市交通管制的法治化问题研究：以公民交通权为视角/李煜兴著. —南京：东南大学出版社,2022.6
ISBN 978-7-5766-0117-6

Ⅰ.①城… Ⅱ.①李… Ⅲ.①城市道路—交通管制—交通法—研究—中国 Ⅳ.①D922.144

中国版本图书馆 CIP 数据核字(2022)第 084232 号

○ 东南大学人权研究院、东南大学民事检察研究中心、东南大学交通法治与发展研究中心研究成果

城市交通管制的法治化问题研究——以公民交通权为视角
Chengshi Jiaotong Guanzhi de Fazhihua Wenti Yanjiu—Yi Gongmin Jiaotongquan Wei Shijiao

| 著　者：李煜兴 |
| 出版发行：东南大学出版社 |
| 社　址：南京市四牌楼 2 号　邮编：210096　电话：025-83793330 |
| 网　址：http://www.seupress.com |
| 经　销：全国各地新华书店 |
| 排　版：南京星光测绘科技有限公司 |
| 印　刷：南京工大印务有限公司 |
| 开　本：700 mm×1000 mm　1/16 |
| 印　张：15.5 |
| 字　数：295 千字 |
| 版　次：2022 年 6 月第 1 版 |
| 印　次：2022 年 6 月第 1 次印刷 |
| 书　号：ISBN 978-7-5766-0117-6 |
| 定　价：72.00 元 |

本社图书若有印装质量问题,请直接与营销部联系。电话：025-83791830
责任编辑：刘庆楚　责任印制：周荣虎　封面设计：企图书装

# 编委会名单

主 任 委 员：郭广银
副主任委员：周佑勇　樊和平
委　　　员：（以姓氏笔画为序）
　　　　　　王廷信　王　珏　龙迪勇　仲伟俊
　　　　　　刘艳红　刘　魁　江建中　李霄翔
　　　　　　汪小洋　邱　斌　陈志斌　陈美华
　　　　　　欧阳本祺　袁久红　徐子方　徐康宁
　　　　　　徐　嘉　董　群
秘　书　长：江建中
编务人员：甘　锋　刘庆楚

# 身处南雍　心接学衡
## ——《东南学术文库》序

　　每到三月梧桐萌芽，东南大学四牌楼校区都会雾起一层新绿。若是有停放在路边的车辆，不消多久就和路面一起着上了颜色。从校园穿行而过，鬓后鬓前也免不了会沾上这些细密嫩屑。掸下细看，是五瓣的青芽。一直走出南门，植物的清香才淡下来。回首望去，质朴白石门内掩映的大礼堂，正衬着初春的朦胧图景。

　　细数其史，张之洞初建两江师范学堂，始启教习传统。后定名中央，蔚为亚洲之冠，一时英杰荟萃。可惜书生处所，终难避时运。待旧邦新造，工学院声名鹊起，恢复旧称东南，终成就今日学府。但凡游人来宁，此处都是值得一赏的好风景。短短数百米，却是大学魅力的极致诠释。治学处环境静谧，草木楼阁无言，但又似轻缓倾吐方寸之地上的往事。驻足回味，南雍余韵未散，学衡旧音绕梁。大学之道，大师之道矣。高等学府的底蕴，不在于对楼堂物件继受，而是更要仰赖学养文脉传承。昔日柳诒徵、梅光迪、吴宓、胡先骕、韩忠谟、钱端升、梅仲协、史尚宽诸先贤大儒的所思所虑、求真求是的人文社科精气神，时至今日依然是东南大学的宝贵财富，给予后人滋养，勉励吾辈精进。

　　由于历史原因，东南大学一度以工科见长。但人文之脉未断，问道之志不泯。时值国家大力建设世界一流高校的宝贵契机，东南大学作为国内顶尖学府之一，自然不会缺席。学校现已建成人文学院、马克思主义学院、艺术学院、经济管理学院、法学院、外国语学院、体育系等成建制人文社科院系，共涉及六大学科门类，5个一级博士点学科，19个一级硕士点学科。人文社科专任教师800余人，其中教授近百位，"长江学者"、国家"万人计划"哲学社会科学领军人才、全国文化名家、"马克思主义理论研究和建设工程"首席专家等人文社科领域内顶尖人才济济一堂。院系建设、人才储备以及研究平台等方面多年来的铢积锱累,为东南大学人文社科的进一步发展奠定了坚实基础。

在深厚人文社科历史积淀传承的基础上,立足国际一流科研型综合性大学之定位,东南大学力筹"强精优"、蕴含"东大气质"的一流精品文科,鼎力推动人文社科科研工作,成果喜人。近年来,承担了近三百项国家级、省部级人文社科项目课题研究工作,涌现出一大批高质量的优秀成果,获得省部级以上科研奖励近百项。人文社科科研发展之迅猛,不仅在理工科优势高校中名列前茅,更大有赶超传统人文社科优势院校之势。

东南学人深知治学路艰,人文社科建设需戒骄戒躁,忌好大喜功,宜勤勉耕耘。不积跬步,无以至千里;不积小流,无以成江海。唯有以辞藻文章的点滴推敲,方可成就百世流芳的绝句。适时出版东南大学人文社科研究成果,既是积极服务社会公众之举,也是提升东南大学的知名度和影响力,为东南大学建设国际知名高水平一流大学贡献心力的表现。而通观当今图书出版之态势,全国每年出版新书逾四十万种,零散单册发行极易淹没于茫茫书海中,因此更需积聚力量、整体策划、持之以恒,通过出版系列学术丛书之形式,集中向社会展示、宣传东南大学和东南大学人文社科的形象与实力。秉持记录、分享、反思、共进的人文社科学科建设理念,我们郑重推出这套《东南学术文库》,将近些年来东南大学人文社科诸君的研究和思考,付之枣梨,以飨读者。知我罪我,留待社会评判!

是为序。

《东南学术文库》编委会
2016 年 1 月

# 内容摘要

城市是人类文明的标志,交通是城市发展的血脉。我们在享受现代城市文明的同时,也正在经历城市交通问题的折磨。本书从城市交通的难点与热点问题出发,以城市道路利用与公民权益保障为切入点,建构"交通管制权——公民交通权"的分析框架,并以此研究城市交通安全、城市交通拥堵、城市网约车监管等交通问题的法治化解决路径。

在综合运用规范分析、案例分析、比较研究、原理分析等研究方法基础上,本书研究认为:其一,交通权利缺失是当前城市交通问题复杂化的根源,推动公民交通权从学理证成走向规范生成,这是应对和化解现代城市交通问题的逻辑前提。其二,城市交通管制并非传统"行政特权",更关乎民众切身交通利益,规范交通管制裁量权是实现城市交通管制法治化的关键所在。其三,强化政府的"交通安全保护义务",推动城市交通安全管制从"传统管制型"向"协同治理型"转变,这是实现城市交通安全管制法治化的重中之重。其四,城市交通拥堵治理过程本质上是公共选择过程,确保拥堵治理决策的形式合法性、实质正当性与程序正当性,这是城市交通拥堵管制法治化的应有之义。其五,在"互联网＋交通"背景下,限定政府管制权力边界,改革监管模式,创新规制手段,这是促进网约车行业健康有序发展,实现网约车管制法治化的必然选择。

着眼于未来城市与交通健康可持续发展,本书研究认为应推动城市交通治理的现代转型:在发展模式上,从交通追随型转向交通先导型;在价值导向上,从以车为本转向以人为本;在管制策略上,从政策主导转向规则主导;在管制动力上,由权力主导转向协同共治;在管制效果上,兼顾政府管制合法性与有效性。

# 目 录

**第一章 绪论——城市、交通与法治** …………………………… (1)
　一、研究缘起 ……………………………………………………… (1)
　二、研究背景 ……………………………………………………… (8)
　三、研究现状 ……………………………………………………… (18)
　四、研究内容与研究意义 ………………………………………… (25)
　五、研究思路与研究方法 ………………………………………… (30)
　六、研究范围与概念界定 ………………………………………… (32)

**第二章 公法上交通权的学理证成** ……………………………… (36)
　一、交通权缺位及其确立必要性 ………………………………… (36)
　二、域外交通权发展及其启示 …………………………………… (41)
　三、我国公民交通权的学理证成 ………………………………… (49)
　四、交通权概念界定与法律特征 ………………………………… (53)
　五、交通权的构成要素 …………………………………………… (55)
　六、交通权的内容与法律属性 …………………………………… (58)
　七、交通权功能及其国家给付义务 ……………………………… (62)
　八、交通权的冲突及其配置 ……………………………………… (66)

**第三章 (狭义)城市交通管制的法治化** ……………………… (73)
　一、学理初探:城市交通管制的制度定位 ……………………… (73)

二、规范分析：城市交通管制的法制现状 …………………… (78)
三、城市交通管制的法律属性界定 …………………………… (83)
四、城市交通管制的程序规制 ………………………………… (90)
五、城市交通管制的司法审查机制 …………………………… (110)

## 第四章　城市交通安全管制的法治化 ……………………………… (136)
一、城市交通安全管制的政府立场与权利视角 ……………… (136)
二、域外城市交通安全管制镜鉴 ……………………………… (144)
三、从管理到治理：城市交通安全协同治理模式的提出 …… (151)
四、交通安全保护：城市交通安全治理的国家义务 ………… (156)
五、从惩戒到预防：城市交通安全行政功能的转向 ………… (161)
六、部门协作与社会合作：协同治理体系 …………………… (164)

## 第五章　城市交通拥堵治理的法治化 ……………………………… (168)
一、城市交通拥堵治理的合法性向度 ………………………… (168)
二、城市交通拥堵治理决策的经验与启示 …………………… (172)
三、城市交通拥堵治理决策的合法性反思 …………………… (178)
四、拥堵治理决策合法性重构的法理基础 …………………… (186)
五、城市拥堵合法性保障机制的构成与建构 ………………… (188)

## 第六章　城市网约车行业监管的法治化 …………………………… (194)
一、网约车的兴起及其管制难题 ……………………………… (194)
二、网约车监管的实证分析 …………………………………… (196)
三、网约车监管手段的法治困境 ……………………………… (204)
四、网约车监管的对策与建议 ………………………………… (209)

## 第七章　研究结论、研究反思与未来展望 ………………………… (213)
一、研究结论 …………………………………………………… (213)
二、研究反思 …………………………………………………… (214)
三、未来展望 …………………………………………………… (215)

**参考文献** ……………………………………………………………… (217)

# 第一章

# 绪论——城市、交通与法治

城市是人类文明的标志,交通是城市发展的血脉。随着我国城市化进程加速和汽车时代来临,民众在享受现代城市文明和汽车文明所带来便利的同时,也正在经受着日渐凸显的交通安全、城市拥堵、交通污染等城市交通顽疾的折磨。城市和交通都呼唤文明、和谐、可持续发展,社会大众也期待在城市与交通发展进程中享受尊严与自由。[1]

## 一、研究缘起

2012年12月,中共中央发布改善工作作风、密切联系群众的"八项规定",[2]一经公布即引发社会公众好评如潮。"八项规定"是新一届中央领导集体以上率下、以身作则、率先垂范的生动体现。值得注意的是,"八项规定"的第5项明确要求:"要改进警卫工作,坚持有利于联系群众的原则,减少交通管制,一般情况下不得封路、不清场闭馆。"[3]虽然该项所提及的"交通管

---

[1] 参见胡金东,田宁:《汽车社会交通治理的伦理路径》,中国人民大学出版社2015年版,第1页。

[2] 参见编写组:《〈十八届中央政治局关于改进工作作风密切联系群众的八项规定〉学习读本》,新华出版社2013年版,第2页。

[3] 参见编写组:《〈十八届中央政治局关于改进工作作风密切联系群众的八项规定〉学习读本》,新华出版社2013年版,第2页。

制"是从改进领导人安全警卫工作视角附带提及的,但这大大激发了理论界和实务界对"交通管制"问题的关注,也激发了笔者从法学视角研究"交通管制"的热情。

### (一) 狭义城市交通管制:从现象到问题

#### 1. 交通管制具有普遍性

在法律层面,直接规范"交通管制"的是《中华人民共和国道路交通安全法》(以下简称《道路交通安全法》)第 39 条[1]、第 40 条[2]。第 39 条规定了限制通行、禁止通行的交通限制措施,第 40 条规定了交通管制措施。区别在于:第 39 条所规定的限制通行、禁止通行措施,只是针对特定的道路交通参与人或者个别的路口、路段实行的经常性或临时性交通限制措施;第 40 条规定的交通管制则是在某一特定区域内实施的针对所有交通参与者的全方位的紧急交通管制措施。[3]无论是交通限制措施还是交通管制措施,在理论上和实务中统称为"交通管制"。

对于交通管制,除《道路交通安全法》外,《警察法》《防震减灾法》《防洪法》《消防法》等多部法律也进行了明确规定。基于对《道路交通安全法》第 39 条、第 40 条以及相关法律的规范分析,可以初步总结出交通管制的一般特征:交通管制的实施主体是政府主体、公安机关交通管理部门或交通机关;交通管制的实施目的在于保障交通安全;交通管制的具体措施包括限制通行、禁止通行,以及其他交通管制措施;交通管制的适用条件主要是公安交通管理部门根据道路和交通流量的具体情况进行裁量,以及根据大型群众性活动、大范围施工、自然灾害、恶劣气象条件或者重大交通事故等特定情形进行裁量。我们可以将基于《道路交通安全法》第 39 条、第 40 条和其他单行法律规范所实施的交通管制称为"纯粹的、狭义的交通管制"。

---

[1] 参见《道路交通安全法》第 39 条:"公安机关交通管理部门根据道路和交通流量的具体情况,可以对机动车、非机动车、行人采取疏导、限制通行、禁止通行等措施。遇有大型群众性活动、大范围施工等情况,需要采取限制交通的措施,或者作出与公众的道路交通活动直接有关的决定,应当提前向社会公告。"

[2] 参见《道路交通安全法》第 40 条:"遇有自然灾害、恶劣气象条件或者重大交通事故等严重影响交通安全的情形,采取其他措施难以保证交通安全时,公安机关交通管理部门可以实行交通管制。"

[3] 参见全国人大常委会法制工作委员会刑法室:《〈中华人民共和国道路交通安全法〉释义及实用指南》,中国民主法制出版社 2012 年版,第 66 页。

2. 交通管制被滥用

实施交通管制的目的在于维护交通安全秩序和提升道路通行效率。为维护城市交通安全,保障交通通畅,在特定的条件下实施交通管制措施成为必要。值得注意的是,交通管制意味着对交通参与者某些交通权利或交通利益进行限制,如小汽车受单双号限行措施的限制而不得使用,某些路段因交通管制措施而不得通行等。正因如此,实践之中我国部分城市过多、过频的交通管制措施广为社会公众所诟病。北京曾深受交通管制的困扰。[1]我国其他城市交通管制状况大体如此,甚至有过之而无不及。针对部分城市交通管制的乱象,有媒体指出:"由于交通管制法规的制定相对滞后,实施的必要条件、审批权限界定不清,很多不应当实行交通管制的被批准了,也实行了。"[2]

经法律授权,可以实施交通管制,但其目的在于维护交通秩序,保护交通安全,保障交通畅通。然而部分城市过于频繁、过于严苛的交通管制措施不仅没有维护正常的交通秩序,反而大大增加了行人、车辆和社会的交通出行成本,严重影响了城市通行效率和畅通程度,甚至引发交通拥堵、交通安全等其他交通问题。

3. 交通管制面临法治困境

在法律效果上,交通管制是直接针对车辆或行人城市道路通行的一种限制通行、禁止通行的管制与约束措施。虽然这种交通管制具有《道路交通安全法》《警察法》等法律规范的授权,但在理论上和实务中尚存在诸多法制难题。首先,关于交通管制的法律授权存在瑕疵。虽然《道路交通安全法》第39条、第40条存在交通管制的法律授权,但是这种授权只是概括性授权,公安交通管理机关实施交通管制的具体条件、具体范围、具体程序、法律效果等都不明确、不具体。换言之,这种授权实质上只是组织法层面的授权,但欠缺交通管制的行为法依据。其次,交通管制行为的法律属性不明确。交通管制措施是否是一种行政行为?是抽象行政行为还是具体行政行为?是行政强制措施还是一般对物(道路)行政行为?再次,交通管制的权利保障机制缺位。

---

[1] 自2011年初至2012年,北京正式发布交通管制通告共80余次。其中,因保证道路畅通23次,因道路施工27次,因各类节庆活动21次,因大型活动9次。参见方可成,钱昊平:《细说交通管制——长安街几乎每天都有管制》,载《南方周末》2012年2月24日版。

[2] 参见《人民公安报·交通安全周刊》2011年10月27日版。转引自方可成,钱昊平:《细说交通管制——长安街几乎每天都有管制》,载《南方周末》2012年2月24日版。

交通管制应当受到何种程度的法律控制？交通管制是否影响特定行人和车辆的道路通行利益？这种交通利益仅仅只是一种反射利益，还是已经构成法律上的权利？这种权利的保护途径和限度何在？是否应当遵循必要的正当程序？如何实现交通管制警察权与公民道路通行交通权的平衡？……上述问题始终困扰着交通管制的法治化。这些问题值得深入研究和厘清。

### （二）广义城市交通管制：从狭义到广义

所谓交通管制，其本原含义即是对交通的管理和控制。如果说狭义的交通管制只是当前我国城市交通及其管制问题的一个缩影和侧面，那么宏观层面的城市交通问题同样值得关注。

早在2010年，上海世博会以"城市，让生活更美好！"作为主题，这彰显了人类社会对美好城市生活的向往。然而，一份曾流传于互联网上的《中国城市理性交通宣言》不无忧虑地描述："飞奔的车轮碾压着中国传统的城市、悠久的文化、生存的心理、环境的生态，在所谓'汽车文明'的膜拜潮中，给中国城市的良性发展带来了巨大的负面灾难……"[1]诚如斯言！伴随着城市化进程和汽车化社会的来临，城市交通安全、城市交通拥堵、城市网约车监管等问题成为当前城市与交通发展中的关键问题，也是广义的城市交通管制的重点关注领域。

1. 城市交通安全——伴随城市与交通发展始终的原生问题

"道路千万条，安全第一条"，凸显了交通安全的极端重要性。交通安全问题伴随交通工具从人力交通、畜力交通到机械化交通、自动化交通的不同发展阶段，可谓是交通发展的原生性问题。维护交通安全和交通秩序也成为世界各国交通管制的最核心价值目标。随着机动车的出现，机动化程度得以提升，而交通安全形势并未随着现代化的交通工具的出现而得到缓解。交通安全事故给国家、社会和民众造成难以挽回的人身和财产损失。自1885年人类社会的第一辆小汽车问世以来，全球因交通事故而死亡的人数远远高于因战争而死亡人数的总和。1998年，红十字会与红新月会国际联合会在一份报告中不无忧虑地预言："道路交通事故在不久的将来将超过呼吸疾病、肺结核、艾滋病，成为世界头号杀手之一。"[2]2004年，世界卫生组织和世界银

---

[1] 参见晨尘等：《关于〈中国城市理性交通宣言〉的讨论》，载《城市交通》2007年第1期。
[2] 转引自吴兵，李晔：《交通管理与控制》，人民交通出版社2015年版，第89页。

行联合发布《世界预防道路交通伤害报告》。据该报告所披露的数据,全球每年有120万人死于交通事故,平均每25秒就有1人死于交通事故。[1]残酷的事实表明,交通安全问题确实已经成为和平年代的"战争",成为和平年代人类社会的头号杀手。

对于我国来说,城市交通安全现状严峻。有研究数据表明,近年来我国每年汽车交通事故死亡人数居高不下,超过发达国家的平均水平。随着我国城市化进程的加速,城市规模的不断扩张,机动化程度的不断提升,交通事故也呈现新的特点。交通事故易发区正向大学校园、居住小区等传统安宁区域蔓延,老人、儿童、大学生等特定群体的交通安全应当引起高度关注。[2]最新的统计数据表明,2018年我国共发生涉及学龄阶段少年儿童的伤亡交通事故2万余起,造成2200多名少年儿童死亡,给家庭和社会造成无法弥补的伤痛。[3]

2. 城市交通拥堵——城市发展到一定程度的次生问题

有研究者将城市拥堵视为衡量一个城市的城市化水平和经济发展程度的观察指标。大概是因为交通拥堵并非城市发展的原生问题,而是当城市化和机动化达到一定程度后所出现的次生问题。正因为如此,城市拥堵又被称为城市发展中的问题,是一种幸福的烦恼。

虽然城市拥堵是城市发展到一定阶段才出现的次生问题,但是城市交通拥堵一旦形成,就会像癌症一样,严重侵蚀城市机体的健康。当前交通拥堵正在演变为制约城市发展的世界性顽疾。伴随城市化进程加快和机动化程度显著提升,无论一线大型城市,还是二三线中小城市,我国大多数城市均面临不同程度的交通拥堵。城市交通拥堵问题呈现逐步蔓延和常态化趋势,成为制约城市经济和社会发展的主要瓶颈。

交通拥堵严重影响城市通勤效率和运转效率,影响城市居民的生活幸福体验,给社会带来巨大的经济损失,造成环境污染加剧、燃油消耗增加、交通事故率上升等一系列社会问题。根据高德地图《2017年度中国主要城市交通分析报告》,济南、北京、哈尔滨、广州、清远等城市跻身全年拥堵时长榜单前5位。其中,济南市2017年有2078个小时处于拥堵,平均每天拥堵5.7

---

[1] 参见世界卫生组织:《世界预防道路交通伤害报告》,刘光远译,人民卫生出版社2004年版,第3页。

[2] 参见李彬:《现代城市交通中路车之争的矛盾缓释》,载《上海城市管理》2012年第5期。

[3] 参见李玉坤:《去年2200多名少年儿童因交通事故死亡》,载《新京报》2019年3月26日版。

个小时。而 2017 年北京市因拥堵造成的时间成本是 21.89 元/(人·时)。[1]对于交通服务提供者而言,交通拥堵降低运输效率,影响物流运输服务水平,增加运营管理成本和费用。对于城市交通管理者而言,交通拥堵诱发交通安全事故,加重机动车尾气排放,加剧交通污染,造成城市道路交通资源浪费,使得城市交通系统饱受诟病。

为了治理交通拥堵顽疾,世界各国投入大量的人力、物力、财力,然而治理效果并不理想。人类社会也从未像现在一样感到困惑,为何城市不断扩张,道路越修越多,马路越修越宽,缘何条条大路难通罗马。对于交通治理,人类社会也从未像现在一样感受一种无力感和挫败感,虽然一系列交通发展战略、交通管理策略和交通治理措施得以实施,但交通治理效果并不尽如人意。简而言之,经济飞速发展,城市飞速发展,但城市交通拥堵情势并未见显著改善,城市居民的自由感、幸福感却越来越低,人类在钢筋水泥的丛林里艰难跋涉。

3. 城市网约车监管——互联网时代交通管制的新挑战

随着"互联网+"时代的来临,移动互联技术改变催生出网络预约出租汽车的城市交通新业态。网约车服务开创了全新的出行方式,为民众出行带来便利,为城市公共交通提供了有益补充。与此同时,网约车的出现,直接影响到传统出租车行业的生存与发展。如何对网约车行业进行管制,这是摆在城市管理者面前的新命题、新挑战。

2013 年,网约车在我国刚刚兴起不久即进入野蛮生长阶段。网约车的兴起带来全新的管制难题。诸如网约车平台之间的恶性竞争、网约车与传统出租车行业的恶性竞争、乘客乘车安全如何保障、因网约车而导致的出租车罢运、社会群体性事件等问题无时无刻不在刺激着社会的神经。如何对网约车行业进行监管,私家车能否进入网络租车服务领域,网约车与传统出租车行业如何进行利益调整等深层次问题不断考验着管理者的智慧,也倒逼管理者监管模式与监管方式的变革。[2]

经历初期的野蛮生长阶段之后,社会对网约车的监管呼声日渐高涨。2016 年 7 月,国务院办公厅《关于深化改革推进出租汽车行业健康发展的指导意见》正式发布。虽然这是一份关于出租汽车行业发展的指导性意见,但这份意见首次正式承认网约车的合法地位,并支持网约车平台公司创新发

---

[1] 参见高德地图《2017 年度中国主要城市交通分析报告》,https://report.amap.com/share.do?id=8a38bb8660f9109101610835e79701bf,访问日期 2018 年 10 月 20 日。

[2] 参见霍佳震:《"互联网+"时代的出行变革》,载《解放日报》2015 年 11 月 26 日版。

展。与指导性意见同期发布的还有《网络预约出租汽车经营服务管理暂行办法》(简称《暂行办法》)。《暂行办法》以部门规章的名义正式为网约车正名,赋予网约车以合法地位,也为网约车的管制提供了规范依据。整体而言,这两份法律文件体现了行业监管者回应和满足民众对多元化交通出行方式的现实需求,也体现了监管者对"互联网+交通"这种新鲜事物的包容态度,体现了对共享经济一定程度的认可,为我国网约车行业的健康有序发展提供了法律支撑。2018年6月,交通运输部、工业和信息化部、公安部等七部门联合印发《关于加强网络预约出租汽车行业事中事后联合监管有关工作的通知》,进一步明确了网约车事中、事后联合监管工作流程,正式建构了网约车行业监管体制。网约车行业监管的效果初步显现。[1]

随着监管模式的初步确立、相应法律规范的出台,社会舆论对网约车行业的关注焦点逐步从网约车本身转向政府管制模式、监管措施的合法性与正当性。虽然《暂行办法》在形式上承认了网约车运营模式的合法性,但值得注意的是,《暂行办法》只是概括性承认网约车的合法地位,并未明确网约车准入条件、平台责任等具有可操作性的细节。《暂行办法》授权各城市政府主体结合本地经济社会发展水平、人口规模、资源禀赋、城市交通状况等实际,因城施策,制定落地实施细则,推进改革政策落地实施。当前理论界和实务界对网约车行业监管最大的质疑即是《暂行办法》以及各城市政府主体实施细则本身的合法性问题。一方面《暂行办法》及各地实施细则在规制思路、规制手段上沿袭了传统出租车的监管模式,对网约车设置过高的限制条件,说是为网约车发展正名,而实质上对网约车发展形成"绞杀",并不利于网约车的发展。[2]另一方面,《暂行办法》及各地实施细则的相关条款,尤其是市场准入和准入条件等存在违反《宪法》、侵犯特定主体基本权利的可能,也存在违反《行政许可法》、"违法设定"行政许可事项的可能。[3]

---

[1] 截至2018年8月,我国有29个省、自治区、直辖市发布了网约车监管指导意见。同时有214个城市制定出台实施细则。在直辖市、省会城市、计划单列市等36个重点城市中,34个已正式发布实施细则。已有80多家网约车平台公司获得经营许可,各地累计发放网约车驾驶员证34万多本、车辆运输证20万多本。参见《网约车新政两周年:80多家网约车平台获经营许可》,人民网 http://society.people.com.cn/n1/2018/0825/c1008-30250802.html,访问日期2019年2月20日。

[2] 参见顾大松:《网约车改革低速而行》,载《民主与法制时报》2016年8月28日版。

[3] 参见徐昕:《网约车管理细则的合法性及法律救济》,载《山东大学学报(哲学社会科学版)》2017年第3期。

不断加快的城市化进程,导致城市交通变得拥堵,交通事故频发,城市交通用地日益紧张,城市化和交通发展也造成了温室气体过度排放、噪声污染、能源紧缺等问题,它们相互叠加、交织在一起,并日益复杂化。在城市拥堵、交通安全、网约车监管这三个主要问题之中,城市交通安全问题是伴随交通发展始终的原生性问题;城市交通拥堵是城市化和机动化发展到一定阶段后出现的次生问题;网约车行业监管则是互联网时代、共享经济时代出现的新挑战新问题。城市交通安全、城市交通拥堵、网约车管制问题等城市交通新老问题交织,一定程度上折射出政府城市治理与交通管制的困境。因此,从广义的城市交通管制视角,我们有必要检讨与反思当前城市交通管制战略、策略与措施,寻求交通管制措施合法性与有效性的结合,推动城市交通管制的法治化水平。

## 二、研究背景

我国城市与交通发展日新月异,同时也面临诸多的发展瓶颈。(狭义的)城市交通管制、城市交通安全、城市交通拥堵、城市网约车监管等新旧问题交织,城市交通问题呈现愈加复杂化的趋势,对城市交通管制提出严峻的挑战。为应对城市与交通发展问题,需要革新管制理念,革新管制模式,革新管制策略和方法。

### (一) 发展模式:从交通追随型转向交通先导型

1. 城市发展与交通发展相脱节

在城市发展与交通发展关系上,我国多数城市尚处在交通追随城市的初级阶段。由于交通发展与城市发展协调度、匹配度不够,城市交通总体上仍然面临诸多未解难题。具体言之:随着城市发展,交通需求处于高速增长阶段;城市居民出行总量和机动化出行总量急剧提升;交通设施供给严重滞后于需求发展;城市公共交通分担率较低;停车设施发展建设滞后;道路交通整体运行能力和效率低下;城市客流物流成本高企;城市交通空间布局和土地供应模式有待优化;交通用地集约化程度偏低;交通发展不能适应城市发展需求。

城市与交通发展所存在的问题折射出我国城市与交通发展处于较严重的脱节状态。在城市与交通发展关系上,表现为"交通发展追随城市土地开发"的关系模式,造就了一种"摊大饼式"的城市发展形态。[1]以土地开发为先导,交通基础设施被动跟进的"交通追随型"发展模式难以为继。一方面,由于城市土地空间有限,土地开发尤其是城市中心城区的土地开发强度过大,中心城区经济与生活等功能集中,中心城区行业与人口骤增,导致中心城区交通流高度聚集,交通需求急剧增加。中心城区道路交通状况日趋恶化,交通拥堵、交通安全、交通污染等问题叠加出现。另一方面,交通追随型的发展模式进一步刺激了土地开发强度,引发更大强度的交通需求。[2]由此形成城市与交通发展的恶性循环,出现城市与交通发展的"双输"局面。

2. 重视交通发展的先导功能

随着城市的发展、经济的增长与人口的集聚,城市机动车总量将继续攀升。这意味着城市总体交通需求急速增长,城市交通发展务必持续推进。交通运输服务的要求越来越高。城市交通需求总量和质量双双提升。未来城市需要充分重视交通的先导功能,以交通发展引领支撑和推动城市发展。

为了打破传统的交通发展与城市发展的被动关系,及时回应城镇群、城乡统筹发展的新要求,各地交通发展与城市发展关系已经出现从被动到主动的转变,逐步树立交通先导型的城市发展战略。[3]未来城市发展迫切需要发挥交通引领功能。交通对于城市发展的引领作用将逐步显现和加强。

**(二)价值导向:以车为本转向以人为本**

1. 汽车先导的发展格局难以为继

城市交通由人、车、路等多种要素构成。多年以来我国逐步形成"以车为本"的城市交通发展格局,城市交通资源主要围绕着"车"来进行配置。这主要表现在以下方面:

首先,在产业政策方面鼓励私家车发展。随着城乡民众生活水平的提升,民众有足够的经济实力购买小汽车,小汽车也逐步成为家庭必需品。国

---

[1] 参见陈春妹、王晓明:《城市交通发展观念的三大转变》,载《北京规划建设》2006年第5期。

[2] 参见周佑勇等:《现代城市交通发展的制度平台与法律保障机制研究》,中国社会科学出版社2017年版,第1页。

[3]《北京城市总体规划(2004—2020年)》提出,未来将促进城市建设与城市交通协调发展,提前规划综合交通走廊,吸引城市中心的工业和人口转移。参见《北京城市总体规划(2004—2020年)》,http://www.bjzx.gov.cn/zhuanti/20140321/01.html,访问日期2018年12月23日。

家一定程度上也采取鼓励私家小汽车发展的产业政策。小排量汽车购车补贴政策即是这种政策取向的典型表现。随着我国机动车保有量,特别是私家小汽车保有量不断增长,我国大中城市以机动车为中心进行交通资源配置的态势不可逆转。

最新数据表明,我国机动车保有量总量较大,且每年保持高速增长态势。[1]如果放任小汽车按照现有态势发展下去,再多的城市空间、土地资源和交通资源都会被消耗掉。我国私家车保有率的持续增长推动了"以车为本"的城市交通格局的形成。与此同时,在出行习惯上,小汽车出行需求急剧膨胀。如若小汽车过度依赖的势头难以有效遏制,势必导致整个城市道路交通运行系统的进一步恶化。

其次,城市公共交通、慢行交通没有得到应有的重视。目前城市交通出行的现状是,城市公共交通服务能力低下,难以满足市民日益增长的出行服务需求。我国城市交通的另一个特征是将城市地面交通拱手让给小汽车,将公共交通主力转入地下,转为轨道交通。地面上花巨资改造旧城,拓宽道路,打通支路,让小汽车交通如流水般无孔不入,遍布城市每个角落,使原本安静的城市地区变得烦躁不安,居民的交往空间和孩童的活动空间被小汽车动、静态交通挤占,整个城市地面活动集中到小汽车上,既阻断了正常的人际交往,也造成了城市交通堵塞、污染和安全的严重问题。人与车的冲突、车与车的冲突导致的伤亡事故触目惊心。即使城市投资几百亿甚至上千亿元修建轻轨地铁等大运量公共交通系统,也无法解决地面上小汽车交通泛滥所产生的问题。正如有媒体所评论的,我国城市交通畸形发展,进入一种恶性循环,找不到出路。[2]

2. 以人为本的交通发展理念的倡导

以车为本位、汽车导向的交通管制政策缺乏对交通的本来意义和人类的根本自由的思考。交通资源的不合理配置导致人们倾向于更有利益的出行方式,进而影响了交通的整体发展。丹麦城市规划师扬·盖尔提出"更多更快的机动车道会导致更多的人选择使用小汽车"的交通发展规律。单纯强调

---

[1] 根据公安部交通管理部门披露的最新数据,截至2018年12月,我国机动车保有量达3.25亿辆,与2017年底相比增加1556万辆。其中,小汽车达1.87亿辆,每百户家庭私家车拥有量已超过40辆。参见新华社:《我国机动车保有量达3.25亿辆》,http://www.gov.cn/xinwen/2018-12/01/content_5345091.html_zbs_baidu_bk,访问日期2019年2月20日。

[2] 参见晨尘等:《关于〈中国城市理性交通宣言〉的讨论》,载《城市交通》2007年第1期。

小汽车交通效率而忽视其他交通方式的交通政策也必然会损害小汽车的通行效率。究其原因,民众在不公平的交通权利安排和不合理的交通资源配置过程中逐渐放弃步行、自行车、公共交通等传统方式而选择小汽车出行。过度的小汽车使用终将打破能源、环境、空间等的承受极限,造成交通系统的崩溃。[1]发达国家也曾经历"车本位"的交通政策误区。[2]

"以车为本"的交通现状难以为继,公众普遍期待从"以车为本"转向"以人为本",形成"以人为本"的公平交通制度机制,期待城市交通以服务于"人"的需求为中心,合理配置交通资源。[3] 正如有学者指出,"交通……是系统的社会工程,首先要认清它是为谁服务的"。[4]

改变以车为本位、以小汽车为中心的交通政策导向,必须系统地反思传统交通发展理念。对于交通政策来说,应保证社会普遍的交通公平,并优先考虑弱势交通群体的利益。比如:适当采取逆向歧视政策;监督小汽车使用者承担更多的社会责任;落实公交优先政策,增加公交服务数量,提供优质的公交服务,使乘坐者有尊严地实现空间转移;保障步行道、非机动车道不受占用,不被挪用,改善人性化的步行、骑行空间,修建并美化横贯城市的步行、自行车专用干道专供步行与骑行使用,发展多元交通方式,增加步行者、非机动车骑行者、公交乘坐者的交通便利性。在这众多的应对措施之中,大力发展公共交通,提高绿色出行比例尤其值得关注。对于城市交通来说,小汽车出行,尤其小汽车的依赖出行不能等同于城市市民的基本出行需求。世界发达国家大型城市的发展历程表明,依赖小汽车出行方式解决城市交通需求问题,无异于缘木求鱼,难以为继。要从根本上解决城市交通供给与交通需求的矛盾,在价值理念上须"从'关注车辆的畅通'转向'关注人的安全与畅通'"。[5]在具体操作层面,须大力发展城市公共交通,改变民众的出行方式

---

[1] 参见胡金东,田宁:《汽车社会交通治理的伦理路径》,中国人民大学出版社2015年版,第264页。

[2] 在20世纪40—50年代,美国小汽车交通即进入过度发展状态。为了缓解交通拥堵,20世纪中期美国开始施行高速公路资助计划以及城市郊区化的政策。此后的20多年时间里,造成了美国高速公路超速发展和低密度城市的蔓延。这些举措进一步刺激了小汽车的使用。20世纪70年代,美国终于认识到交通政策存在的巨大误区,但恶性循环已经开始,悔之晚矣。

[3] 参见周佑勇:《现代城市交通发展的制度平台与法律保障机制研究》,中国社会科学出版社2017年版,第1页。

[4] 参见刘志强:《城市拥堵有解吗》,载《天津工人报》2016年2月22日版。

[5] 参见刘志强:《城市拥堵有解吗》,载《天津工人报》2016年2月22日版。

和出行习惯,大力提高民众绿色出行比例。

随着人们对高质量发展、高品质生活目标的追求,部分城市逐步摒弃"以车为本"的城市交通理念,转而树立"以人为本、人车兼顾"的交通发展理念。如北京《城市道路空间规划设计规范》(简称《设计规范》)充分体现了"以人为本"的先导城市交通发展理念。作为一份高于国家标准的北京市地方标准,该《设计规范》明确提出要倡导绿色出行,有效引导小汽车合理使用,实施道路使用空间向步行和自行车倾斜的政策。尤其值得赞赏的是,该《设计规范》为确保行人和自行车交通的路权,专门设置强制性条款,要求各级城市道路两侧必须设置人行道,且人行道不得中断。[1]这种理念转变及其具体举措都值得推崇。

**(三)管制策略:从政策主导转向规则主导**

1. 城市交通管制政策之治的反思

近年来,为应对交通拥堵、交通安全、交通污染等交通问题,上海、北京、杭州、西安、深圳等城市推行车牌拍卖、机动车总量控制、单双号限行、停车收费等交通管理与控制措施。这些交通管制措施被视为解决现代城市交通问题的不二法门,且被越来越多的城市所效仿。纵观这些交通治理措施,具有共同的特征,即都表现为政府的阶段性交通管理政策,整体呈现出交通问题的政策治理特征。在城市交通管制实践中,交通政策具有较强的灵活性、适应性和较高的效率优势。[2]值得注意的是,交通政策执行弹性有余、解释空间较大,但刚性不足。我们并不否认城市交通管制"政策之治"的优势及必要性。但是,过于强调城市交通问题的政策之治,与当前依法治国、依法行政和法治政府建设背景下交通法治的发展趋势背道而驰。

当前我国城市交通管制过程中的政策之治主要表现在以下方面:

其一,交通政策成为应对交通问题的最主要形式。我国是统一的成文法国家,法制统一是基本的要求。对于交通而言,《公路法》《道路交通安全法》等中央层面的立法不在少数。由于中国幅员辽阔,区域城市发展不平衡,中央层面的立法较为抽象,且可执行性和可操作性程度较低。在经济和社会转

---

[1] 参见北京市规划委员会、北京市交通委《关于实施北京市地方标准〈城市道路空间规划设计规范〉的通知》(市规发[2014]1234号)。

[2] 参见张玉磊:《新型城镇化的法治视角:从政策之治到法治之治》,载《长白学刊》2016年第3期。

型过程中,城市交通治理摸着石头过河,许多制度政策很难固定化。交通部门和地方通过红头文件来推进交通治理,但弊端正在逐步凸显。

其二,交通治理政策选择和政策供给由地方政府主导。从我国现行管理体制看,城市交通属于地方事权,治理城市交通责任主体在城市政府。受城市规模、城市化程度、经济发展水平等因素影响,不同城市交通问题表现形式各有不同,对于城市交通问题的管制体制、治理策略等也呈现出差异化特征。整体而言,城市政府主体在交通政策选择和制度供给方面具有主导权。为应对城市交通问题,一些城市根据本地实际出台了限制小汽车使用的政策、汽车使用收费政策、汽车限购政策、交通限行政策等等。这些交通治理决策为政府所垄断,政策的功利性有余而公共性不足,政策的公平性和公正性缺失,政府决策与执行权力缺乏有效约束。

以机动车单双号限行政策为例。交通限行措施肇始于2008年北京奥运会前夕。当时的北京市政府基于奥运会期间车流量增加的考虑,为了减少交通拥堵现象,制定了为期两个月的单双号限行政策。从政策执行效果来看,这一措施确实有效地缓解了奥运会期间首都的交通压力。但是在奥运会结束后,这一限行政策被保留下来,开始常态化执行且不断延期。首都北京这一做法被越来越多的城市所效仿,相继推出了自己的限行政策,收获的效果也不错。在法律层面,单双号限行的法律依据、民意基础、政策制定程序等都受到极大挑战。北京市政府将限行政策常态化的目的是缓解城市交通拥堵压力,降低机动车尾气污染。但是从新浪网、搜狐网等网络媒体统计数据来看,有超过七成民众反对将限行政策常态化,这反映出这项公共政策的民意基础稍有欠缺。更值得在法律层面进行拷问的是单双号限行政策的法律基础问题。单双号限行政策的法律依据何在?是否限制或影响到特定车主的权益?政策的决策与执行是否应当遵循正当程序?等等。这些问题也是该项政策在决策与执行过程中面临的最大质疑的根源。遗憾的是,除北京之外,杭州、深圳等城市的类似交通限制措施都是由政府单方决策,并强力推进,完全漠视和掩盖了其中的法律问题。

2. 城市交通管制法律治理的必然趋势

面对城市交通问题,传统政策治理难以为继。政策性治理模式暴露出交通治理的制度化、规则化和法治化程度的不足。第一,城市交通治理决策欠缺公共商讨平台。第二,城市交通政策多以规范性文件形式呈现,规范位阶和规范形成程序法治化程度偏低。第三,城市交通治理中的权力本位色彩浓厚,而权利意识缺位。相关政府部门低位阶的、欠缺社会参与和正当程序的红头文件"暴露出政策文件内容的原则性、手段方式的随意性、解决结果的不可预测性、调控范围的狭隘性、操作方法的软弱性以及责任承担的缺位性等诸多缺陷"。[1]

交通管制的政策治理模式有悖于现代法治理性和法治精神。推动现代城市交通治理从政策规制向法律治理转型是交通治理的必由之路。"城市治理应以法律制度为主,以政策性制度为辅。"[2]就城市交通管制而言,务必推动交通管制从政策之治向规则之治转型,推动城市交通管制的制度化、规范化、法治化。

### (四) 管制动力:权力主导转向协同共治

#### 1. 城市交通管制权力主导的具体表现

无论是狭义的交通管制,还是广义的交通管理,城市交通管制都被视为一种典型的高权行政活动,体现的是一种权力本位、政府主导的管制思路。城市交通管制旨在维护公共利益,是一种具有公共性的政府管制活动。这一点毋庸过多论证。但在城市交通管制过程中,无论是交通安全治理、交通拥堵治理还是网约车管制,一直由政府行政权所主导。相对应而言,社会和普通民众对于交通治理的参与程度较低,话语权缺失,很难影响和左右政府的管制决策。在我国的城市交通管制过程中,车牌拍卖措施、单双号限行措施等交通管制措施的决策与执行,最大的动力来自政府公权力。与此同时,面对政府的管制措施,交通参与者和普通民众成为被管理对象,往往只能被动地接受管制。换言之,面对强势政府所主导的交通管制活动与行为,交通参与者和民众有一种无力感。

我国城市与交通发展日新月异,但城市交通管制的短板也暴露无遗。经济学、管理学的基本理论告诉我们,任何一个组织体都是理性的经济人,也会追求自身利益的最大化。因而,作为城市交通管制主体的政府、政府机构往往具有一定自利性。如果政府主体的这种自利性不能得到很好的遏制,势必带来交通管制公共性的缺失,从而引发交通管制失灵问题。在城市交通治理过程中,政府主体也会干扰治理实践,影响交通管制议程。虽然政府主体的

---

[1] 参见朱未易:《论城市治理法治的价值塑型与完善路径》,载《政治与法律》2015年第2期。

[2] 参见陈忠祥:《城市治理的策略选择》,载《福建质量管理》2018年第13期。

管制活动与行为以公共利益和社会利益的名义出现,但他们会掩盖政府管制主体的真实意图,将部门利益、地方利益裹挟进公共议题之中。[1]近年来,在网约车管制政策、停车收费政策等关乎民众切身利益的管制政策形成过程中,强化部门与地方利益、权力自利自肥的情形客观存在,并在一定程度上得到了印证。

2. 多元主体协同共治体系之建构

顺应现代政府从"管理"向"治理"的转型,城市交通管制也应当从权力主导、政府主导走向政府引导、市场主导、社会参与和公私协力,形成政府、社会与民众的协同治理结构。正如有研究者指出,"共同的交通存在、交通利益及共同的价值目标等结合形成了交通共同体"。[2]政府、社会、民众都是同一交通共同体不可或缺的组成部分。

在城市交通治理中,必须承认政府的重要性,政府的主导作用不可或缺。在交通治理体系中,政府是交通设施和交通管理等公共服务的提供者,在交通系统面临诸如安全、拥堵等道路交通困境时,它必须勇敢地承担第一责任。作为交通主体中的主导力量,政府理应整合各主体的思路,探寻最具价值的交通治理思路,统筹各种社会资源,在交通制度的演进和交通政策的制定方面发挥最大作用,推动交通制度的有序演进。政府应将公共事务放在开放的公共平台上,全面收集汇总公众的声音,采纳社会各方面的意见和建议,并对公众的需求进行调节、展开磋商,引导交通管理和交通政策实现最大合理性与良性发展。从目前中国的交通治理来看,民众较难插手交通事务,有专业优势和公共精神的社会公共组织在交通治理中鲜见,更谈不上积极影响政府决策了。由于政府出台的交通政策和管理制度没有得到社会公众的充分参与,缺乏公共组织的反复调节和论证,没有太多的中介和渠道向公众渗透交通政策所秉持的精神和伦理观念,政策在现实层面施行时,经常会遇到基层与民众的消解性对策,遭遇巨大的阻力。

因而,政府不应成为交通治理的唯一主体,城市交通问题应由政府、社会、企业、个人等组成交通共同体来共同应对。英美等发达国家在长期的汽车交通实践中逐渐发展了共同体精神,在交通治理中非常注重政府、企业、社会组织、公众等多元力量的整合。我国城市化进程和汽车社会的进程中也必

---

[1] 参见陈亮:《治理有效性的实践考量》,载《北京日报》2016年7月25日版。
[2] 参见胡金东、田宁:《汽车社会交通治理的伦理路径》,中国人民大学出版社2015年版,第105页。

须重视共同体精神的培植,借鉴学习欧美等发达国家的多元治理经验,形成多元主体的协同共治结构。"在治理主体上,政府应放下一部分权力,整合多种社会力量,构建公共意见交流平台,确保交通能够为所有人的利益服务。在治理手段上看,应改用系统思维考量交通状况,综合运用多种手段,从交通技术、交通制度、交通管理、交通文化、交通教育、交通心理等方面,加强相互间的渗透、理解和支持,联合治理交通难题"。确保交通治理重在治本而非头痛医头、脚痛医脚。在治理目标上,要确立共同价值坐标,体现交通的公共性、公平性特征,实现快捷、安全、环保等具体的交通要求。[1]发挥政府的主导作用之外,更应推动公众参与城市和交通建设,让普通市民和社会组织参与城市与交通的决策。

**(五) 管制效果:兼顾合法性与有效性**

1. 城市交通管制政策的评价维度

评价城市交通管制政策与措施有两个重要维度:合法性和有效性。理想的交通管制政策应当是合法性和有效性的有机结合。但在我国城市交通问题治理过程中,存在两种极端化的倾向。其一是唯交通政策的功能与治理结果是从,一定程度上忽视了交通管制的合法性和正当性。这种倾向在某种程度上体现了城市交通管制的功利主义与实用主义倾向。在车牌拍卖政策、交通限行政策、拥堵收费政策、网约车管制过程中,这种只注重实效而忽视合法性的倾向表现得尤为突出。一些政府主体往往期待交通管制政策与措施能够药到病除,起到立竿见影式的治理成效。但这些管制政策与措施往往忽视政策制定过程中法律依据是否充分,是否遵循了正当法律程序,是否保障了受政策影响的特定主体的交通权益等深层次问题。

另一种倾向是在城市交通管制过程中坚持严格的、机械的规范主义法治观,过于强调城市交通管制的形式合法性,一定程度上忽视了城市交通治理策略的实质效果和实质正当性。当前,我国城市和交通飞速发展,有些法律规范一旦制定即可能意味着滞后,存在法律规范落后于治理实践的可能性。换言之,城市交通管制的实践往往超前于行政法律规范的建构。若以严格规范主义评价实践中的治理措施,则会轻而易举得出交通治理举措违法的结

---

〔1〕 参见胡金东,田宁:《汽车社会交通治理的伦理路径》,中国人民大学出版社 2015 年版,第 104 页。

论。这种倾向貌似严格依法,但极易压抑政府应对复杂交通问题的能动性和积极性。

对于合法性与有效性二者之间的关系,一般来说,"合法性是有效性的基础,有效性能为合法性提供证明"。[1]然而,有些政策实施起来可能有效果,但是这种有效性并不能为政府决策的合法性提供证明,合法性有时也不必然导致有效性。[2]以城市交通拥堵问题为例,交通限行措施也许能在较短时间内缓解交通拥堵,但是交通限行政策的决策过程、政策内容本身也许并不合法。反之,经由法定主体,通过合法程序做出的交通拥堵治理决策,在实际效果上也许并不能真正解决交通拥堵难题。

2. 交通管制合法性与有效性的统一

从管理本位走向治理本位,应当在交通管制政策的合法性和有效性之间寻求平衡。换言之,为避免这两种极端倾向的出现,既要重视交通政策的合法性,也要关注交通政策的有效性,应将政策合法性和有效性相结合。

对于交通政策的合法性而言,尤其应当重视政策决策过程的合法性。法谚云:正义要实现,更要以人民看得见的方式实现。程序正义是实质正义的基础与前提。交通政策是对公共交通资源的权威分配,制定过程中必须符合一般公共政策的程序要求。

首先,交通政策的制定与实施影响不同群体的交通利益。交通政策制定应保证多元交通主体的参与。依靠交通政策利益相关方的广泛参与,构建"无知之幕",以确保交通政策决策的合法性和正当性。[3]其次,遵循公共政策的程序要求。一般公共政策制定的基本程序包括确定政策问题、形成政策方案、进行政策决策、政策执行、政策评估、政策监控与调整等环节。交通政策的制定也应该遵循这种程序,遵照各环节的顺序要求,保证程序的完整性。[4]交通管理措施实施后,将对城市和交通,以及交通政策利益相关方产生直接或间接的影响。对于政府与民众、驾驶人与行人等不同主体而言,政策影响的程度及其主观体验各不相同。如何评价政策执行效果的优劣好坏

---

[1] 参见王晓升:《国家治理的有效与合法》,载《大众日报》2015年10月15日版。

[2] 参见王晓升:《国家治理的有效与合法》,载《大众日报》2015年10月15日版。

[3] 美国政治学家罗尔斯曾提出构建"无知之幕",让参与讨论者尽可能地消除职业、社会地位等个人背景的影响来参与公共决策。参见[美]约翰·罗尔斯:《正义论》,何怀宏、何包钢、廖申白译,中国社会科学出版社2009年版,第23页。

[4] 参见胡金东,田宁:《汽车社会交通治理的伦理路径》,中国人民大学出版社2015年版,第265页。

呢？唯有建构一套相对科学的评价标准和中立的评价机制,方能确保交通政策实施效果评价的客观公正性。政策评价的另一个主要功能在于及时修正偏差和误区,确保政策执行的持续性、连贯性与实效性。对于评价标准而言,交通政策的实施效益评价应包括交通功能指标、社会经济效益指标、环境影响指标、资源利用指标等。交通政策的实施成本评价应包括政策费用、出行者费用、交易费用、管理费用等成本。[1] 除此之外,政策实施还应进行公平性评价。交通政策的实施需要耗费大量公共资源,交通活动也会产生噪声、空气污染、交通事故等外部效应。交通政策是否能够针对每个人或群体公平地分配资源,是否有利于低收入人群等弱势群体,是否有利于改善基本可达性等等均需要考虑。在交通政策实施效果评价过程中,应综合考虑政策正面及负面效应,进行综合性、系统性评价。

## 三、研究现状

城市交通问题不仅是交通技术层面的问题,也是交通公共政策的选择问题,更是一个法律层面关乎交通公平与正义的问题。为应对现代城市交通问题,国内外学界从交通工程学、城市规划学、土木工程学、社会学、管理学、法学等不同学科和视角展开了研究。目前学界对于城市交通管制过程中的交通权利问题,尤其是交通权的概念界定、权利内容、权利要素等,城市交通管制的权力来源、规范依据,交通管制的具体措施,交通管制程序与司法审查等问题,城市交通安全的现状、成因及其法律对策问题,交通拥堵成因及其对策问题,网约车的监管依据、市场准入条件、监管合法性等问题都有着较为深入的研究。

### (一) 关于交通权利问题

学界对交通权能否作为一种独立意义上的、规范性的概念基本持肯定态度。但在交通权的概念界定、生成逻辑、权利内容、构成要素、权利保障机制等方面,不同学者有着不同的主张。

1. 作为道路通行规则的交通权

对于交通权的概念界定,有学者将目前学界的各类观点整合归纳为"道

---

[1] 参见陈俊,徐良杰,朱顺应:《交通管理与控制》,人民交通出版社2017年版,第41-42页。

路通行规则及交通事故归责原则视角下的交通权""城市道路中交通措施视角下的交通权""蕴含了宪法基本权利之意的交通权"等不同面向,颇具启发意义。[1] 虽然目前学界对于交通权的内涵莫衷一是,有认为道路通行权即交通权,有认为优先通行权即交通权,但是大部分人对"交通权"作为一种法律上"应然性的权利"持肯定态度。

从现阶段收集的相关文献资料方面来说,有关在通行规则及交通事故归责原则视角下的交通权概念的文章颇多,占交通权概念研究的大多数,有必要详细分析之。有学者以在通行规则及交通事故规则的意义上使用的交通权概念为标准,将交通权概念的内涵分为四类,即交通权一元论、二元论、三元论、四元论。[2] 笔者认为,交通权一元论、二元论、三元论、四元论实质上都是通行规则或交通事故归责原则的权利化表达方式,交通权被用来评判当事人的交通行为的合法性,交通权成为道路交通安全违法性的标准和依据。[3] 总体来说,通行规则及交通事故归责原则视角下的交通权概念主要涉及上路权、通行权、先行权(或称优先通行权)、占用权。这种观点的缺陷在于,作为交通通行规则的交通权概念不能完全囊括交通权的所有形态,缺乏公法,尤其是宪法和行政法层面的解释。

交通权不仅是法学界研究的论题,同时也引起了交通工程、交通规划等领域学科的关注。于泉等在《交通工程中路权的分析研究》中使用"路权"的表述概念。该文认为,"路权是指道路的参与者使用道路和道路交通相关设施的权利"。[4] 路权概念对交通放行先后顺序以及车辆通行的时间和空间分配有着重要指引意义。需要说明的是,这里所谓路权,实则还是一种道路通行规则。交通工程、交通规划视角下的交通权更多关注的是路权在时间或空间上的分配,认为路权"应然地"存在,并未解释路权为何存在以及并未对路权进行系统的论证。这一现象恰恰反映出路权概念涉及多学科,路权是一个"复合型"概念,我们必须以多个视角去研究路权,需要从法学研究领域系统

---

[1] 参见王坚:《路权体系建构论——以公路权及城市道路为中心》,西南政法大学2012年博士学位论文,第7页。

[2] 参见王坚:《路权体系建构论——以公路权及城市道路为中心》,西南政法大学2012年博士学位论文,第9页。

[3] 参见王洪明:《试论基于"路权"的交通肇事过错划分》,载《福建公安高等专科学校学报》2003年第4期。

[4] 参见于泉,杨永勤,任福田:《交通工程中路权的分析研究》,载《道路交通与安全》2006年第2期。

化阐述路权并为其他学科研究提供法律的支撑。

在交通管制实践中,也存在"交通权"或"路权"概念的使用。当前城市道路交通中存在机动车抢道、加塞等陋习痛点。为解决类似问题,绵阳市公安交管部门对机动车道和非机动车道的分道线进行重新施划,对非机动车道的地面标志进行了更新,采取多项管理措施,严查交通违法行为。[1]绵阳市公安交管部门将"加塞"等交通违法行为也称为违反"路权"或"交通权",在此视角下所谓的路权实质上也是一种交通通行规则。宫希魁教授认为,城市道路资源具有一定的稀缺性,有限的资源如何分配是一个难题,仅仅通过增加供给是行不通的,因此他倡导再调整和优化需求结构,由政府进行合理有效的交通权分配。根据我们国家的城市交通具体情况,应遵循三个价值原则:行人优先的原则、公交优先原则、限制公车原则。[2]宫希魁教授所谓的"路权"或"交通权"概念实则也是作为一种道路通行规则在使用。

2. 宪法与行政法意义上的交通权

除作为道路通行规则及交通事故归责原则的交通权外,在社会生活中,交通权概念经常被用于城市交通措施的语境之中,经常在交通政策、交通措施之中运用交通权概念。在大众的新闻媒体报道之中,交通权更频繁地作为城市道路交通的政策措施出现在社会热点事件之中。这种语境中使用的"交通权"或"路权"概念往往具有公法意义。究其原因,"衣食住行"是人类不可缺少的基本需求,一般民众的交通出行需求问题已经成为当今社会重要的民生问题。当道路出行需求得不到满足的时候,人民群众就开始转向寻求国家、社会和法律的保护。交通权概念之所以频繁地出现在新闻媒体上,正是因为它蕴含着人的最基本的需求,这种最基本的交通需求蕴含着交通利益的权利要求。因此,在此角度上讨论的交通权实质上是宪法层面的民生权、社会权意义上的交通权。

当前学界对于交通权是否是宪法上的基本权利也进行了初步探究。宪法基本权利是人之所以为人的一种固有的资格或者具有特征的主张,它是一种法律权利,这种权利受到国家强制力的保护,而非道德权利或自然权利[3]。交通权是否具有基本权利的属性,这仍有待进行规范化的法律论证。

---

[1] 参见《破解路权痛点 绵阳交警"治乱缓堵"出新招》,http://www.sc.chinanews.com.cn/bwbd/2018-01-08/79575.html,访问时间2018年2月10日。

[2] 参见宫希魁:《路权分配的三个原则》,载《党政干部学刊》2008年第5期。

[3] 参见周伟:《宪法基本权利——原理·规范·应用》,法律出版社2006年版,第1页。

吕成龙认为,衣食住行是人类生存必备的要素,"行"毫无疑问涵括了公民的出行权和路权,以此为视角,保证公民可以使用城市道路、自由出行有着生存保障层面的意义[1]。

整体而言,法学研究者对交通权的研究后知后觉,尤其宪法学和行政法学层面的研究尚处在起步阶段。现有研究对于交通之于民众基本"出行需求"的意蕴挖掘不够,对交通发展以及交通管制过程中民众的交通利益影响及其权利意识与权利主张认识不够。交通权能否被称为权利?如何能称其为权利?交通权究竟是如何生成的?交通权是一个单纯学理概念还是一个规范概念?交通权是多种权利组成的权利束还是某一个具体权利类型?交通权能否构成宪法上的基本权利?交通权的核心要素是什么?交通权的具体权利类型与体系,以及交通权的权利边界、权利保障路径等都还处于起步探索阶段。

## (二) 关于(狭义)城市交通管制

狭义层面的"城市交通管制是政府公共安全与秩序行政的重要职能。授予行政机关尤其公安警察机关以交通管制权也是世界各国的通行做法"。[2]德国传统警察行政法认为,交通管制旨在实现交通安全与秩序,行政机关有较大裁量空间和判断余地,因交通管制而产生的不利影响仅为"反射利益"而非公法权利,道路利用人和其他交通参与者都有容忍和服从义务。[3]在行为属性上,德国行政法上曾存在"法规命令说"与"一般处分行为说"的争论。1976年德国《联邦行政程序法》出台,交通管制属于针对道路的"物上一般处分行为"已无异议。[4]近年来,随着公物法理论与人权观念的发展,德国学者提出了公民"道路通行权"的概念,认为道路通行权是德国基本法上"行动自由"的重要内容,主张对交通管制进行必要的法律规制,保障道路利用人的

---

[1] 参见吕成龙,张亮:《城市路权分配的困境及法治对策》,载《中州学刊》2017年第4期。

[2] 参见[日]户崎肇:《交通权保障与新交通政策理论》(中译书名《交通运输的文化经济学》),陈彦夫,王姵岚译,台北翰庐图书出版有限公司2012年版,第11页以下。

[3] 参见[德]亨利·苏勒:《德国警察与秩序法原理》(中译三版),李震山译,台北登文书局2005年版,第53页以下。

[4] 参见[德]哈特穆特·毛雷尔:《行政法学总论》,高家伟译,法律出版社2000年版,第73页。

公法权利。[1] 日本学者则从日本宪法第 25 条所确立的"生存与社会福利权"出发,认为便捷而无障碍的"交通的移动"是人民自由择业、迁徙和选择居住地等基本权利的基础,由此形成"公法上的交通权"观念,亦强调对警察机关交通管制行为的约束与规范。[2]

在我国的学理研究层面,一般认为交通管制是基于《警察法》《道路交通安全法》等法律法规授权,由政府或公安机关实施的临时性管制措施。有学者将之定性为行政强制措施,也有学者将之视为特殊行政许可,少数学者视交通管制为抽象行政行为与具体行政行为的结合。[3] 多数学者则从形式与对象标准出发,将交通管制整体界定为抽象行政行为。[4] 司法实务中亦倾向于抽象行政行为,将交通管制排除在行政复议与诉讼受案范围之外,回避对相对人道路通行权的法律救济[5]。

在实践层面,狭义的交通管制是交通管理的重要手段,在城市交通管理实践中得以广泛运用。交通管制的实践问题主要体现在交通管制被滥用。[6] 交通管制滥用引发了公众对政府的信任危机。据此,应该进一步拓展或延伸对交通管制的理论研究,特别是脱法情形之规制体系的理论研究,以兹能够不断提升城市道路交通管理的权威性与说服力,同时也能够进一步推动法治政府的建设。

纵观国内外研究现状,尽管在交通管制的权力依据、法律属性、规制程度、救济途径等问题上尚存在一定分歧,"但加强对警察机关交通管制权的法律规制,为公民道路通行权提供法律保障,在交通管制权和道路通行权之间进行合理权衡,这已成为世界各国交通管制法制发展的重要趋势"[7]。国内外研究现状为本书奠定了坚实的研究基础,也为推动我国城市交通管制法治化提供了广阔的研究空间。

---

[1] 参见[德]亨利·苏勒:《德国警察与秩序法原理》(中译三版),李震山译,台北登文书局 2005 年版,第 55 页以下。

[2] 参见[日]户崎肇:《交通权保障与新交通政策理论》(中译书名《交通运输的文化经济学》),陈彦夫、王姵岚译,台北翰庐图书出版有限公司 2012 年版,第 107 页以下。

[3] 参见周佑勇:《行政法原论》,北京大学出版社 2018 年版,第 98 页。

[4] 参见何海波:《行政诉讼法》,法律出版社 2011 年版,第 42 页。

[5] 参见福州中院行政判决书(2010)榕行初字第 35 号。

[6] 有媒体披露,北京的年均交通管制多达 7000 余次。参见邱一丹:《"治堵"之难——北京年均交通管制 7000 次》,载《中国经营报》2012 年 10 月 29 日版。

[7] 参见[德]亨利·苏勒:《德国警察与秩序法原理》(中译三版),李震山译,台北登文书局 2005 年版,第 55 页以下。

### (三) 关于城市交通安全

目前,大量的城市道路交通安全研究集中于交通工程学、车辆技术学等方面[1],交通安全的法律规制研究则集中于行政法学、刑法学领域。在行政法学领域,主要是对交通违法行为的处理研究,特别表现为行政处罚的构成要件、处罚裁量基准等方面的内容[2],如田勇军探讨了各类交通行政处罚中,"一事不再罚"之"一事"的认定标准[3],黄锴以"黄灯处罚案"为研究对象分析法律续造在行政处罚中的适用[4],郝振清研究了交通行政处罚裁量基准的原则、模式[5]。而在刑法学领域,主要是对交通违法行为"出行入刑"的研究,特别是在公众热议的多起醉驾案中,刑法学界展开了深入的探讨。

但是,对于城市交通安全的法律规制研究,特别是行政法层面的研究仍然存在诸多不足。城市交通安全管制依然遵循传统的警察高权理论,现代行政法的政府治理论、协同治理论等尚未贯穿于交通安全问题研究,也未引入交通安全管制实践之中。传统行政法通过对交通行政违法行为的惩戒以实现安全管理目标。但是,随着城市交通的发展,传统的基于警察高权的管制思想难以化解城市交通安全问题。

基于传统管理模式固有弊端,顺应现代政府"管理"向"治理"的转型,引入协同治理理论,推动城市交通安全管理从"传统管制型"向"协同治理型"转变。建构城市交通安全协同治理体系,强调政府的"交通安全保护义务",强化城市交通安全的风险管理和预防管理功能,构建政府部门之间"协作治理机制"以及政府与公众的"合作治理机制"。[6]

---

[1] 参见张艳玲:《道路交通安全管理问题研究综述》,载《道路交通与安全》2008年第4期。
[2] 参见徐晋:《有关机动车停车交通违法行为法律适用的思考》,载《交通与运输》2008年第3期。
[3] 参见田勇军:《交通行政处罚中"一事不再罚"之"一事"问题探析》,载《交大法学》2016年第1期。
[4] 参见黄锴:《法律续造在行政处罚法中的适用及限制——以"黄灯案"为分析对象》,载《政治与法律》2013年第8期。
[5] 参见郝振清:《交通运输行政处罚自由裁量基准刍议》,载《生产力研究》2011年第4期。
[6] 参见周佑勇等:《现代城市交通发展的制度平台与法律保障机制研究》,中国社会科学出版社2017年版,第14页。

## （四）关于城市交通拥堵问题

为破解城市交通拥堵问题，国内外经济学、交通工程学和交通管理学分别从不同视角研究城市拥堵的原因，并提出了不同的对策措施。一般认为，城市拥堵问题的本质是车辆与道路、交通供给和交通需求之间固有矛盾的综合体现。经济学界认为，城市交通拥堵问题的产生与资源配置方式和过程干预有关，因而重点是抑制交通需求，通过限制小汽车使用、征收交通拥堵税等措施来进行调节。[1] 交通工程学则认为，应当通过增加交通供给，拓展城市道路路网和基础设施建设，发展公共交通，提升交通服务能力来化解交通压力。[2] 交通管理学主张完善交通组织、交通设施和道路网结构，应用智能交通系统，疏导交通流量，提高交通设施利用率。[3]

法学视角的研究主要集中于交通拥堵治理措施的合法性上。钱卿认为，"单双号限行措施总体上符合形式合法的底线要求，其后续的'政策补丁'体现了对实质合法的追求和合法性的补强"。[4] 凌维慈教授从行政法的视角分析，认为机动车限行常态化须明确其法律根据，引入"成本—效益"分析方法，改善意见听取制度，加强立法和司法监督机制，同时完善行政问责制。[5] 张翔教授认为，机动车限行是公权力对财产权的限制，单双号限行具有征收效果。机动车限行在现有法秩序中缺乏明确的法律依据，有违宪之虞。[6] 易军教授认为，单双号限行常态化措施难以通过比例原则的检视而具有合法性。[7] 张卿博士认为，目前我国对治理拥堵的研究一般均局限于某种特定制度本身，应从整体上考虑各种治理拥堵监管制度的优缺点和可选择性，进

---

[1] See Moneta N. National Strategy to Reduce Congestion on America's Transportation Network. US Department of Transportation, 2006. 转引自戴东昌，蔡建华：《国外解决城市交通拥堵问题的对策》，载《求是》2004 年第 3 期，61 - 63 页。

[2] 参见杨铁英：《公共交通优先才能解决交通拥堵问题》，载《山东交通科技》2007 年第 2 期。

[3] 参见黄良彪，张艳：《城市道路交通拥堵的原因及其治理对策》，载《政法学刊》2007 年第 1 期。

[4] 参见钱卿：《交通限行措施的行政法解读——以单双号限行为样本》，载《行政法学研究》2011 年第 4 期。

[5] 参见凌维慈：《行政法视野中机动车限行常态化规定的合法性》，载《法学》2015 年第 2 期。

[6] 参见张翔：《机动车限行、财产权限制与比例原则》，载《法学》2015 年第 2 期。

[7] 参见易军：《所有权自由与限制视域中的单双号限行常态化》，载《法学》2015 年第 2 期。

而做出最优的制度选择或组合。[1]汤啸天教授认为,交通拥堵等问题是"多因一果"的产物,应尽最大可能抓好源头治理。[2]

### (五)关于城市网约车管制问题

网约车是近几年才兴起的城市交通新业态。虽然时间不长,但理论界和实务界敏锐地关注到这种新业态,研究成果颇丰,并且多是从法学视角进行研究。对于网约车监管的规范依据问题,有很多学者对《网络预约出租汽车经营服务管理暂行办法》的规范内容进行阐释。[3]研究者认为,中央政府对城市地方政府因城施策的法律授权十分必要,但是授权过于抽象模糊,城市政府网约车实施细则存在超出《暂行办法》调整范围的情形。关于网约车监管模式,不少研究者反对沿用旧有出租车监管模式,认为出租车化的监管模式终将严重遏制"互联网+交通"这一新兴业态的发展。关于现行规范中的市场准入管制、价格管制等监管方式,几乎所有的研究者都认为过于严苛。地方政府对网约车实行市场准入的户籍限制等存在违反宪法、立法法、许可法的嫌疑。关于网约车发展的对策建议,有学者提出,应放宽数量限制、取消价格管制、预防平台垄断。综上所述,现有研究主要还是停留在理论的研究层面。为建立更好、更健全的法律制度,促进网约车行业的有序发展,有必要加强网约车规范依据、规制主体、管制模式、事前准入、事中监管、事后监督等问题的深入研究。

## 四、研究内容与研究意义

### (一)主要研究内容

本书旨在规范政府交通管制者的交通管制行为与活动,保障被监管者——交通参与者的正当交通权益,实现交通管制权与公民交通权的法律均衡,进而推动城市交通管制的法治化。具体而言,本书主要研究内容如下:

---

[1] 参见张卿:《论大城市治理交通拥堵的政府监管制度选择与优化》,载《行政法学研究》2017年第6期。

[2] 参见汤啸天:《关于缓解城市交通拥堵的思考》,载《山东警察学院学报》2015年第1期。

[3] 参见彭岳:《分享经济规制现状及方法改进》,载《中外法学》2018年第3期。

1. 现代城市交通的管制理念转型

我国城市与交通日新月异,同时也面临诸多的发展瓶颈。(狭义)城市交通管制措施过度、过滥,城市交通安全日渐恶化,城市交通拥堵不断蔓延,互联网时代城市交通新业态——网约车监管问题等成为城市交通问题的主要表现形式。城市交通问题已经成为影响城市发展乃至国家经济与社会发展的主要瓶颈。城市交通问题呈现愈加复杂化的趋势,对城市交通管制提出严峻挑战。

为应对城市与交通发展问题,需要革新管制理念,革新管制模式,革新管制策略和方法。在城市与交通的发展模式上,我国尚处在交通追随型阶段,应逐步向交通先导型转变;在交通管制的价值导向上,尚停留在以车为本阶段,应逐步向以人为本转变;在交通管制策略上,停留在政策主导阶段,应逐步转向规则主导;在城市交通管制的动力机制上,主要由政府权力主导,应逐步转向公私协力;在城市交通管制效果上,应当兼顾管制合法性和管制有效性的结合。

2. 公法上交通权的生成逻辑与学理证成

当前交通安全、交通拥堵、交通环境污染等城市交通问题纠结交织。究其原因,在政府交通管制权与公民公法交通权的关系维度上,公民的交通权长期缺位,难以对交通管制主体——城市政府的交通管制活动与行为进行有效监督和制约,更遑论民众的交通权益保护。

盖因传统行政法理论认为,无论狭义还是广义的城市交通管制,其目的都在于保障交通安全,维护公共利益,交通管制属于传统"警察权"的范畴。面对行政机关的交通管制行为与管制活动,民众负有容忍之义务。即便行政机关的交通管制行为影响到特定交通参与者的利益,这种利益也只是一种"反射利益",而非法律上的权利,因此难以经由法律途径主张和救济这种交通利益。正是这种交通警察权和反射利益理论的影响,导致交通管制过程中公民交通权利意识缺失和交通权利保护机制缺位,而政府行政机关交通管制成为一种事实上的行政"特权"。这种交通警察特权观念在我国交通管制领域根深蒂固。交通管制的单方性、强制性、高权属性依然存在。

研究成果揭示了我国交通权的生成逻辑,并从法理层面证成公民的公法交通权。其意义在于推动民众交通权益的权利化和法治化,为民众的交通利益提供法律保护机制。同时基于交通权的基本功能,防御政府交通管制活动对公民交通权的侵犯,并赋予民众以交通受益权,为国家和政府设定交通义务,从而规范政府交通管制行为,保障民众交通利益。

3. 狭义城市交通管制的法治化问题研究

城市交通管制存在法治困境。在法律性质上,交通管制陷入抽象行政行为与具体行政行为的争论之中。在授权依据上,虽有《道路交通安全法》等法律法规的概括授权,但缺乏具体行为法依据。在救济途径上,交通权益因交通管制行为受损,也难以通过行政复议和行政诉讼途径加以救济。在实施效果上,过多、过滥、过度的交通管制已经成为城市交通拥堵的重要诱因。

推动城市交通管制的法治化,首先要明晰交通管制的权力边界。法律法规的明确授权构成交通管制的形式边界,公民交通权则构成了交通管制的实质边界。对交通参与者而言,尤其对道路形成"依赖利用"的交通参与人,交通管制行为实质上是对其道路利用与通行权益的限制或禁止,构成公法权利的不利影响。其次,重构交通管制的法律属性。借鉴德国公物法理论以及日本行政过程论,重新界定城市交通管制的法律属性。交通管制是针对一般相对人的对物(道路)行政行为。依据行政过程论,交通管制过程是一个有机整体。再则,实现交通管制的正当程序规制。交通管制的决定与实施受正当法律程序的规制。为平衡交通管制权与公民交通权,交通管制的时段、路段、范围、措施、方式、疏导方案的选择与实施等都应建立在最低限度的告知制度、说明理由制度和听取意见等程序机制之上。最后,建构交通管制的司法审查机制。交通管制应纳入司法审查范围。同时,应区分不同情形,建立交通管制决定与通告的预防诉讼制度、交通管制措施的撤销与变更诉讼制度、特别牺牲的行政补偿制度、违法交通管制的行政赔偿制度。

4. 城市交通安全管制的法治化问题研究

我国现行城市交通安全管理模式存在条块分割严重,缺乏整体协同,职能交叉渗透,职权职责不清,注重事后惩戒、忽视事先预防,政府主导为主,社会参与不足等问题。公安交通警察部门唱"独角戏",政府部门之间缺乏协同;过分强调公安部门的"警察权威"与"强制手段";以"事后惩治"为主,忽视"事先预防",难以根治交通安全隐患,严重影响到城市交通安全的治理状况和治理水平。

顺应现代政府"管理"向"治理"的转型,引入协同治理理论,推动城市交通安全管理从"传统管制型"向"协同治理型"转变。建构城市交通安全协同治理体系,强调政府的"交通安全保护义务",强化城市交通安全的风险管理和预防管理功能,构建政府部门之间"协作治理机制"以及政府与公众的"合作治理机制"。基于对现代城市交通安全风险的忧虑和对交通安全的渴求,早前侧重于事后执法惩处的法律规制机制已经难以为继,应当更多侧重于对交通安全风险的预防与管理。将交通安全管理关口前移,从侧重于交通安全事故发生后的惩治,转变为交通安全事故发生前的事先预防。

构建城市交通安全的部门协作治理与社会合作治理机制。首先,构建相关政府部门间的伙伴型协作关系,建立综合性、多功能的整体联动式城市交通安全治理体系。重塑城市交通安全治理工作流程,优化协作程序和明确责任,推动"部门分割"转向"部门整合",从"各自为战"转向"协作治理"。其次,构建政府与社会的合作治理机制。鼓励非政府组织与社会力量参与治理,提升城市交通安全的整体抗风险能力,弥补政府单方面管理的不足,构建城市交通安全社会化管理机制,构建政府与社会的交通安全合作治理机制。再则,积极发挥城市交通安全管理领域的"软法"功能,推动柔性化管理,运用行政奖励、行政合同、行政指导和行政规划等非强制性行政行为方式来推动城市交通安全的良好治理。

5. 城市交通拥堵管制的法治化问题研究

我国城市交通拥堵治理决策过程与治理措施都面临合法性质疑,需从形式合法性、实质合法性和程序正当性三个层次构建拥堵治理决策合法性的保障机制。

项目全面梳理单双号限行、摇号限牌等拥堵治理措施与方案的决策过程与实施效果,并对相关拥堵治理措施与方案的合法性进行剖析,揭示行政主导之下城市拥堵治理决策的合法性瑕疵。同时,引入行政法基本原则,从行政法治视角剖析拥堵治理措施在决策主体、决策权限、决策程序、决策内容与决策效果等方面的合法性问题。项目比较研究了交通供给管理模式、交通需求管理模式、交通管理制度完善模式等拥堵治理的理论模式,分析各理论模型的优缺点及其对政府拥堵治理决策的影响。同时,比较分析国内外限制性措施、拥挤收费措施和外延式配套政策等拥堵治理模式与举措。

项目提出城市拥堵治理决策合法性机制的对策建议。首先,城市拥堵治理措施都涉及重大公共利益,并与公民权益密切相关,其决策过程应遵循行政法定原则。要求拥堵治理决策具有法律授权,遵循法律保留原则和法律优位原则。其次,城市拥堵治理决策的实质合法性要求治理方案和措施的内容符合法律目的和行政法基本原则,体现理性精神,协调并兼顾不同利益主体的权益诉求,实现依法决策、科学决策和民主决策。本书重点从比例原则和利益均衡原则层面分析城市拥堵治理决策的实质合法性问题。再则,基于正当程序原则,认为拥堵治理决策应建立最低限度的正当程序机制,健全完善包括公众参与、专家论证、决策公开等在内的决策程序机制,本书侧重研究城市拥堵治理决策合法性保障的制度构架。

6. 城市网约车行业管制的法治化问题研究

网约车是互联网时代城市交通的一种新业态,也是现代城市交通的重要组成部分。网约车的蓬勃发展给城市交通管制带来新挑战。将网约车视同出租车加以特许监管,缺乏法律支撑,也不符合网约车行业特点,势必阻碍网约车行业的发展。

完全取消网约车的准入管制显然不合理。在"互联网+"背景下,必须突破思维桎梏,改革监管模式,创新规制手段。《网络预约出租汽车经营服务管理暂行办法》(简称《暂行办法》)确立了传统出租车式监管模式。《暂行办法》实施两年多时间以来,实践表明这种监管模式一定程度上抑制了网约车新业态的发展。各地方政府出台的网约车实施细则对网约车的市场准入管制、价格管制等规定都过于严苛,存在依据不足的缺陷。城市政府出台的网约车实施细则超出了《暂行办法》的规范范围,也违反了《行政许可法》中"不得增设行政许可"的相关规定。建议探索建立新的监管模式,对网约车实行一般许可甚至备案制,放宽数量限制,取消价格管制,预防平台的垄断,才能更好地规制网约车这一新业态,促进网约车行业的有序发展。

(二) 理论与实践意义

1. 理论价值

其一,提炼出交通管制权和公民交通权的关系范畴。传统行政法将交通管制视为"警察权"的必然延伸,欠缺交通权利意识和交通权利的保护机制。本书建构起政府交通管制权与公民公法交通权的关系范畴和分析框架,并将之运用于交通管制决策、实施和救济的全过程。其二,厘清城市交通管制行为在公物法层面和行政过程论视角下的法律属性。狭义交通管制本质上是对城市道路禁止或限制利用的物上处分行为,广义的交通管制则是对交通的管理和规制。本书基于交通管制的公物处分属性,强化对交通管制权的法律规制和道路通行权的法律保障。其三,拓展法学尤其是警察法学和交通法学的研究内涵。交通管制是警察职权的重要内容,也关乎交通快捷、无障碍和有效通行。本书研究以行政法学为基础,对于深化警察法学和交通法学的研究内涵具有积极意义。

2. 实际应用价值

其一,推动交通管制行为的规范化和法治化。为大型公共活动、市政工程施工、自然灾害应对等情况下的交通管制提供规范性依据和合法性支撑。其二,为交通参与人的交通权益提供法律保障机制。交通管制往往会影响交通参与者的交通权益。本书在研究交通管制法律规制的同时,也为公民交通权的法律保障提供可能性。其三,建构交通管制的合法性框架。从狭义城市交通管制出发,扩展至城市交通安全、城市交通拥堵、城市网约车监管等城市与交通发展中的热点重点问题,为相关问题的应对解决建构起完善的法治框架。

# 五、研究思路与研究方法

## (一) 研究思路

遵从"实证研究→原理分析→法律规制"的基本思路,以城市道路的利用与限制为出发点,剖析交通管制存在的突出理论和现实问题,提炼交通管制权与公民交通权的关系范畴,界定交通管制的权力边界与法律属性,研究交通管制的原则规制、程序机制与救济途径。推动城市交通安全、城市交通拥堵、城市网约车治理等关键问题的法治化应对。

其一,建构核心关系范畴——交通管制权与公民交通权的均衡。长期以来,在城市交通领域,权利意识缺失。政府行政权占据主导地位,交通行政决策成为政府的独角戏。执法中,自由裁量权范围过大。交通管制成为政府的一种"特权"。城市交通管制的未来趋势,其发展模式应从交通追随型转向交通先导型。交通管制的价值导向应从以车为本转向以人为本,交通管制策略应从政策主导转向规则主导,交通管制的动力应从权力主导转向公私协力,城市交通管制效果应兼顾合法性和有效性。这主要是从发展趋势角度进行的阐释。我们认为,之所以会存在这种问题,其根源在于长久以来,城市交通管制坚持权力本位,权利意识缺位,侧重政府的交通管理权的研究而欠缺对交通权的研究。同时,要真正实现从交通追随型转向交通先导型、以车为本转向以人为本、政策主导转向规则主导、权力主导转向公私协力,兼顾合法性和有效性的治理转型,必须规范城市政府主体的交通管制权,实现管制权的法治化,证成公法上公民的交通权,树立交通权利意识,实现政府交通管制权和公民公法交通权的均衡。

其二,证成公法上交通权的理念,揭示交通权的生成逻辑,树立交通权利意识。本书对交通、城市交通、城市交通管制等基础性概念范畴进行界定,并结合城市交通安全、城市交通拥堵、城市网约车管制等现实问题,提出"公法上交通权"的核心概念,从新兴权利的构成要素视角揭示交通权的生成逻辑,并从法理层面证成交通权的正当性。建构政府交通管制权与公民公法交通权的关系框架,全面解析交通权的权利内容和权利要素;突出公民交通权保障以及国家对于交通权的给付义务。

其三,以狭义城市交通管制问题为切入点,扩展到城市交通拥堵、城市交通安全、城市网约车监管问题。将狭义交通管制、交通安全、交通拥堵等现实问题置于"交通管制权—公民交通权"的关系范畴之中,以保障公民交通权为目的,在制约政府的交通管制权的同时,推动交通管制活动的法治化进程,实现城市和交通的良性发展。城市中严重的交通拥堵问题是一个"可持续发展"层面的城市发展问题,而机动车激增后凸显的交通安全问题,则是"以人为本"层面的人权保护问题。因此,不论是交通发展与城市发展的关系,还是城市规划与交通规划的衔接,不论是基础设施的建设,还是行政管理体制机制的改革与创新,均应当紧紧围绕"交通安全"与"交通拥堵"问题的解决而展开。

**(二) 研究方法**

本书在采取理论研究、原理分析等一般研究方法的同时,重点采取以下研究方法:

(1) 规范分析方法。《道路交通安全法》等多部法律、法规、规章是规范和调整城市交通管制问题的规范依据。本书将对相关法律规范进行合法与正当、职权与职责、权利与义务分析,揭示我国城市交通管制的法治困境及其未来发展趋势。

(2) 实证研究方法。城市交通管制是个法学理论问题,更是一个法律实践问题。本书以北京、上海、杭州、深圳、南京等城市为例,实证调研城市交通管制的实践经验,剖析城市交通管制、城市交通安全、城市交通拥堵、城市网约车监管的法治现状,突出研究的问题意识和现实针对性。

(3) 比较研究方法。德国、日本、英国、美国等国,以及我国台湾、香港地区已经经历过城市化和机动化的发展阶段,对交通管制、交通安全、交通拥堵等问题有较为深入的理论研究和较为成熟的法制实践。本书比较研究域外法制与理论成果,为交通管制性质界定、原则适用和程序规制提供借鉴,为交通安全、交通拥堵治理提供借鉴。

(4) 交叉学科研究方法。交通管制、交通拥堵、交通安全、网约车监管等问题,既是一个交通工程学、城市规划学及交通安全学的问题,也是一个行政管理学、社会学与法学的交叉问题。本书将重点运用交叉学科的研究方法,借鉴不同学科的研究成果。

## 六、研究范围与概念界定

### (一) 城市交通

本书所要研究的城市交通,特指城市道路交通。有必要对"交通""城市交通""城市交通"逐一加以界定。

所谓交通,《辞源》将之界定为"人之往来,货物之运输,彼此通达之谓也"。由此可见,"交通"的原初意义是指交往、交流、沟通、互通有无的意思。后来,交通逐渐发展成与空间移动相联系的概念。在学理层面,"交通是由行人、机动工具、非机动工具构成的交通流在特定空间移动的过程"[1]。这一概念从交通的实体构成、交通功能及交通本质特征几方面对交通概念进行界定,较为全面和准确。从组成实体上看,交通由交通工具、行人等构成,其基本功能是实现空间位置的移动。现代道路交通系统主要由人、车、路等要素构成,现代交通已与人类社会生活紧密相关。交通是人们日常生活的重要部分,人类本身也是交通系统的重要组成部分。

广义的城市交通是一个由道路、铁路、水路、航空、管道运输等多种交通运输形式组合而成的复杂交通系统。狭义的城市交通特指城市道路交通。本书对城市交通的界定即是一种狭义的城市交通。换言之,本书的研究范围与对象主要立足于城市道路交通。

城市道路是城市交通的直接载体,为城市交通需求提供必需的通行能

---

[1] 参见胡金东,田宁:《汽车社会交通治理的伦理路径》,中国人民大学出版社2015年版,第2页。

力,是城市功能赖以发挥不可或缺的载体。城市交通主要是道路交通。城市道路交通是人或物以道路为载体,实现空间位置移动的过程。城市道路交通系统由行人、车辆、道路、交通环境等多种要素构成。这些要素相互依赖、相互作用,构成了复杂的道路交通系统。区别于其他交通方式,道路交通是人们最基本的交通方式,也是一种与人们的日常社会生活联系最为密切、最基本的交通方式。道路交通比其他交通具有更大的机动性和灵活性,能最大限度地方便人们的生产和生活。

### (二) 城市交通管制

本书在狭义和广义两个层面使用"城市交通管制"概念。换言之,本书所要研究的城市交通管制既包括狭义城市交通管制,也包括广义交通管制。

1. 狭义的城市交通管制

狭义的交通管制是基于《道路交通安全法》第39条和第40条,以及《警察法》《消防法》等法律的明文授权而实施的限制通行、禁止通行等交通管理措施。其中,《道路交通安全法》第39条是交通限制措施,第40条规定的是交通管制措施。区别在于:第39条所规定的限制通行、禁止通行措施,只是针对特定的道路交通参与人或者个别的路口、路段实行的临时性交通限制措施;第40条规定的交通管制则是在某一特定区域内实施的针对所有交通参与者的全方位的紧急交通管理措施[1]。无论交通限制措施还是交通管制措施,在理论上和实务中统称为"交通管制"。基于交通管制的实践,"狭义交通管制措施可以进一步细分为疏导性交通管制措施、限制性交通管制措施以及禁止性交通管制措施。"[2]无论作何种分类,狭义交通管制都是一种非常规交通管理手段,往往针对特定的紧急性和紧迫性情形,且具有时间上的临时性和非持续性特征。

2. 广义的城市交通管制

探究"管制"的词义本原,本来就有管理、控制和规制之意。从这种意义上讲,广义的城市交通管制,与城市交通管理的内涵相同。广义城市交通管制即是政府对城市道路交通所实施的管理。

广义城市交通管制包括对交通参与人的管制、对车的管制、对路的管制,

---

[1] 参见全国人大常委会法制工作委员会刑法室:《〈中华人民共和国道路交通安全法〉释义及实用指南》,中国民主法制出版社2012年版,第66页。

[2] 参见龚鹏飞:《交通管制若干问题研究》,载《道路交通与安全》2006年第12期。

以及对交通环境的管制。从发展历程来看,广义城市交通管制大体经历了传统交通管理阶段、交通系统管理阶段、交通需求管理、交通智能化管制等四个阶段。[1] 每个阶段交通问题的呈现方式和特征不同,交通管制的模式、方式和手段也各不相同。

本书所谓广义城市交通管制,除狭义的城市交通管制问题之外,主要涉及城市交通安全、城市交通拥堵和城市网约车监管这三个交通热点与难点问题。如前文所述,在这三个主要问题之中,城市交通安全问题是伴随交通发展始终的原生性问题,城市交通拥堵是城市化和机动化发展到一定阶段后出现的次生问题,网约车行业监管则是互联网时代、共享经济时代出现的新问题。城市交通安全、城市交通拥堵、网约车管制问题等城市交通新老问题交织,一定程度上折射出城市政府城市治理与交通管制的困境。因此,从广义的城市交通管制视角,我们有必要检讨与反思当前城市交通管制战略、策略与措施,寻求交通管制措施的合法性与有效性的结合,推动城市交通管制的法治化水平。

### (三) 城市交通管制法治化

为保障城市交通安全与通畅,维护交通参与者的正当权益,政府进行交通管制成为必要。无论狭义城市交通管制还是广义城市交通管制,都是基于政府行政权的一种权力行使过程,表现为一定的行政行为或行政活动。"行政受法的拘束",交通管制活动也应当受到法律规范的调整,这是现代法治政府建设的应有之义。

行政受法的拘束是现代民主法治国家之基本要求。行政法,本身即是规范行政权之法。依法行政原则理所当然成为行政法最重要的基本原则。行政受法的拘束,即行政应受法律及一般法律原则之拘束。[2] 对于城市交通管制而言,交通管制权的运行过程亦应受法律及一般法律原则之约束。具体而言,城市交通管制需受行政法基本原则的约束。[3]

(1) 行政法定原则对城市交通管制的约束。所谓城市交通管制法定原则,首先要求职权法定,即城市交通管制的职权来源及其管制过程都必须

---

[1] 参见袁振洲等:《城市交通管理与控制》,北京交通大学出版社2013年版,第6页。
[2] 参见李建良:《行政法基本十讲》,元照出版有限公司2017年版,第282页。
[3] 关于行政法基本原则的论述,参见周佑勇:《行政法基本原则研究》,武汉大学出版社2005年版,第272页以下。

具有明确的法定依据。无论狭义城市交通管制还是广义城市交通管制,都是行政权的运用,并且主要是一种负担行政行为,尤其需要遵循"法无明文规定不得任意行政"的基本要求。其次要求遵循法律优先原则,也即城市交通管制措施的规范依据不得与上位法律规范尤其不得与宪法、法律相抵触。再则要求遵循法律保留原则[1],城市交通管制是对交通参与人重要通行权益的一种限制或剥夺,交通管制措施应由法律加以明确规定,否则属于违法行政[2]。

(2) 行政均衡原则对城市交通管制的要求。行政均衡原则,是对行政实体内容的进一步要求,具体包括平等对待、比例原则和信赖保护三项子原则。其中比例原则是衡量城市交通管制措施正当性的最重要原则。所谓比例原则,即要求城市交通管制尽可能使交通参与人的损害保持在最小的范围内,同时,城市交通管制措施对交通参与人的交通权益的干预不得超过必要限度。

(3) 行政正当原则对城市交通管制的限制。交通管制权力的运行应符合最低限度的程序正当标准。要求交通行政机关在实施交通管制过程中,应对所有交通参与者保持一种超然和不偏不倚的态度和地位;要求受交通管制措施影响的利害相关方都有权参与交通管制决策和执行过程;要求交通管理机关在实施交通管制过程中,应当依法将交通管制的依据、过程和结果向交通参与人和社会公众公开,以使其知悉并有效参与和监督交通管制权的运行。[3]

行政法定、行政均衡和行政正当原则是衡量城市交通管制法治化水平的基本准则,也是评价城市交通管制合法性与正当性的核心标准。

---

[1] 参见[德]奥托·迈耶:《德国行政法》,刘飞译,商务印书馆2002年版,第70页。
[2] 参见翁岳生:《行政法》,中国法制出版社2009年版,第180页。
[3] 参见周佑勇:《行政法基本原则研究》,武汉大学出版社2005年版,第272页以下。

# 第二章

# 公法上交通权的学理证成

## 一、交通权缺位及其确立必要性

### (一) 典型司法个案：交通利益救济机制缺失

**案例1** 郑某某诉合肥市公安局交通警察支队交通管制案。[1] 2014年1月3日，原告郑某某驾车回家。因道路被限制通行，原本仅需半小时的车程，花费三个多小时才回到家。原告认为被告未经事前公告，实施交通管制行为违法；未有效疏导交通，导致交通瘫痪，属行政不作为，亦违法。遂提起诉讼，请求法院判决确认被告实施交通管制措施的行为违法。后法院审理认为，对相关危险区域实行交通管制措施，旨在维护公共安全。被告的该项执行行为并无违法之处。判决驳回原告的诉讼请求。

**案例2** 福建烨阳律师事务所诉福州市公安局仓山分局交通管制案。[2] 福州市公安局仓山分局于2010年6月13日和6月28日上午在福州市中级人民法院周边区域实施交通管制，致使位于交通管制区域内的福建烨阳律师事务所律师和客户无法正常进入律师事务所，导致律所业务无法开展，并因

---

[1] 参见安徽省合肥市包河区人民法院行政判决书(2014)包行初字第9号。
[2] 参见福建省高级人民法院行政判决书(2011)榕行高字第35号。

此而蒙受损失。该律师事务所在不服行政复议结果之后,向人民法院提起行政诉讼,要求确认交通管制行为违法。法院认为该交通管制行为是针对不特定多数人而作出的行为,不属于具体行政行为,不属于行政诉讼的受案范围,遂驳回了律师事务所的诉讼请求。

**案例3** 蔡某诉广州市交通委员会网约车营运行政处罚案。2016年4月17日,蔡某驾驶私家小汽车搭乘一名乘客,被广州市交委执法人员发现。滴滴打车软件平台乘客端显示当次车费为16.7元。广州市交委对涉案车辆予以扣押。后广州市交委认定蔡某未取得道路客运经营许可,擅自从事道路客运经营,给予蔡某责令停止经营并处3万元罚款的行政处罚。蔡某不服,向广州市政府申请复议。广州市政府维持广州市交委作出的行政处罚决定。蔡某不服行政复议决定,向法院提起诉讼,请求撤销广州市交委和广州市政府分别作出的行政处罚决定和行政复议决定。一审原告败诉。[1]

上述三个案例是近年与交通权益相关的典型司法案件。案例1和案例2是行政诉讼案件,都涉及公安机关交通管理部门的交通管制行为;案例3是不服行政处罚的行政诉讼案件,起因是交通行政主管部门对网约私家车违法运营进行行政处罚。这三个案例都关乎民众的交通利益问题。案件的共同之处在于都存在行政机关的限制通行、禁止通行、封闭道口、查处违法营运等交通管制行为,客观上都影响了特定行政相对人——交通参与者的某种交通利益。

但从案件的判决结果来看,案例1中法院认定公安机关交通管制行为不存在违法之处,驳回原告诉讼请求;案例2中法院以交通管制行为并非具体行政行为,不属于行政诉讼受案范围为由,驳回原告诉讼请求;案例3中一审法院认定广州市交委对私家车通过网约平台违法运营的处罚行为合法,驳回原告诉讼请求。三个案例的判决结果都是原告败诉。通过对三个案件的简单分析,我们会发现,在当前法律框架下,交通参与方的某种交通利益受到了客观影响,但这种受影响的交通利益很难被法律所保护。交通利益,尤其行政法意义上的交通利益难以通过司法诉讼途径寻求救济和保护。

---

[1] 参见广州铁路运输中级法院(2016)粤行初字第1979号。

## (二) 交通管制事件:权力本位与权利意识缺位

值得关注的交通管制事件是杭州"半夜鸡叫式"小汽车限购决策[1],以及深圳"出尔反尔式"小汽车限购措施[2]。针对杭州市政府和深圳市政府的限购措施,社会舆论哗然,普遍质疑政府决策的合法性和正当性。有市民认为,杭州市政府的限购措施涉及杭州市数百万民众权益,决策过程未经听证,未履行法定程序,越权行政,进而向浙江省人民政府提出合法性审查申请,要求撤销通告内容。[3]对于深圳市"出尔反尔式"的限购措施,也有民众认为通告的制定程序欠缺法律支撑,违法增设许可条件,遂申请启动对深圳市限牌公告合法性的审查程序。[4]

遗憾的是,时至今日,杭州市和深圳市限购决策的合法性审查都悄无声息,而两市的限购限行政策都得到了严格的执行。近年来,除杭州、深圳外,上海车牌拍卖、北京单双号限行、南京"史上最贵"差别化停车收费政策、公路收费、出租车治理、停车收费、网约车治理、共享单车治理……几乎每一项交通管制措施都挑动了社会敏感的神经,引发了社会的巨大反响和广泛争议。对于交通管制者而言,习惯于遵循"交通问题—交通政策"的问题应对路径。虽然有着较为鲜明的问题意识,但体现的是一种"头痛医头,脚痛医脚"的问题导向的治理路径。对于广大的交通参与者而言,任何一项交通政策、交通治理措施,都关乎民众的切身利益。交通参与者遵循一种"交通利益影响—

---

[1] 2014年25日19点,杭州市政府召开新闻发布会,公布《杭州市人民政府关于实行小客车总量调控管理的通告》(杭政函〔2014〕55号),决定自2014年3月26日零时起在全市实行小客车总量调控管理。自2014年3月26日零时起,对本市行政区域内小客车实行增量配额指标管理。增量指标须通过摇号或竞价方式取得。杭州由此成为继北京、上海、广州、天津、贵阳之后,又一个实施汽车限牌限购的城市。杭州市政府限牌决定被媒体称为"空降式"或"半夜鸡叫式"限牌决策。参见《杭州"空降式"对小客车实施限牌》,载《人民代表报》2014年4月2日版。

[2] 2014年12月29日,深圳市人民政府召开新闻发布会,正式实施小汽车限购措施。此前该市领导曾多次在不同场合对外表示不会采取限购措施。2014年年初广东省两会上,深圳市市长许勤特别强调,深圳对私家车不限行不限购,将通过经济手段来调节市民出行方式,以化解交通拥堵问题。但在2014年12月29日,深圳市政府突然抛出限购令和限外方案。参见王超:《汽车限购暗潮汹涌》,载《中国青年报》2015年1月8日版;参见《深圳市小汽车增量调控管理暂行规定》(深府〔2015〕9号)。

[3] 参见《市民致信浙江省政府要求审查杭州限牌令合法性》,http://zj.qq.com/a/20140406/005360.htm,访问日期2018年6月22日。

[4] 参见武欣中,林洁:《广东省法制办:启动对深圳"限牌令"合法性审查》,载《中国青年报》2015年1月24日版。

寻求利益保护"的思考路径去评判政府的交通决策与管制措施。面对政府交通管制决策,即便影响到切身交通利益,交通参与者也很难获得有效的救济和保障。究其原因,交通利益并没有被承认是一种法律上的权利,也缺乏一种法律上的权利表达机制和权利救济机制。正因如此,对于政府的交通管制措施,往往感觉到一种交通利益受影响后的无可奈何、无能为力之感。一般民众只能被动接受和服从于政府的交通管制行为。

### (三)规范实证分析:管理本位与交通权利缺失

当前我国已基本建立起以交通安全管理、车辆与驾驶员管理、道路管理、交通运输管理、交通行政执法等为核心的交通管制制度体系。业已形成由法律、法规、规章、司法解释、其他规范性文件等组成的规范体系。受立法体制和制度供给机制之限,交通管理制度规范一般都由相关政府主体主导起草和制定,制度设计与规范内容难免会烙上管理者的印记。对于交通管制相关法律规范来说,站在政府管理者的立场进行规范设计也是在所难免的。

对于城市交通管制,在交通安全管制领域,最核心的法律依据是《道路交通安全法》。该法在立法过程中始终强调要体现"以人为本"的立法理念。基于对《道路交通安全法》第1条的规范分析,我们发现,该法的核心立法宗旨是维护交通秩序,保障交通安全等交通安全保障功能。[1]《道路交通安全法》第2条是关于该法适用范围,尤其是主体范围的规定。该条强调车辆驾驶人、行人、乘车人以及与道路交通活动有关的单位和个人,都必须严格遵守本法。[2]与第2条类似,《道路交通安全法》为交通参与者设置了众多的"应当"、"必须"、"不得"和"禁止"等义务性法律规范。《道路交通安全法》侧重规定道路交通参与者的交通义务,并赋予道路交通管理部门管理职权。虽然《道路交通安全法》条文中也隐含着某种权利性表述,如"优先通行权"[3],但需要特别指出的是,条文中的所谓"优先通行权",只是作为道路通行规则的一种优先权,其本质是车辆与车辆、车辆与行人之间在特定情形下优先通行

---

[1] 参见《道路交通安全法》第1条:"为了维护道路交通秩序,预防和减少交通事故,保护人身安全,保护公民、法人和其他组织的财产安全及其他合法权益,提高通行效率,制定本法。"
[2] 参见《道路交通安全法》第2条:"中华人民共和国境内的车辆驾驶人、行人、乘车人以及与道路交通活动有关的单位和个人,都应当遵守本法。"
[3] 参见《道路交通安全法》第47条:"机动车行经人行横道时,应当减速行驶;遇行人正在通过人行横道,应当停车让行。机动车行经没有交通信号的道路时,遇行人横过道路,应当避让。"

的民事权利。《道路交通安全法》的权利规范较为欠缺。与政府行政机关交通管制权相对应的交通参与者的权利规范难觅踪迹。换言之,《道路交通安全法》并未明确赋予交通参与者公法与行政法意义上的交通权。或者说,《道路交通安全法》并未从权利的角度对待交通参与者的交通行为,而是从被管理者的视角看待交通参与者。值得注意的是,虽然《道路交通安全法》设定了交通事故处理、车辆强制保险制度、道路交通事故损害赔偿制度等,这些制度也是为了保障行人、驾驶者与旅客的人身与财产权益,但这种权益是民法、侵权法等私法意义上的人身权和财产权,而不是公法意义上的交通权。

《公路法》《城市道路管理条例》等法律规范也存在与《道路交通安全法》类似的管理本位弊端。这些交通法律规范本质上是管理法、管制法,而非权利保障法。令人欣慰的是,近年来随着立法理念的革新、立法技术的进步,我国一些地方交通立法开始纠正交通管理本位主义的立法模式,出现了交通权利保障的萌芽。以2016年新修订的《上海市道路交通管理条例》[1]为例,这是一部综合性城市交通管理的地方立法。该法突破了以前的"交通安全管理"的局限。该条例的"落实公交优先发展战略""倡导绿色交通理念""推行道路交通综合治理"等规定一定程度上体现了现代城市交通管制以人为本的理念。但是"严格车辆和驾驶人的管理""细化道路通行管理规定""从严管理、从严执法"等规定依然是管理本位立法理念的体现。

### (四)确立公法上交通权之必要性

之所以有必要确立公法上的交通权,盖因传统行政法理论认为,无论狭义还是广义的城市交通管制,其目的都在于保障交通安全,维护公共利益。交通管制属于传统"警察权"的范畴。面对行政机关的交通管制行为与管制活动,民众负有容忍之义务。即便行政机关的交通管制行为影响到特定交通参与者的利益,这种利益也只是一种"反射利益",而非法律上的权利,因此难以经由法律途径主张和救济这种交通利益。正是因为这种交通警察权和反射利益理论,导致交通管制过程中公民交通权利意识缺失和交通权利保护机制缺位,而政府行政机关交通管制成为一种事实上的行政"特权"。当前,即便城市交通分属不同行政机关进行多元化管制,交通管制的行政高权属性一

---

[1] 参见《关于修改〈上海市道路交通管理条例〉的决定》(上海市人民代表大会常务委员会公告2001年第47号)。

定程度上依然存在。基于此,我国现行城市交通法制多从政府对行人、车辆的道路交通行为以及道路交通管理的角度进行制度构建,而缺乏交通参与者,尤其行人、驾驶者的权利视角,更遑论一般市民的交通权利。

衣食住行是人类生活必需的四大要素,交通是人类的基本需要,满足这种需要也是国家必须履行的义务,国家需要采取积极的行动保证人们"交通出行"的诉求。进而言之,良好的交通情况是保持良好的"行"的必备条件。良好、畅通的交通状况可以给人提供高质量的人居环境,提升地区的竞争力,最终实现经济社会的跨越式发展。显而易见,如何在法律的层面上将人类与"行""交通""道路"之间的庞杂多样的利益联系转化为法律上的权利显然是一个难题。交通权概念的提出就是尝试解决这类复杂利益之间的关联性的一种有效的探索。

提出并证成公法上的交通权概念,就是要推动交通参与者交通利益的权利化,并为受政府交通管制行为影响的交通利益提供法律保障途径。证成公法上的交通权,同时也是要建构起政府交通管制权与公民公法交通权的关系框架,约束政府的交通管制权,实现交通管制权与公民交通权的基本均衡。

## 二、域外交通权发展及其启示

交通权在我国学理层面的研究刚刚起步,在法律规范层面确立交通权可能还有较为漫长的路要走。与我国交通权的后知后觉相比,域外发达国家交通权的理念发展与法治实践则显得相对成熟。20世纪80年代初,法国以立法形式正式承认交通权的公民基本权利地位。紧随法国之后,日本、韩国等国也在立法上确立了交通权观念。[1]

### (一) 交通权的学理研究与立法实践

1. 法国交通权的提出及其规范依据

法国最早提出"交通权"。时任执政党法国社会党于1981年获得执政权后,大力推行始于1970年代的公共交通及交通促进政策,并于1982年12月制定《国内交通基本法》,首次以立法形式明确交通权。《国内交通基本法》的

---

〔1〕 参见[日]户崎肇:《交通权保障与新交通政策理论》(中译书名《交通运输的文化经济学》),陈彦夫、王姵岚译,台北翰庐图书出版有限公司2012年版,第35-49页。

立法宗旨和精神目标在于：促使社会的进步更具人性化；确保社会的效率性；加强空间整备；调和民主主义。[1]该法明确中央政府与地方政府对于交通发展的作用与责任，提出保障民众自由移动的权利。所谓"自由移动的权利"即是交通权。该基本法还突出强调了公共交通优先发展战略。[2]

所谓交通权，即"任何人均可方便而快速且在低成本且不增加社会成本的情况下自由移动的权利"[3]。《国内交通基本法》对"交通权"的内容含义进行了界定。根据《国内交通基本法》第1条和第2条的规定，所谓交通权"，包括"居民自由移动的权利"、"自由选择交通工具和交通手段的权利"、"自己运输或委托运输财产货物的认可权利"，以及"获得交通手段的相关信息及使用方法的权利"等四项权利[4]。《国内交通基本法》关于交通权权利内容的规定具有一定的开创性。一方面，首次提出交通权概念；另一方面，比较准确地界定了交通权的权利内容。法国交通权的理念成为日本和韩国等国交通权立法的样本。

2010年，法国制定较为全面的《交通法典》，该法典再次承认和重申了交通权基本理念，并进一步补充和发展了交通权内涵。《交通法典》提出：交通发展必须兼顾生态环境因素的考虑；要求公开公共交通成本与价格；要求对弱势群体的出行提供经济帮助；法典还明确了中央政府作为城市公共交通发展的主体责任。[5]经过三十多年的发展，法国逐步完善法律规范体系和交通规划体制，并形成较为成熟的交通权保障实施机制和财税支撑体制。

从法国交通权的确立宗旨来看，立法者已经意识到，未来交通环境污染、交通拥堵等交通问题势必损害多数人的权益。确立交通权能为相关交通问题的解决提供法治化解决路径并保障特定群体利益。从交通权的实质内涵来看，法国交通权具有自由权的特征，所谓交通权即自由移动权的表述，表明

---

[1] 转引自[日]户崎肇：《交通权保障与新交通政策理论》（中译书名《交通运输的文化经济学》），陈彦夫，王姵岚译，台北翰庐图书出版有限公司2012年版，第35页。

[2] 参见张改平等：《有关国家的交通权立法及其借鉴意义》，载《综合运输》2016年第5期。

[3] 转引自[日]户崎肇：《交通权保障与新交通政策理论》（中译书名《交通运输的文化经济学》），陈彦夫，王姵岚译，台北翰庐图书出版有限公司2012年版，第36页。

[4] 参见荣朝和：《日本交通政策基本法对提升政策水平的启示》，载《中国经济时报》2017年7月11日版。

[5] 参见张改平等：《有关国家的交通权立法及其借鉴意义》，载《综合运输》2016年第5期。

交通权首先是居民的一种自由权。此外,交通权具有社会权属性。法国交通权理念以公平为基础,保障"任何人"的基本交通权利,同时强调对残疾人、老年人等特殊交通群体的交通权益加以特殊保护。在社会权意义上,法国交通权被定位为市民权、劳动权之后,与环境权、休闲权居于同等位阶的关乎民众生存质量的第三范畴人权。[1]

2. 日本交通权的内涵及其规范基础

日本交通权理念的提出以及《整合交通基本法案》的制定出台,皆以法国为蓝本,效仿法国的学说理论及其《国内交通基本法》。

在日本,学者首先从学理上证成"交通权"。近年来相关理论研究成果逐步被相应的立法案所吸纳。日本学者认为,"交通权是以日本宪法第25条为中心,人民追求幸福及选择职业、居住地自由之权,皆立足于'交通移动'","'移动'日益重要,交通能够让个人实现自我,宪法所保障人民的交通权能落实地方振兴"。"交通不单纯是移动的方法,而是必须从实现自我以及社会保障的观点赋予交通的新义"。交通之于公法上的价值在于:"其一,信息的传递与流通;其二,创造和实现生存价值;其三,作为其他人身权与财产权的基础。"[2]从日本宪法第25条所确立的"生存与社会福利权"出发,认为安全、便捷而无障碍的"交通的移动"是人民自由择业、迁徙和选择居住地等基本权利的基础。日本1999年《日本交通权宪章》(日本交通权学会起草的倡导性宣言)第1条指出:全体人民拥有平等的交通权,其交通权受到保障。该宪章第2条规定,全体人民遇到交通事故或交通公害时应受法律保护。与"公法上的交通权"相对应,宪章强调政府和警察机关有为国民提供安全、便捷的交通服务的义务。[3]虽然《日本交通权宪章》只是一个民间学术团体拟定的不具有强制力的交通权宣言,但宪章中的一些原则与精神被《整合交通基本法案》所吸收。

日本于2013年11月通过《整合交通基本法案》。该基本法案的立法目的与法国《国内交通基本法》相似。具体而言,即是要确立交通发展的基本理

---

[1] 参见张改平等:《有关国家的交通权立法及其借鉴意义》,载《综合运输》2016年第5期。

[2] 参见[日]户崎肇:《交通权保障与新交通政策理论》(中译书名《交通运输的文化经济学》),陈彦夫,王姵岚译,台北翰庐图书出版有限公司2012年版,第36页。

[3] 参见[日]户崎肇:《交通权保障与新交通政策理论》(中译书名《交通运输的文化经济学》),陈彦夫,王姵岚译,台北翰庐图书出版有限公司2012年版,第49页。

念与实施路径,明确中央政府和地方政府对于交通发展和交通权保护的责任,实施综合性交通政策,以保障国民自由移动的权利,促进经济健康发展。[1] 日本《整合交通基本法案》阐释了"交通"的极端重要性。该法案指出,"交通为国民诸多活动的基础"。该法案第 2 条明确:"全体国民拥有借由移动使其健康及基本生存的权利;任何人在不违反公共利益的前提下,有自由移动的权利。"日本交通权理念同样认为交通权是一般国民"自由移动的权利"。与法国相比,日本交通权理念更加强调交通权的宪法基本权利地位,强调交通权是生命、健康、迁徙、劳动等其他基本权利的基础性权利。《整合交通基本法案》第 8 条明确了国家和政府为实现交通权应承担的责任。该条规定:"日本政府与地方自治团体应当提供国民交通相关情报与政策制定,并负有以国民利益为考量,给予最大交通权的责任。"由此,学理上的"交通权"正式上升为一种法律规范上的"交通权"。日本交通权概念重在保障居民公平地享受交通基本公共服务的权利。《整合交通基本法案》规定了国家应当制定交通措施,为所有群体提供准时、安全、可靠的交通运输服务,并保障老人、残疾人及孕妇等弱势群体运输服务的供给。

### (二) 交通问题与交通管制的权利视角

随着近现代法治理论的发展与人权观念的普及,传统的"反射利益理论"已经过时,并被越来越多的国家立法实践所抛弃。面对现代城市严重的交通问题,政府不得不加强交通管制。交通管制活动和行为无时无刻不在影响特定交通参与者的交通利益。唯有树立交通权利意识,证成公法上的交通权概念,推动交通利益的权利化,方能为交通权利提供法律保护,进而以公民交通权制约政府交通管制权,推动政府交通管制行为和活动的法治化。

对于交通管制政策、措施与行为,其对交通参与者的利益影响是客观存在的,这种利益影响无须过多论证。问题在于,对于交通管制政策的利益影响是否涉及以及究竟涉及法律上的何种权利,在学理上存在不同观点。

以单双号限行政策为例,对于限行政策是否影响交通参与者的权益,以及影响了何种权利,学者观点各不相同,莫衷一是。一种观点认为,限行政策"是限制车主使用公路等公共设施的权利"[2]。有学者认为,"限制措施会影

---

[1] 参见张改平等:《有关国家的交通权立法及其借鉴意义》,载《综合运输》2016 年第 5 期。

[2] 参见薛涌:《单双号限行不是车主的权利问题》,载《中国青年报》2008 年 9 月 2 日版。

响到宪法和法律所规定的相关的公民权利"[1]。值得注意的是,有学者从根本上反对"公共设施使用权"或者"路权""交通权""机动车持有人驾车通行权"的提法,认为这种观点有点似是而非,使用公共设施并不是法律所确定的权利,同时也没必要创设这项权利。[2]

无论观点如何,越来越多的学者开始从权利视角研究交通问题及其管制问题。针对城市道路交通所涉及的"土地""道路""道路通行权"等问题,究竟应该由民法或者物权法的私法调整,还是应该由宪法行政法公法调整,学界也存在不同的观点。马俊驹教授认为,"道路属于一种公物……只有由私法和公法共同调整才能达到预期的立法目的"[3]。我们认为,交通管制所涉及的土地、道路等与国家所有制、政府公权力密不可分,我们更应该关注道路公物的利用,关注公法层面的调整。

随着社会的发展,人们的权利意识不断高涨。人们更关注交通问题应对和交通管制活动的权利面向:一方面是要制约政府的交通管制权,实现交通管制的合法性与正当性;另一方面,交通管制的根本目的在于保障民众的交通权利。这是一枚硬币的正反两面。为交通管理与管制提供规范依据的同时,应该关注交通管制权力的合法运行,更应关注交通参与者的交通权益保障,以约束和规范交通管制权。[4]

### (三) 交通利益的权利化保护:从反射利益到法律权利

从法国、韩国和日本等国交通权的形成与发展历程来看,现代社会城市化与机动化导致了交通拥堵、交通安全、交通污染等问题,政府是否以及如何应对这些交通问题都会客观影响民众尤其弱势群体的交通利益。交通权的提出,为交通问题的解决提供法治化框架,侧重保障国民的基本交通需求,尤其是行人、老人、残疾人等相对弱势群体的基于移动的权利。无论是交通权的提出还是立法上对交通权的确认,首先需要破除传统行政法学中交通警察特权思想,抛弃陈旧的反射利益观念。随着经济、社会与科技的发展,"交通"

---

[1] 参见莫纪宏:《机动车限行必须要有正当的公共利益》,载《法学家》2008年第5期。

[2] 参见张翔:《机动车限行、财产权限制与比例原则》,载《法学》2015年第2期。

[3] 参见马俊驹:《国家所有权的基本理论和立法结构探讨》,载《中国法学》2011年第4期。

[4] 参见王坚:《路权体系建构论——以公路及城市道路为中心》,西南政法大学2012年博士学位论文,第35-41页。

的内涵与外延不断扩展。伴随人权保障观念的传播,在交通管理过程中,交通参与人的交通利益从单纯的"反射利益"逐步转变为法律上的利益,直至呈现一种权利的类型化保护趋向。

1. 交通安全和秩序管制与交通反射利益

从世界各国和地区来看,早期的交通管理侧重于交通秩序的维护和交通安全的管理。从功能意义和广义视角来说,凡是以维持社会公共安宁秩序或公共利益为目的,并以命令强制为手段的国家作用或国家行政主体,概称之为警察。[1]在法律价值追求上,传统法学突出关注交通的"安全与秩序"价值,将包括交通安全在内的公共安全视为一种"公共利益"。维护公共利益,实现城市道路安全与秩序,成为警察行政与秩序行政的重要职能。为了实现公共安全,对交通参与人的个体权益进行限制成为一种政府警察"特权"。[2]

依据基本权利的传统分析框架,交通安全本身并不构成一种类型化的权利形态。在德国,传统警察行政法认为,交通管理旨在实现安全与秩序等公共利益,警察机关有较大裁量空间和判断余地,交通参与者和道路利用人有容忍和服从之义务。警察机关在道路安全管理过程中,一方面,民众的权益即使受到客观影响,也仅仅是一种"反射利益"[3],而不能主张公法上的权利;另一方面政府与警察机关享有交通安全职权,但其职责的边界并不明确,安全管理职能没有发挥好,交通安全情况恶化,难以追究法律上的责任,而只能追究其行政与政治责任。[4]因而在德国、日本传统行政法理论上,道路通行权只是一种反射利益,不具有权利属性。

2. 交通公共服务与法律上的交通利益保护

伴随着人们出行量和车辆持续增加,人、车辆、道路、交通环境等多种要素交互影响,诱发交通事故、交通拥堵和交通污染等交通问题。政府对交通

---

[1] 参见李震山:《警察行政法论——自由与秩序之折冲》,台北元照出版社 2007 年版,第 5 页。

[2] 参见李震山:《警察行政法论——自由与秩序之折冲》,台北元照出版社 2007 年版,第 57 页。

[3] 所谓"反射利益",指的是当法律完全为了实现公共利益,而不是以保护特定个人的利益为目的时,该法实施给私人带来的利益,即为反射利益。反射利益受到侵害,公民个人无权以此为由请求法律救济。参见肖泽晟:《论公物法理论视野下的道路通行权及其限制》,载《江苏行政学院学报》2009 年第 3 期。

[4] 参见[德]亨利·苏勒:《德国警察与秩序法原理》,李震山译,台北登文书局 2005 年版,第 32 页。

的管理不仅仅是以秩序和安全为价值追求,便捷、通畅、绿色、低成本,为民众提供更好的交通服务,满足社会的交通需求,也成为交通管制的重要价值追求。以警察机关的警察行政、秩序行政为主导的时代一去不返,交通给付行政应运而生。同时,法学理论不断发展,对传统的"反射利益学说"进行了反思与批判。反射利益的提出,以公共利益和个人利益的区分甚至对立为前提。这种理论,有悖于现代民主政治理念和人权保护精神,逐渐被主流法学理论所摒弃。

根据现代公法理论,人权经历了从第一代人权向第二代、第三代人权的发展历程。[1]但是传统的警察与秩序行政,较少从相对人视角去认识交通安全问题。也即,交通不仅仅是安全与秩序等公共利益,同时交通过程也必然涉及特定与非特定个体的生命权、健康权、财产权、迁徙自由、劳动权、参与权、知情权、救济权等个体的权益。与此相对应,政府和警察机关的交通管理绝不仅仅是一项职权,更是政府的职责与义务。

在德国,城市道路属于行政法上公物的范畴。公民对道路的利用被认为是一项法律上的财产权利。利用城市道路通行,这是所有市民均享有的权利。德国部分州以立法方式承认这种权利,认为所谓道路通行权,即是对道路的利用权。[2]其权利内容包括"请求允许在道路上通行,以及请求他人停止妨害"。[3]我国台湾地区有学者对"道路利用"进一步加以区分,认为这种利用可以分为依赖利用和事实利用。依赖利用具有财产权性质,事实利用属于反射利益。[4]这种区分对于理解交通权利与反射利益具有一定的启示意义。在英美国家,传统上属于"特权"的某些利益也被纳入权利范畴,并给予司法救济。因此,权利的疆域在不断扩张,而"特权"领域逐步缩小。[5]在此背景之下,交通利益亦可能纳入司法的保护范围。

近年来,大陆法系与英美法系在一些单行法律和司法个案之中,倾向于

---

[1] 参见张翔:《基本权利的规范建构》,高等教育出版社2008年版,第38页以下。

[2] 这种权利是对道路享有一般使用权的沿线居民对供一般使用的公物享有不受妨碍使用的主观公权利。参见肖泽晟:《论公物法理论视野下的道路通行权及其限制》,载《江苏行政学院学报》2009年第3期。

[3] 参见肖泽晟:《论公物法理论视野下的道路通行权及其限制》,载《江苏行政学院学报》2009年第3期。

[4] 参见陈敏:《行政法总论》,台北新学林出版有限公司2009年版,第93页。

[5] 参见刘艺:《认真对待利益——行政法中的利益问题》,载《社会科学家》2004年第5期。

保护相对人的交通利益,所谓反射利益逐步上升为一种法律上的权益。在德国、法国、日本等国家,随着福利国家和社会权理念的兴起,公民"交通权"观念逐渐生成并不断发展。近年来,随着公物法理论与人权观念的发展,德国学者提出了"交通权"和"道路通行权"的概念,认为道路通行权是德国基本法上"行动自由"的重要内容,主张对警察交通管理行为与措施进行必要的法律规制,保障道路利用人的公法权利。[1]与民众的交通权相对应,为民众提供安全保护服务则成为政府的职责与公法上的义务。[2]

### (四)域外交通权之于我国的启示

虽然法、日等国对交通权概念表述有所差异,但从交通权的产生、发展与实践来看,也存在共同之处。这些共同之处在于:都以交通基本法的形式明确宣示居民交通出行的基本权利属性;实施公共交通优先发展的交通政策,保障交通权的实现;明确责任主体,强调政府交通供给的主体责任,以满足民众交通需求。域外国家交通权理念及其立法实践对于保障民众交通出行权利,应对和化解城市交通问题都具有借鉴意义。

(1) 以立法形式明确交通权的法律地位。在法国和日本两国,交通权并不只是一种主观的理念,而是实实在在的法律上的权利。这两国都专门制定综合性的"统一性"的交通法规,并在立法中确立交通权理念,明确交通权的权利属性,同时,制定一揽子交通政策保障交通权的实现。我国一些交通的单行法,如《公路法》也笼统地提到国家应保障公益性交通服务。[3]这表明我国在立法中也意识到,为山区、边远地区提供基础性交通设施是政府的责任。但与法国、日本相比较,我国交通立法显得零散、割裂,也没有形成对交通权进行系统立法的自觉。因此,制定综合性交通法律,明确交通权权利地位,通过综合性交通政策保障交通权的实现显得十分必要。

(2) 保障民众交通基本需求和交通权益。法国和日本立法都承认居民拥有自由移动的权利和自由选择交通工具的权利。相关立法以提供"通勤、

---

[1] 参见[德]亨利·苏勒:《德国警察与秩序法原理》,李震山译,台北登文书局2005年版,第47页。

[2] 参见王新宇:《交通管制的司法审查机制研究》,东南大学法学院2015年硕士学位论文,第5页以下。

[3] 参见《公路法》第5条:"国家帮助和扶持少数民族地区、边远地区和贫困地区发展公路建设。"

通学、通医"等交通基本公共服务为目的,并倾斜性地保障边远、离岛、残疾人等特定地域和弱势群体居民的出行权利。基于对此条款的理解,为公民提供基本的交通公共服务是现代政府的基本责任。学习借鉴法国等国立法经验,以立法宣示交通权的基本理念,并明确规定政府责任。为交通权提供保障,不只是停留在保障民众交通基本公共服务的均等化层面,还应能动地满足民众日益增长的交通需求,化解日益严重的交通拥堵、交通安全等问题。[1]

## 三、我国公民交通权的学理证成

### (一)交通权的权利标准

在法国、日本和韩国等国,交通权不仅在学理上获得认可,而且经由立法在法律规范中得以确认。相比较而言,我国公法上的交通权还只是停留在学理的初步探讨层面。所谓交通权并非一种不证自明的权利。在法学研究上,近年不少学者聚焦于交通权、道路通行权、路权等新型权利形态的研究。这本是一个好现象。然而,现有的研究也存在缺憾,即撇开交通权的概念证成以及现实生成逻辑,抛开交通权究竟从何而来、交通权究竟如何生成这一前置的先决命题,而径直奔入交通权的构成要素、权利体系、权利形态、获得方式、救济途径等后续命题。这种研究路径遵循的是实用主义的主观建构过程。

交通权究竟能否被称为权利,这涉及权利证成问题。权利发展是社会实践的产物,是发现的过程而不是主观创设的。当前的首要任务是要解决公法上交通权的学理证成问题。有学者认为,权利主要包括"利益、主张、资格、权能、自由"这五个要素,"以这五个要素中的任何一个要素为原点,以其他要素为内容,给权利下一个定义,都不为错"[2]。基于此,对于交通权这种新型权利而言,若能解释交通权中的正当利益要素、权利主张要素、权利资格要素、权能要素或自由要素,都将有助于揭示交通权利生成的正当性。

在学理层面,交通权的证成,一个关键问题是交通权是如何在实践中逐步生成的,这种所谓交通权能否称其为法律上的权利,是否有必要对交通权进行类型化保护。对于权利主体来说,权利无非是一种利益。这种利益是受

---

[1] 参见张改平等:《有关国家的交通权立法及其借鉴意义》,载《综合运输》2016年第5期。
[2] 参见夏勇:《法理讲义——关于法律的道理与学问》,北京大学出版社2010年版,第332页。

到社会普遍承认或者法律保护的。但并非所有利益都能成为权利。利益转化为权利是需要具备相应条件的。只有遵循权利生成机理、符合权利生成条件的利益,才能最终成为权利,并为法律所保护。

对于交通利益而言,交通利益从一种反射利益上升为法律上的利益,最终转化为法定权利,也应从下列几个方面加以论证。首先,交通权利必须具有真实性。虽然交通权尚未实现法律化,但也必须具体考察交通权利利益或主张的客观性与真实性,这要求交通利益保护和交通权利主张必须具有一般合理性与正确性。交通权利主张应符合人类社会的一般法则,同时交通权利主张也应具有可及性。其次,交通权利的主体、内容、对象指向清晰,具有准确性,能够具体化为法律所承认的单项权利。最后,交通权利必须具有重要性。只有交通权的利益与主张具有足够的重要性,值得法律的保护,才可能转化为法律上的权利。[1]

### (二) 交通权的生成逻辑

1. 交通需求——交通权生成的逻辑前提

人的需求是权利形成的动力之源和动力之基。人类移动和出行的需求,可以称为交通需求。"道路通行是人与生俱来的本能需求,同时它也是一种有益的、值得保护的本能需求"。[2] 人类交通出行的本能,主要是经由对道路的利用而得以实现。人类基于道路实现自由移动,满足人类自由迁徙、自由交往、自由就业等多方面的需求。因此,道路通行行为值得用权利的手段来加以保护。[3]

交通权正当性基础源自正当的交通需求。随着社会的发展,人们有权利要求自由平等地利用道路交通资源,维护其交通利益,实现其交通需求。正当的交通需求是人们在社会生活中必备的、必需的公共资源。衣食住行是人类生活必需的四大要素,"行"是人类的基本性需要,这种需要也是国家必须履行的义务,国家需要采取积极的行动保证人们"行"的诉求。进而言之,良好的交通情况是保持良好的"行"的必备条件,人们正当的交通需求应该被满足。正当的交通需求体现了人类追寻正常的公共生活秩序的愿景,因而是权

---

[1] 参见刁芳远:《新型权利主张及其法定化的条件》,载《北京行政学院学报》2015年第3期。

[2] 参见方芳:《论道路通行权及其限制》,载《学术交流》2017年第4期。

[3] 参见方芳:《论道路通行权及其限制》,载《学术交流》2017年第4期。

利正当性的基本性判断标准。正当的交通需求也包含了相应的合理的交通需求。一个人的行为自由具备正当性,就有了相应的合法性,法律才会保护这种行为,如果人的行为超越了法律,就代表着权利失去了正当性。交通权的实质就是在满足正当的交通需求,以实现社会大多数人的幸福,保证社会的良好运行,以实现社会的公平正义。

2. 交通利益——交通权生成的核心要件

交通之于人类的利益,首先是安全利益。交通安全问题的重要性不言而喻。衣食住行是人类生存与发展的要素,交通则是"行"的核心体现,安全则是交通最重要的考量。基于交通以及交通安全的重要性,公法上对其进行特别的规制和调控,以保障公民的交通安全权益成为必要和可能。德国和日本的理论研究与立法实践表明,交通是实现宪法上迁徙自由、出行权、劳动就业权、受教育权等其他基本人权的基础。"安全则是交通最重要的考量",也是实现其他基本权利的基础。

交通安全具有人权保障功能。在早年城市交通不发达的时代,为了促进交通运输的发展,对于交通安全的法律调控机制以主观过错与客观后果为归责原则,更注重管理角度的公法调控,其功能定位于"安置保障",保障对象主要为交通参与人。随着城市交通的发展,城市交通安全引发的严重社会风险,使得交通安全的公法调控机制同时注重私法机制的调控作用,以克服风险社会中城市交通安全问题引发的社会恐慌,进而实现城市交通关系人的"人权保障"。交通安全也是公民社会权的保障。社会权包括社会保障权、受教育权等权利。交通安全对社会权利具有工具性价值。交通发展能改善人民生活,使适足生活水准权得到保障。交通发展能扩大选择工作的范围、改善工作环境。交通发展能保障学习机会权、学习条件权和学习成功权。但交通发展也会对公民社会权造成损害,譬如在城市交通发展过程中,涉及大量的房屋拆迁问题,这涉及公民住房权问题,因此探究交通发展过程中公民社会权救济机制具有重要的价值。基于交通以及交通安全的重要性,公法上对其进行特别的规制和调控,保障公民的交通安全权益成为必要。交通安全能否构成公民公法上的权利,同时国家能否承担相应的公法上的义务?随着社会的发展和人权观念的演进,我们逐步在法学和法律上得到了肯定的答案。[1]

---

[1] 参见[德]亨利·苏勒:《德国警察与秩序法原理》(中译三版),李震山译,台北登文书局2005年版,第56页。

3. 交通资源稀缺性——交通权生成的客观基础

近年来,在保障交通安全的前提下,人们对于便捷、畅通的交通服务需求日渐高涨,对于日渐恶化的城市交通拥堵深恶痛绝。交通出行之所以会对他人造成影响,主要原因就在于道路交通行为的载体——城市道路是一种稀缺资源。必须制定法律规则,规范和约束行为人的交通行为。[1]

交通出行是人类本能需求,而道路资源又具有稀缺性。根据现代政治学原理,提供交通公共服务以满足民众的交通需求,这是国家和政府的基本责任。换言之,国家具有提供交通服务的基本义务。与国家义务相对,公民具有请求国家提供交通公共服务、满足公民交通需求的某种权利。

4. 交通权利主张——交通权的主观要件

交通权利主张案例正如前文所列案例 1(郑某某诉合肥市公安局交通警察支队交通管制案)、案例 2(福建烨阳律师事务所诉福州市公安局仓山分局交通管制案)、案例 3(蔡某诉广州市交通委员会网约车营运行政处罚案)等典型司法案例。案例 1 中法院认定公安机关交通管制行为不存在违法之处,驳回原告诉讼请求;案例 2 中法院以交通管制行为并非具体行政行为,不属于行政诉讼受案范围,驳回原告诉讼请求;案例 3 中一审法院认定广州市交委对私家车通过网约平台违法运营的处罚行为合法,驳回原告诉讼请求。三个案例的判决结果惊人的雷同:原告败诉。

通过对三个案件的简单分析,我们会发现,三个案件的原告都主观地认识到自己的切身交通利益受到了侵犯,并且试图通过法律途径主张自己的权利。但在当前法律框架下,交通参与方的某种交通利益受到了客观影响,但这种受影响的交通利益很难被法律所保护。交通利益,尤其行政法意义上的交通利益难以通过司法诉讼途径寻求保护。

权利之所以需要保障是因为人的某些自由或能力对于人的生活而言是至关重要的,个人的权利不应该受到公共权力的侵害,即使是以法律的方式。[2] 在行政权力对公民的通行利益形成侵犯的情况下,我们亟待将交通利益权利化,在法律上明确交通权的概念,以立法的方式赋予交通权足够的保障,同时以权利的形式去制约权力。

5. 规范证成——交通权生成的关键因素

从学理证成走向规范证成,需要在法律规范层面确认交通权。域外交通

---

[1] 参见方芳:《论道路通行权及其限制》,载《学术交流》2017 年第 4 期。
[2] 参见张千帆:《宪法》,北京大学出版社 2008 年版,第 117-118 页。

权发展历程给予我们借鉴和启示。在法国、日本等国的交通权发展过程中,"交通权"逐步从一个学理概念上升为公法意义上的"交通权",并得到相应法律规范的承认。反观我国,在规范层面,我国现行宪法中根本没有出现"交通"的字眼,交通权并不是我国宪法层面的基本权利。涉及交通的权益,虽然在《道路交通安全法》《公路法》《城市道路管理条例》《收费公路管理条例》等单行法法律法规中得到体现,但呈现一种碎片化、零散化的局面,交通权益往往与其他权利形态捆绑在一起加以保护,并没有以"交通权"的形态得到整体性、一体化保护。推动交通权从学理概念上升为法律概念是交通权证成的终极目标。

## 四、交通权概念界定与法律特征

### (一)交通权的概念界定

古往今来,关于"权利是什么"的讨论一直是各个时期学者讨论的热点。张文显教授认为,"法律权利是规定或隐含在法律规范中,实现于法律关系中,主体以相对自由的作为或不作为的方式获得利益的一种手段"[1]。

"交通权"到底是什么?众说纷纭,并没有形成统一定论。学界有时候使用"路权"概念,从某个侧面揭示了交通权的某些特征。有研究者认为,"路权,就是使用各种公共道路交通资源的权利"[2]。交通权究竟是一种权利,还是一种法律上的利益,或者只是一种反射利益?依据我国台湾地区相关规定的通说,城市道路属于公物。对公物的利用是否上升为权利,主要看公物利用者的利用依赖程度。我国台湾地区学者翁岳生教授认为,若公物利用者对于该公物的利用状态达到一种依赖程度,那么这种公物利用可称为权利,如是一般事实利用、普通利用,则仅仅是一种反射利益。[3]因此,判断交通参与者对城市道路的利用是否构成一种交通权,也应当视道路利用者对道路公物利用的依赖程度而定。如果达到依赖的程度,则构成交通权;如果只是普通利用,则不存在交通权,仅仅是道路利用的反射利益。

---

〔1〕 参见张文显:《法理学》,高等教育出版社2011年版,第142页。
〔2〕 参见王坚:《路权体系建构论——以公路权及城市道路为中心》,西南政法大学2012年博士学位论文,第7页。
〔3〕 参见翁岳生:《行政法》,中国法制出版社2009年版,第425页。

国内对交通权的界定,尚未摆脱《道路交通安全法》所确立的道路通行规则的桎梏,并且多是从道路安全法、道路公物利用、车辆物权利用等视角进行界定。笔者认为,于交通权进行界定,法国、日本等国交通权理论和法律规范都相对成熟,完全可以借鉴吸收为我所用,而不必另起炉灶。法国所谓交通权,即"任何人均可方便而快速且在低成本且不增加社会成本的情况下移动的权利"[1]。根据法国《国内交通基本法》第1条和第2条的规定,"交通权"包括"居民自由移动的权利"、"自由选择交通工具和交通手段的权利"、"自己运输或委托运输财产货物的认可权利",以及"获得交通手段的相关信息及使用方法的权利"等四项权利内容。[2]

**(二) 交通权的法律特征**

其一,交通权的主体是交通参与者。道路的本质就是为了通行,交通权的实质也是为了保障使用者通行的权利。交通参与者,也称为道路使用者,是指使用道路、参与交通活动的自然人或群体。"交通参与者"相对于"交通主体""车辆""行人""用路人",对于交通权的主体定义更加准确。道路的本质就是为了通行,道路使用者才是道路的实际受益者,车辆只是道路使用者为了实现自己的通行利益而采取的工具,工具本身是不能成为交通权的主体的。

其二,交通权的客体是道路交通资源。道路是一种公共资源或者一种准公共资源[3],同时也是一种有限资源,具有非竞争性和非排他性,可以让"道路使用者"自由地使用。交通权的客体就是这种公共资源类型的道路。同时道路虽然具有公共性或准公共性,但是相对来说资源总是有限的,尤其当道路使用者集中利用城市道路交通资源时。因此我们需要在法律的层面上对道路的使用在时间、空间上进行资源配置,以实现权利主体的利益和公平正义。

其三,交通权是公法意义上的权利。公法的调整对象是权利和权力关

---

[1] 转引自[日]户崎肇:《交通权保障与新交通政策理论》,陈彦夫,王姵岚译,台北翰庐图书出版有限公司2012年版,第36页。

[2] 参见荣朝和:《日本交通政策基本法对提升政策水平的启示》,载《中国经济时报》2017年7月11日版。

[3] 参见季金华:《公平与效率——路权制度安排的价值基础》,载《甘肃政法学院学报》2009年第6期。

系,权力关系也包括权力的内部关系,公法的特征就是对权力的控制,保障人权是公法的归宿[1]。规制交通权的法律主要是《道路交通安全法》,该法目前已经形成独立的、体系完善的微观法规范[2],交通权处于部门行政法的体系之中,具有公法的属性。与此同时,因为交通权的客体为道路,道路系供"不特定多数人"一般使用之公物[3],交通权也属于公物权研究范畴。

其四,交通权具有预测、评价和引导功能。交通权体现出道路安全法律规范,明确了道路使用者利用道路满足自己的出行需求的基本准则,道路使用者能够在道路安全法的指导下,平等自由地行使自己的权利,并自主评判自己或其他主体的行为是否合乎法律规范。此外,在现有交通安全事故的情况下,交通权可以作为交通安全事故责任认定的准则,理清交通事故的责任分配[4]。

## 五、交通权的构成要素

交通权之所以被称为法律上的权利,必然要符合权利的构成要素或结构。要对交通权的概念做深入的研究,我们应当从分析和讨论交通权的构成要素及结构入手。耶林曾说:"法学实为权利义务之学,谈到权利就一定会涉及义务,论及权利就一定涉及义务。"[5]因此对于交通权含义的研究,我们应当首先考虑交通权的构成要素或结构。权利结构一般包含以下四个方面:权利的主体、权利的客体、权利的内容、义务人等[6]。因此,笔者将从交通权的主体、客体、内容等角度分析探讨交通权的概念内涵。

### (一)交通权的权利主体

首先,交通权权利主体是自然人。此处所讨论的交通权的权利主体指的就是交通参与者和道路使用者。所谓的"道路使用者"是指使用道路等交通

---

[1] 参见汪习根:《公法法治论——公、私法定位的反思》,载《中国法学》2002年第5期。
[2] 参见余凌云:《部门行政法的发展与建构——以警察(行政)法学为个案的分析》,载《法学家》2006年第5期。
[3] 参见翁岳生:《行政法》,中国法制出版社2009年版,第425页。
[4] 参见王秀红:《道路通行权内涵初探》,载《安徽职业技术学院学报》2008年第4期。
[5] 转引自张立伟:《权利的功利化及其限制》,科学出版社2009年版,第89页。
[6] 参见杨春福:《权利法哲学研究导论》,南京大学出版社2000年版,第96页。

资源进行交通活动或行为的自然人或者自然人的群体[1]。"道路使用者"指的是自然人,自然人基于正当的通行的需求才是交通权概念产生的根源。笔者认为,"道路使用者"可以更好地界定交通权的主体概念。"车辆和行人"不适合作为交通权的权利主体概念,车辆只是自然人为实现道路通行自由的权利而采用的工具,工具本身不能作为权利的主体。"交通参与主体""交通主体"作为交通权的权利主体则过于广阔,同时"道路使用者"侧重的是自然人对于道路的使用而不是行政管理机关对于道路的管理,从而将"交通主体"中的交通管理机关排除在外。

虽然自然人是交通权的权利主体,但并不是所有的自然人都可以自由地行使交通权。对于交通权的形式,我们还需要讨论权利能力和行为能力问题。并非所有的自然人都具有行使交通权的行为能力,只有自然人在生理上具有识别自我行动的能力,即具备认识和控制自己的通行行为条件时,才具备行为能力。

虽然我国目前法律法规对各类道路使用者的资格条件、通行规则作出了相关规定,但并未对道路使用者的权利主体的权利能力、行为能力进行严格规定,仍然缺乏对自然人交通权的有效保护手段。笔者认为,道路使用者(自然人)在道路上通行应满足两个层次的要求:第一层次是自然人的通行能力要求,即自然人的权利能力、行为能力要求;第二层次是自然人使用的通行工具要求。行为能力制度是自然人以自己的意识独立控制自身的法律行为的度量条件,一般以年龄为标准确定自然人的行为能力。行为能力的真正目的是给予心智不健全的人特殊保护,让他们不因自己的轻率行为而遭受损失[2]。

### (二) 交通权的义务主体

边沁认为,义务可以无权利,但是权利不可无义务。[3] 权利和义务是法学理论中一对基本范畴。交通权的权利主体,必然对应交通权的义务人。

---

〔1〕 参见王坚:《路权体系建构论——以公路权及城市道路为中心》,西南政法大学2012年博士学位论文,第78页。王坚博士认为用"路人"界定路权的主体更为恰当。

〔2〕 参见李国强:《论行为能力制度和新型成年监护制度的协调——兼评〈中华人民共和国民法总则〉的制度安排》,载《法律科学(西北政法大学学报)》2017年第3期。

〔3〕 See Bentham J. The works of Jeremy Bentham[M]. Bristol: Thoemmes Press, 1995: 17.

交通权具有社会权和自由权的价值属性。社会权的实现来源于国家主动的作为,社会权的权利是只能在国家的行动中被动地提出自己的要求。国家要积极地履行义务来保障社会权的实现。国家及相关交通行政职能部门作为实际的提供交通设施以及各项服务的主体,有义务让人民实现合理、正当的交通需求。交通行政部门包括公安交通管理部门(如各级交通警察部门)和负责道路管理维护部门(各级交通局)。如何保障权利的实现呢?由于城市道路资源的稀缺性以及有限性,利益主体的要求多样必然会导致权利冲突,因此,保障充足的道路通行资源是首要保证。国家及相关交通行政职能部门要提供相应的道路通行资源,改善城市道路基础设施建设,在财政上给予交通基础设施一定的支持。第一层次保障是保证充足的道路通行资源。但城市道路资源属于一种公共物品或准公共用品,总是稀缺性的。当第一层次的需求无法满足时,合理地进行道路资源的分配就成为必须解决的第二层次保障问题。道路资源的合理分配要遵循平等的原则,在平等原则之下实现效率原则,同时为保障公权力的合理使用,在正当程序下加强道路通行法律法规的完备也是十分必要的。第三层次保障是制定相对应的利益补偿机制,当交通权权利主体的利益受损时,国家要给予利益受损方相应的补偿。

### (三) 交通权之客体——城市道路

城市是国家和地区经济、政治、文化的中心,交通是城市四大基本活动之一,城市交通系统是维系城市正常运转的基本条件。[1] 作为城市交通载体的城市道路也是城市交通的重要组成部分。道路是供行人步行和车辆行驶的设施的统称,通常将位于城市范围内的道路称为城市道路,将位于城市及其郊区外的道路称为公路。[2] 城市道路空间亦成为城市基本空间环境的重要构成因素。城市道路主要由路段以及交叉口组成。

交通权之客体的"路"指的是城市道路。有学者认为,作为交通权客体的"路"包括各种交通线路设施,以及附着于其上的权利,例如《公路法》所规定的"公路收费权"。[3] 公路收费权实质包含公路的经营权、公路收费权等。交通权客体的"路"还应该包含一定意义上的公共交通服务以及公共交通设

---

〔1〕 参见李瑞敏:《城市道路交通管理》,人民交通出版社2009年版,第1页。

〔2〕 参见过秀成:《道路交通运行分析基础》,东南大学出版社2010年版,第5页。

〔3〕 参见王坚:《路权体系建构论——以公路权及城市道路为中心》,西南政法大学2012年博士学位论文,第69-71页。

施、工具。

张文显教授认为,"法律关系的客体是法律关系主体发生权利义务联系的中介,是法律关系主体的权利和义务所指向、影响和作用的对象"[1]。法律关系的客体可以大体分为五大类,包括物、人身及人格、智力成果、行为、信息。法律关系的客体事务一般具有客观性、有用性、可控性以及法律性。笔者认为,交通权之客体的"路"指的是城市道路,城市道路包含各种交通线路设施、交通辅助设施以及一定意义上的公共交通服务以及公共交通设施、工具。笔者认为,《道路交通安全法》明确了哪些道路可以成为法律关系的客体,城市道路是受法律规范调整的,具备法律客体必要的法律性。城市道路具有客观性,城市道路独立存在于人的意识之外。此外,城市道路具备有用的特性,城市道路的主要作用就是供社会公众使用以满足公众的通行需求,城市道路必然属于有用之物。城市道路也是可控的,城市道路通常都是由人工修建而成的,按照一定的城市规划以及交通规划而建造,是城市规划理念的体现。与此同时,交通管理部门也承担着管理道路的职责,负责对交通的维护与保养。

## 六、交通权的内容与法律属性

### (一) 交通权的具体内容

交通权属于新兴权利,是一个由多个权利所组成的"权利束"。笔者认为,在法学理论上研究交通权实际上就是一个围绕交通出行相关权利的"权利束"。交通权大致包含了以交通出行为基础的法律实定化的权利、未经法律认可但具有社会真实性的社会权利的统合概念[2],交通权应该包含以下权利:

其一,道路通行权。道路通行权是因人们利用道路进行通行的本能需求而形成的权利[3]。另有研究者认为,道路通行权又叫空间交通权,是交通参

---

[1] 参见张文显:《法理学》,高等教育出版社2011年版,第116页。

[2] 参见姚建宗,方芳:《新兴权利研究的几个问题》,载《苏州大学学报(哲学社会科学版)》2015年第3期。

[3] 参见方芳:《论道路通行权的性质》,载《湖北民族学院学报(哲学社会科学版)》2016年第5期。

与者依法享有的在一定时间内就道路的某一空间范围进行某种交通或交通有关的活动的权利。[1]道路通行权是交通权权利束中的核心性权利,是其他交通权的基础,体现了道路使用者对道路通行空间资源的平等利用资格和能力。道路通行权应该包含最低限度的出行权利,保证出行人有可供自己选择的道路。权利主体可以根据自己的想法选择自己出行的时间、地点以及选择相应的交通方式、交通路线。

其二,道路优先通行权。笔者认为,道路优先通行权可以称为时空交通权,具体言之,道路优先通行权是道路利用者依法具有在一定时间以及一定的范围内优先通行的权利。有学者认为,道路先行权是一种技术性的通行规则,即"红灯停、绿灯行",优先通行权并非独立的权利,而是在通行规则所引起的权利对比过程中所产生的权利。在交通通行过程中,符合交通技术通行规则的一方享有优先通行的权利,另一方有避让的义务,这种权利带有明显的技术属性。[2]笔者认为,道路优先通行权不仅仅是一种技术性的通行的规则,优先权背后蕴含交通权的价值取向,是为了实现公平、生命安全价值的制度安排。例如,由于不同的主体通行能力都不同,行人相对于机动车处于弱者地位,机动车侵犯行人的生命健康权时有发生,行人优先通行的制度就体现出现代社会对资源的调整分配以实现公平。笔者认为,道路优先通行权包含两个维度的权利,一方面是在一定时间内的优先通行权,如"红灯停、绿灯行",另一方面是一定空间内的优先通行权,如机动车避让行人、道路交叉口的先行权。

其三,道路的占用权。所谓占用权"指的是道路使用者依法享有的在一定的时间以及空间内使用道路进行非动态交通或其他与交通有关活动的权利"[3]。笔者认为,道路通行虽然是以通行为目的,但是必不可少的时候,自然人在通行时都会在一定程度上占用道路。因此自然人道路占用权是实现道路通行权的应有之义,自然人依法有权在一定的时间及空间内占用道路,例如占用道路临时停车等。但是占用道路一定要有合理的理由,必须在一定

---

[1] 参见王洪明:《试论基于"路权"的交通肇事过错划分》,载《福建公安高等专科学校学报》2003年第4期。

[2] 参见李弋强:《"道路通行权"与"优先通行权"——"路权"内涵的法理思考》,载《前沿》2012年第24期。

[3] 参见王洪明:《试论基于"路权"的交通肇事过错划分》,载《福建公安高等专科学校学报》2003年第4期。

限度条件内占用道路。公物利用分为一般利用权和增强利用权,增强利用权是公物附近的居民基于日常生活和工作需要依法享有的超出一般利用范围和程度而利用公物的权利,该项权利要根据当地的利用习惯、公物类型以及增强利用的必要性进行综合性判断。[1]笔者认为,增强利用权其实也包含道路占用权,例如河流附近居民常年居住在水边,因此享有的对水体的增强利用权就包括建设码头的权利。

其四,安全保障权。如前所述,我们研究的交通权是公法意义上的交通权,而"公法是实现公共利益、规范和控制公权力的法,是调整公权力主体与人类共同体成员的关系以及公权力主体相互之间的法律规范系统"[2]。现代公法比以前更加尊重和确保公民的个人权利,并以公共利益为公权力行使的基本准则。[3]因此,道路安全保障权应该是国家公权力对道路使用者的保障,即国家应该积极建立健全各类交通设施,保障社会公众基本的交通出行需求,同时也要通过制定各种制度保障社会公众在道路出行过程中的生命健康权。

按照用路人通行能力强弱划分交通权实际上是一种利益衡平原则的体现,体现社会对于弱者的保护。根据用路人通行能力强弱将交通权划分为弱势交通权群体以及普通交通权群体。如前所述,交通道路资源属于稀缺性资源,不同的道路使用者由于自身的条件所限,实际利用道路的资源的能力是不均等的。我们这个社会还存在弱势群体,包含老弱病残孕幼等群体,他们在通行能力上与一般人也有着显著的差别。我国《道路交通安全法》第34条规定[4],学校、幼儿园、医院、养老院门前的道路应设置人行横道,城市主要道路应设置相应的盲道,这体现了法律对于弱势群体的保护,维护了社会公平、正义。

### (二) 交通权的法律属性:兼具自由权和社会权属性

正如前文对法国和日本交通权的介绍,交通权首先是一种自由,具有自

---

[1] 参见肖泽晟:《论公物附近居民增强利用权的确立与保障》,载《法商研究》2010年第2期。

[2] 参见姜明安:《论公法与政治文明》,载《法商研究》2003年第3期。

[3] 参见熊文钊:《公法原理》,北京大学出版社2009年版,第33页。

[4] 参见《道路交通安全法》第34条:"学校、幼儿园、医院、养老院门前的道路没有行人过街设施的,应当施划人行横道线,设置提示标志。城市主要道路的人行道,应当按照规划设置盲道。盲道的设置应当符合国家标准。"

由权的属性。法国交通权即自由移动权的表述,表明交通权首先是居民的一种自由权。其次,交通权具有社会权属性。法国交通权以公平为基础,保障"任何人"的基本交通权利,同时强调对残疾人、老年人等特殊交通群体的交通权益加以特殊保护。正是在社会权意义上,法国交通权被定位为市民权、劳动权之后,与环境权、休闲权居于同等位阶的关乎民众生存质量的第三范畴人权。[1]

社会权是指"公民依法享有的,主要是要求国家对其物质和文化生活积极促成以及提供服务的权利"[2]。社会权的实现有赖于国家积极主动的作为,社会权的权利只能在国家的行动中被动地提出自己的要求。国家应当积极履行义务以保障社会权的实现,这是社会权的一大特征。对于交通权来说,国家需要履行其积极的义务以保证民众合理、正当的交通需求。城市道路作为一种公共用品,具有稀缺性、有限性特征。而道路对于人们的出行来说确是不可或缺的。道路资源同时段可供使用的人数必然是有限的,路权如何分配成为道路出行的一个焦点问题。国家有义务提供交通设施,保障人民交通需求的实现。

从另一个角度来说,道路属于公共用品或准公共用品。个人受财力物力所限,营利企业受追逐利润所限,一般都对道路建设及其维护没有内在的动力,同时他们也没有足够的资金、技术方面的相关优势。道路的建设需要大量的时间和资金,在缺乏短期回报性的情况下,只能由国家等公权力机关介入。衣食住行是人类生存必备的要素,"行"毫无疑问涵盖了公民的交通出行权,国家也应积极履行自己的义务,保证公民可以自由出行、使用城市道路。

自由代表着人类的最高追求之一,一直是人类社会孜孜不倦追求的目标之一,人类的历史就是一段追求自由的征程。自由权意味着人们可以依靠自己的想法以及意志进行着自己的一切活动,排除他人的妨碍以及控制[3]。路权概念也蕴含着道路使用者可以按照自己的想法以及意志,在一定的时间和空间下利用一定的交通工具满足自己的出行需求。此种出行的交通需求也体现了一定的朴素意义上的自由权。道路使用者渴望着现实生活中的交通情况是良好的,人们可以高效、便捷地使用道路交通资源。基本权利保障

---

〔1〕 参见张改平:《有关国家的交通权立法及其借鉴意义》,载《综合运输》2016 年第 5 期。

〔2〕 参见龚向和:《作为人权的社会权:社会权法律问题研究》,人民出版社 2007 年版,第 15 页。

〔3〕 参见刘国:《论自由权及其限制标准》,载《广东社会科学》2011 年第 6 期。

权利主体享有各种自由和权利,但是宪法赋予的自由权防御功能不足以应对风险,自由权必须对国家设定保护义务,以保护公民的自由权不受侵害[1]。因此,国家的积极行为是实现权利主体正当的出行需求的必要保障之一,国家需要对路权设定一定的保护义务。

## 七、交通权功能及其国家给付义务

根据宪法学原理,基本权利包括防御权功能与受益权功能两大基本功能。防御权功能要求国家消极不作为,其目的是为了排除国家可能对交通权进行的侵害,体现的是"自由法治国"的理念;而受益权功能则要求国家积极作为,以推动基本权利的实现。基本权的受益权功能对应的是国家的给付义务,体现的是"社会法治国"的理念。作为民众的一项重要权利形态,交通权同样具有防御权功能与受益权功能两大基本功能。

### (一) 交通权的防御权功能

防御权是指公民可以要求国家不侵犯基本权利所保障的利益,维护个人免受国家恣意干涉的空间,国家所承担的是一种消极不作为的义务。[2]防御权的功能又可以称为"国家不作为请求权",公民可以请求国家停止侵害其基本权利所保护的权利。[3]从人权的实践角度来看,防御权具备自由权防止国家干预的功能,防御权体现了自由权功能的某一方面。[4]交通权概念也蕴含着道路使用者可以按照自己的想法以及意志,在一定的时间和空间下利用一定的交通工具满足自己的出行需求。此种出行的交通需求也体现了一定的朴素意义上的自由权。交通权权利主体为满足自己的出行利益可以要求国家承担不侵犯权利的不作为义务。交通权具有一定意义上的防御权,交通权是公民防止国家权力恣意行使的盾牌,公民享有请求国家不过度干预的权利,国家承担不作为的消极义务,国家要履行一定的尊重义务。基于交通权

---

[1] 参见谢立斌:《自由权的保护义务》,载《比较法研究》2011年第1期。
[2] 参见龚向和:《劳动权的防御权功能与国家的尊重义务》,载《北方法学》2013年第4期。
[3] 参见张翔:《基本权利的规范建构》,高等教育出版社2008年版,第48页。
[4] 参见张翔:《基本权利的规范建构》,高等教育出版社2008年版,第49页。

的防御权功能,国家应负有一定的"消极义务"。[1] 具体来说,交通权对应的是立法、行政、司法国家机关的消极义务。

立法机关履行的消极义务指立法机关对公民的权利的限制都要符合一定的条件。具体来说,立法机关限制社会公众的道路通行的权利要遵循法律原则,即只能通过法律的方式去限制社会公众的道路通行的权利,其他方式不可以对社会的道路通行权利进行限制。同时立法机关通过法律形式限制社会公众道路通行的权利时要基于维护社会公共利益的目的,不能以其他理由去限制公民的权利。上述这些限制立法机关的条件都是国家机关履行"消极不作为"义务的表现,若立法机关没有做到上述要求,那立法机关有可能违反不作为义务,侵犯了社会公众的道路出行权益。

行政机关履行的消极义务指行政机关对公民的权利的限制都要符合一定的条件。具体来说,立法机关在行使法律赋予的职权过程中,不得干预公民的自由权利,也不得侵犯公民的财产权利,不得限制公民的活动以及增加公民的义务,即不进行干预行政。[2] 即使在法律授予的权力范围内,行政机关行使其行政权力限制公民权利也要遵循比例原则。行政机关不得随意干预公民权利,其行使职权时虽然具有自由裁量权,但是仍然需要在一定范围内行使职权。行政机关在行使权利过程中要符合手段与目的之间的合比例性。行政机关行使职权应当选用对公民的合法权益侵害最少的手段。

司法机关履行的消极义务指司法机关在适用法律的过程中要尊重公民的合法权利。司法机关不得错误适用法律,不得限制或者剥夺公民的救济权,不得进行枉法裁判。司法机关在具体适用法律过程中要谨慎使用法官的自由裁量权,在道路交通事故的案件中,要平衡不同权利主体的利益关系,追求公平正义,依据法律规定尽量作出符合实际情况的裁量,不得滥用司法裁量权。

## (二) 交通权的受益权功能

所谓受益权功能,"是指公民基本权利所具有的可以请求国家作为某种行为,从而享受一定利益的功能"[3]。受益权功能要求国家主动承担义务去

---

[1] 参见张翔:《论基本权利的防御权功能》,载《法学家》2005年第2期。
[2] 参见张翔:《论基本权利的防御权功能》,载《法学家》2005年第2期。
[3] 参见张翔:《基本权利的受益权功能与国家的给付义务——从基本权利分析框架的革新开始》,载《中国法学》2006年第1期。

帮助公民实现权利。与基本权利的受益权功能相对应的,主要是国家给付义务。给付义务是国家机关为了满足人生存的最低需求,给予公民的维持生命需求的帮助,给予义务也是社会法治国的体现之一,是国家给予公民基本的物质、精神保障。[1]

给付义务是国家的积极作为义务,国家为一定行为的义务,以一定的行为向社会公众提供一定的利益,包括程序相关的利益(提供一些司法救济)、物质以及精神方面的利益。国家的给付义务是需要公民主动请求的。国家为实现公民权利的作为是基于公民主动的请求。具体来说,交通权对应的是立法、行政、司法国家机关的给付义务。

给付义务的重要执行者是行政机关,国家的给付义务主要是由行政机关给予公民物质、精神类的帮助。[2] 为何由行政机关主要承担给付义务呢?主要是由于各个国家机关的行使权力方式不同。立法机关主要职责是负责一般性立法,不实施具体给付行为;司法机关的主要职权是适用法律进行定分止争,也不承担具体的给付义务。而行政机关从事社会公共事务管理方面比较多,行政机关是负责给予公民物质、精神帮助的最佳国家机关。行政机关需要保障社会公众实现通行利益的权利,行政机关要积极建设相关城市道路,增加城市道路的供给量。若城市道路发生拥堵时,交通警察应该及时疏散交通车辆,缓解交通状况。

立法机关履行的积极义务指立法机关对公民的权利的限制都要符合一定的条件,制定法律来满足公民的物质、精神方面的需求。具体来说,立法机关限制社会公众的道路通行的权利要遵循法律原则,即只能以法律的方式去限制社会公众的道路通行的权利,其他方式不可以对社会的道路通行权利进行限制。同时立法机关通过法律形式确定道路使用者的交通权权利,界定清楚不同权利主体的权利界限,建构交通权制度以及法律保障制度。因为道路资源是有限的,增加道路资源必须得到财政部门的支持,因此立法机关应通过立法形式给予公民一定的物质福利保障。

司法机关的给付义务主要是指司法机关通过法律适用进行审判活动,以审判案件的方式来履行积极给付义务。司法救济也是给付义务的表现形式,

---

[1] 参见龚向和,刘耀辉:《基本权利给付义务内涵界定》,载《理论与改革》2010年第2期。

[2] 参见张翔:《基本权利的受益权功能与国家的给付义务——从基本权利分析框架的革新开始》,载《中国法学》2006年第1期。

也是为了补救以及恢复公民受损的基本权利。[1]当公民的合法权利受到他人的侵犯时,提起诉讼的方式就是请求国家履行给付义务,国家要遵循法律的规定,根据实际情况给予公平的审判,以实现公平正义。在道路交通事故案件中,行人、机动车在道路通行过程中的条件是不同的,尤其以目前机动车优先的法律现状来看,司法机关需要合理利用自由裁量权,最终实现公平正义。

### (三)受益权功能与交通权国家义务

对于交通权而言,"国家既不能非法干涉公民交通权的行使,又要积极保障交通权的实现,承担相应保护义务"[2]。

正如德国、日本等国交通权的提出与发展,交通权是公民在公法上的重要权利,那么与公民交通权相对应的则是交通安全的国家保护义务。

我们认为,目前交通权虽然并不能构成宪法上的基本权利类型,但是基于交通本身的重要性及其对于生命健康权、迁徙自由、居住自由、劳动就业权等基本权利的基础性作用,加之德国和日本公法上对"交通权"的承认,我们应当赋予交通权类似于基本权利的地位,正如公法上对于"环境权"的承认与发展一样。基于此,交通权同样具有"客观价值功能",与此相对应,国家应当承担相应的国家保护义务。第一是制度性保障义务。要求国家建立和维护有助于交通权实现的各种制度。第二是组织与程序保障义务。要求国家设立和维护交通权赖以实现的组织与程序。第三是其他各种排除妨碍的义务。即运用刑法、民法、行政法律手段排除第三人对于交通权的侵害与妨碍。

交通权的国家保护义务主要表现为下面三种形态:政府之于交通权的制度供给义务、政府之于交通权的组织和程序保障义务、政府之于交通权的排除妨碍义务。首先,政府之于交通权的制度供给义务。禁止行政主体通过行政立法侵犯公民的交通权,也不得随意制定规范性文件限制交通权。从积极意义上,意味着行政机关有义务制定完善的规范体系,保护民众的交通权并防止遭受非法侵害。其次,政府之于交通权的组织和程序保障义务。现代行政机关行使职权的手段主要是抽象行政行为与具体行政行为。无论是抽

---

[1] 参见张翔:《基本权利的规范建构》,高等教育出版社2008年版,第84页。
[2] 参见周忠学:《城市交通权之国家义务》,载《云南师范大学学报》2015年第4期。

象行政行为还是具体行政行为,都应当遵循行为的合法要件,具有主体、权限、程序上的正当性,以维护民众的交通权益。再则,政府之于交通权的排除妨碍义务。行政机关的权力与交通权益的实现关系密切。在实践中,由于行政机关滥用职权或行政不作为而侵犯民众交通权益的情形偶有发生。没有救济的权利就不能称为权利。因此,建构权利的保障和救济机制是履行交通权排除妨害义务的必然要求。这种救济机制包括行政诉讼、行政复议、国家赔偿制度等。

## 八、交通权的冲突及其配置

### (一) 交通权冲突的法理解析

1. 交通权冲突的含义及分类

权利的冲突理论起源于德国。20世纪末到21世纪初,中国台湾和大陆学者有过激烈的理论冲突,但是迄今为止,中外理论界跟实务界尚未形成一个有力的通说,现有的理论大致为:权利冲突是指多个权利的主体的基本权利之间互相碰撞或者对抗。[1]刘作翔认为,权利冲突应该是发生于两个或两个以上主体之间的合法性、正当性权利的冲突,权利冲突的实质为利益的冲突和价值的冲突。[2]王克金认为,所谓权利冲突,是指两个或两个以上的权利形态,法律没有明确界定它们之间的关系而生成的权利边界的模糊性、不确定性,是一种不和谐的状态。[3]有学者认为,权利冲突是产生于法定权利与道德权利之间,是法定权利与道德权利的冲突,因为道德权利和法定权利总是有距离的,道德上的权利很难上升为法律承认的权利,因此道德权利跟法定权利产生了冲突。[4]汪进元认为,权利的冲突应该是平等主体的冲突、相同位阶之下的不同权利的冲突。[5]

---

[1] 参见汪进元:《基本权利的保护范围——构成、限制及其合宪性》,法律出版社2013年版,第78页。

[2] 参见刘作翔:《权利冲突的几个理论问题》,载《中国法学》2002年第2期。

[3] 参见王克金:《权利冲突论——一个法律实证主义的分析》,载《法制与社会发展》2004年第2期。

[4] 参见林喆:《权利的法哲学》,山东人民出版社1999年版,第348-352页。

[5] 参见汪进元:《基本权利的保护范围——构成、限制及其合宪性》,法律出版社2013年版,第79页。

如上所述,学者们对权利的冲突目前还无法达成一致,但是关于权利冲突的认识还是有一些共同之处的。笔者认为,第一,权利冲突必定是两个或两个以上的,权利冲突应该是法律上的权利而不是道德上的权利。第二,权利冲突应该是合法性以及正当性的权利,违法行为或侵权行为所导致的权利冲突不能成为我们所认知的权利冲突,违法行为或侵权行为是不具有合法性的。第三,权利冲突产生的原因是法律没有明确界定权利的边界,导致权利具有模糊性以及不明确性。

本书所讨论的城市路权冲突是指两个或两个以上合法的、正当的路权权利的冲突,违反法律规定的行为或者侵权行为所导致的权利的冲突不在我们讨论的范围之内。实际上,在道路交通范围内存在的很多交通事故并不是城市交通权的冲突,它们只具有权利冲突的表征而不具有冲突的实质,很多冲突都是违反交通法规的规定而导致的冲突,这种冲突是侵权行为或违法行为,不具有权利冲突的特征,不是一种正当性的权利冲突。城市路权冲突主要是由于法律没有对路权进行明确的界定,路权的边界具有模糊性。任何权利都应有其自己的边界,在权利的限度之内行使权利不会导致权利的冲突,一旦超越限度就有权利的冲突。

交通权分析的角度不同,分类也存在较大差异。目前学界对权利冲突分类有以下几个角度:根据权利发生的冲突类型划分,同一类型的权利冲突就称为同类型权利冲突,不同类型称为跨类型的权利冲突;根据发生冲突的权利的性质划分,可划分为公权利的冲突、私权利的冲突;根据发生冲突的权利来源划分,来源于法律规定的就称为法定权利冲突,来源于当事人之间约定的就称为意定权利冲突。[1]

本书所界定的城市交通权冲突是两个或两个以上合法的、正当的路权权利的冲突,因此本书从权利发生冲突的类型进行划分,分为同一类型的权利冲突和不同类型的权利冲突。

同一类型的权利冲突是指两种或两种以上性质相同或相似的权利的冲突。[2] 城市交通权的同类型冲突主要表现就是行人道路通行权与机动车道路通行权的冲突、道路通行权与优先权的冲突、道路通行权与道路占用权的

---

[1] 参见王克金:《权利冲突论——一个法律实证主义的分析》,载《法制与社会发展》2004年第2期。

[2] 参见郭明瑞:《权利冲突的研究现状、基本类型与处理原则》,载《法学论坛》2006年第1期。

冲突。虽然通行权与优先权并不是完全相同的权利类型,但是都属于路权的体系之下,都在路权的权利束概念之下。

不同类型的权利冲突是指两种或两种以上性质不同的权利的冲突。城市交通权的不同类型冲突主要就是表现为城市交通权与环境权的冲突、城市交通权与财产权的冲突。事实上前文所谈到尾号限行行为背后实际上暗含了公民的环境权,尾号限行行为也是路权权利冲突的体现,是路权与环境权的冲突。

2. 城市交通权冲突的原因

刘作翔教授认为,权利冲突实际上是利益的冲突,每一种权利都是一种利益的象征,一个人追求利益若与其他追求利益产生碰撞,那就可以产生权利冲突。权利冲突也是价值的冲突,价值是一种主观认识,每个人对问题的认识不同也会产生权利冲突。[1]王克金认为,权利冲突是法律没有明确界定权利之间的关系而生成的权利边界的模糊性、不确定性。[2]何志鹏认为,权利冲突跟人的需求以及社会可供资源有关,在社会资源一定的前提下,人的需求越多,权利冲突出现的概率越大。[3]笔者认为,权利冲突产生的主要原因还是人的需求与社会资源之间的不可调节的冲突,同时日益增强的公民的权利意识与目前的法治不完善之间的矛盾也导致了权利冲突的发生。

其一,现实原因:日益增强的公民权利意识。随着中国改革开放以后经济的发展,中国的民主与法治在不断发展,公民的权利意识也不断增强,公民越来越注重自身的权利的保护。尤其随着现代机动车的快速普及,地铁、公交等公共交通的高速发展,可供公民出行的交通工具种类越来越多。社会公众越来越重视交通出行的权利,而目前交通拥堵情况时有发生,整个社会缺乏对于交通出行的法律保障。社会公众交通出行方面的权益不能得到有效的保护,我国的交通法治仍处于初级阶段,处于一个发展的过程之中。

其二,根本原因:交通出行利益冲突。城市交通权冲突的根本原因是自

---

[1] 参见刘作翔:《权利冲突的几个理论问题》,载《中国法学》2002年第2期。

[2] 参见王克金:《权利冲突论——一个法律实证主义的分析》,载《法制与社会发展》2004年第2期。

[3] 参见何志鹏:《权利冲突——一个基于"资源—需求"模型的解释》,载《环球法律评论》2011年第1期。

然人之间交通出行利益的冲突。这种交通出行的利益是人们的基本需求,每个人都需要满足自己的出行利益,然而每个人在交通出行的过程中不自觉地要与其他人的交通出行发生联系。然而交通出行资源总是有限的、稀缺的,于是交通权冲突自然而然就产生了。

在当今中国,经济的快速发展带来了很多的交通需求,人们基于经济活动需要不断进行交通出行,人们的交通需求日趋高涨。一个人追求的利益同其他人的利益发生碰撞,就会产生一种冲突,造成对立的关系。[1]随着城市交通的迅猛发展,出现了机动车、地铁等多种交通工具,而由于城市化的快速推进,城市的人口越来越多,交通资源已经慢慢不能满足人民的需求了。权利主体在实现自身的权利过程中,仅仅依靠自身是无法实现的,需要得到他人的协助,不同的城市道路权利主体有着不同的道路利益需求,交通出行利益冲突日益凸显。

其三,内在原因:交通权界限模糊及权利交叉。权利的边界的模糊性是权利冲突的一个重要内在原因,每个权利都应该有自己的边界,超越权利的边界必然会导致权利冲突。[2]法律权利的边界之所以是模糊的是因为法律本身的概括性,同时法律还是高度概括的。权利不可能是十分具体的,只有是概括性的才能适用不同种类的案件。若权利概念是十分具体的,那权利所适用的空间就相当狭窄。那为何权利界限会存在交叉呢? 立法缺乏宏观的规划、缺乏精确的立法技术等原因导致权利的界限存在交叉。[3]

笔者认为,在民主法治化进程之中,我们公民的权利意识日益增强,社会公众越来越重视自身出行利益的保护。我们目前法律仍未明确确定城市交通权的概念,但是人们的交通需求需要得到法律的明确保护。我国法律没有明确规定路权的概念,人们在满足自己的出行需求时行使不"明确"的权利,必然会导致多个权利主体之间的权利冲突。加之我国道路交通法律制度规定较宽泛,比较有概括性,权利的界限相当模糊,因此道路出行冲突相当激烈。同时,我国在交通出行领域缺乏宏观的立法规划,缺乏精确的立法技术,也导致了民众的道路出行利益难以得到有效的保护。因此,

---

〔1〕 参见刘作翔:《权利冲突的几个理论问题》,载《中国法学》2002年第2期。

〔2〕 参见王克金:《权利冲突论——一个法律实证主义的分析》,载《法制与社会发展》2004年第2期。

〔3〕 参见于宏伟,朱庆锋:《正确对待权利冲突——现象与解决方式之间》,载《法学论坛》2006年第1期。

将社会公众的交通出行需求上升为法律保护的利益刻不容缓,我们需要用法律形式明确保护道路出行利益,明确路权的权利界限,明确路权的权利、义务以及内容,最终实现交通领域的权利主体和谐共处,减少权利冲突的发生。[1]

### (二) 交通权的配置原则

通过上述对交通权的分析,我们知道交通权冲突的根本原因是交通出行利益冲突,表现形式为有限的道路资源供给与日益增长的交通出行需求的矛盾。针对上述矛盾,笔者认为,公权力机关首先要加强建设城市道路资源,其次在立法上要明确自然人的交通权,明确权利行使的界限,重要的是对交通权进行有效分配。道路交通权分配是指公权力机关确定自然人在道路交通过程中的权利、义务关系,将城市道路资源在道路使用者之间合理地分配。交通权分配主要聚焦的是城市交通资源的利用权。城市道路是一种公共物品。交通参与者对道路的利用与消费一般不具有竞争性和排他性。不具有竞争性指一个人的消费不影响另一个人的消费,不会减少他人的消费。不具有排他性是指一个人不可以因为自己的消费而限制他人的消费、排除他人进行消费的特性。如果公共资源是足够充足的,就不存在交通权分配这个问题了,正因为城市道路资源是稀缺的,才需要对交通权进行分配。城市道路分配主要包含两个方面:一方面正是由于城市道路的稀缺性,公权力机关需要修建相关的城市道路基础设施,保障道路资源的相对充足;另一方面则是对于城市道路资源的合理分配,确定使用者的权利以及义务。

交通权分配的主体应该是国家的公权力机关,包括立法机关、行政机关、司法机关。如前所述,交通权兼顾自由权以及社会权的属性。作为社会权,国家需要履行其积极的义务以保证人民合理、正当的交通需求的满足。基本权利保障权利主体享有各种自由和权利,但是宪法赋予的自由权防御功能不足以应对风险,自由权必须对国家设定保护义务,以保护公民的自由权不受侵害[2]。因此,国家的积极行为是实现权利主体正当出行需求的必要保障之一,国家需要对交通权设定一定的保护义务。

交通权分配的基本要求就是要保证满足权利主体出行的权利,自然人可

---

[1] 参见张平华:《权利冲突是伪命题吗——与郝铁川教授商榷》,载《法学论坛》2006年第1期。

[2] 参见谢立斌:《自由权的保护义务》,载《比较法研究》2011年第1期。

以安全、高效地进行道路交通出行,避免交通事故的发生。城市道路资源能够得到合理的分配,有限的道路资源和主体的道路通行需求可以以一种合理的配置形态存在。交通权的分配平衡权利主体的各种出行利益,实现社会的公平正义。

(1) 交通权利的平等保护原则。权利平等原则指的是所有社会成员享有相同的权利,每个人享有的权利都是无差别的,法律对每个人都进行平等的救济和保障。[1] 这意味着权利主体是平等的,法律对所有的主体都平等对待,所有权利的主体享有相同的权利、机会,所有的权利主体都可以去争取这些权利、利益。权利主体平等包括法律适用平等,权利主体应当在立法上得到平等的保护。权利平等也意味着权利主体有相同的权利实现机会,但由于每个人实现自己权利的能力有差异,因此国家可以采取"差别对待"以实现权利机会平等。[2] 在道路交通环境中,非机动车以及行人一般是弱势群体,他们相对于机动车来说处于弱势地位,面对强势的机动车来说,行人的生命健康常常得不到有效的保护。最后权利的平等保护原则也意味着权利类型之间的平等保护。[3] 因此,我们在交通权分配过程中要保护弱势群体的利益,给予适当的关注,使不同权利主体利益趋于平衡。

(2) 弱者优先保护原则。弱者优先保护原则是交通权分配原则中核心内容之一,弱者优先保护原则也是公平正义的具体体现。保护弱者利益要求我们给予弱势群体一定的特殊保护,使不同的权利主体的利益达成一个平衡的状态。由于每个人实现自己权利的能力有差异,弱势群体欠缺实现道路通行利益的能力,因此公权力有责任也有义务给予弱势群体倾斜的帮助。在现实的交通实践中,弱势群体数量庞大,生存环境不容乐观。行人以及非机动车是一般意义上的弱者,弱势主要体现为城市道路的通行范围日趋减少,城市道路资源基本上都分配给机动车,行人经常行走在机动车道路上,因此交通事故频发。从另一个角度来看,行人属于血肉之躯,而机动车则是钢铁之躯,若机动车与行人发生交通事故,行人明显是处于劣势地位。对于幼儿以及老人,他们更处于绝对的弱势地位,他们的生命安全时常得不到有效的保护。因此,交通权分配应该更多考虑到弱势群体的利益,要更注重不同利益主体之间的平衡,合理分配道路通行资源,以实现最终的

---

[1] 参见李常青:《权利冲突之辨析》,载《现代法学》2005 年第 3 期。
[2] 参见李常青:《权利冲突之辨析》,载《现代法学》2005 年第 3 期。
[3] 参见刘作翔:《权利冲突的几个理论问题》,载《中国法学》2002 年第 2 期。

分配的公平正义。

（3）公共利益优先原则。公共利益一直是学界讨论的重点，但一直都是众说纷纭，分歧较多，内涵比较模糊，学界一般认为"公共利益是指与公众有关的，其受益范围为不特定的多数人的利益"[1]。交通权分配要遵循社会公共利益原则，因为社会公共利益关乎不特定多数人的利益，因此具有一定的保护价值。但是社会利益要有一个确认的过程，并不是所有的利益都可以认为是社会公共利益，我们要防止"多数人的暴政"。

---

[1] 参见马特：《权利冲突解决机制的整体构建》，载《国家行政学院学报》2013年第2期。

# 第三章

# (狭义)城市交通管制的法治化

在城市管理实践中,交通管制可谓司空见惯。由于城市道路交通管制的法律属性界定不明,以及公民交通权意识缺位,理论和实务上都忽视对交通管制权的法律规制及对公民交通权的法律保障。鉴于此,有必要梳理城市交通管制的法制现状及其存在的法制困境,重构交通管制的法律属性,建构交通管制的程序控制机制和司法审查机制。

## 一、学理初探:城市交通管制的制度定位[1]

"作为一种全新的制度形态,交通管制在我国的正式建构可以溯源至2003年《道路交通安全法》的出台"[2]。其后,随着经济社会的不断发展,该制度被广泛地适用到城市道路交通管理实践中,并呈现出良好的运行态势。然而,在具体适用的过程中,始终存有一系列的问题困扰着理论界和实务界。譬如,交通管制的内涵与外延,交通管制的法律属性,等等。这关乎制度本身的发展和完善,也关乎合法性保障(理论)体系的研究面向。本章节将穿梭于理论、规范与现实之间,通过对交通管制外在特征与内在属性的挖掘,以兹能

---

[1] 本部分参见王维新:《城市道路交通管制的正当程序研究》,东南大学法学院2016年硕士学位论文,第21页以下。

[2] 参见孙小倩:《道路交通管制的法律规制研究》,山东大学法学院2012年硕士学位论文,第15页。

够对上述问题予以重释或澄清。

## （一）城市交通管制的内涵剖析

何谓交通管制？顾名思义，是一种"管制"交通的行为（手段或措施）。深究之，该如何精准地界分或表述其内涵？对此，不同的认知主体基于研究视角的差异呈现出了不同的结论。譬如，有的认知主体指出，"交通管制是交管部门在出现严重影响交通安全的情形、采取一般限制交通的措施难以保证交通安全的情况下或公安部门在预防和制止严重危害社会治安秩序行为的必要情况下所实行的特殊交通行政行为"[1]。依照上述观点，交通管制的适用要具有谦抑性。质言之，非基于客观、迫切的需要，不得随意适用交通管制。又譬如，还有认知主体指出，"交通管制是指为了保证交通安全、维护社会秩序，而采用其他措施难以达到目的时，公安机关交通管理部门根据法律、法规，在一定的时间、区域综合运用法律规范（包括法律、行政法规、规章等）、交通工程技术等措施对车辆和行人在道路上的通行以及其他与交通有关的活动所采取的带有疏导、限制或禁止性质的公安行政强制措施"[2]。该观点同样承认交通管制的适用谦抑性，另外，还对交通管制的适用主体、适用目的和适用方式等要素进行了提炼和描述，具有一定的科学性。但是，该观点将交通管制落脚为行政强制措施，具有一定的狭隘性。所谓行政强制措施，指"行政机关在行政管理过程中，为制止违法行为、防止证据损毁、避免危害发生、控制危险扩大等情形，依法对公民的人身自由实施暂时性限制，或者对公民、法人或者其他组织的财物实施暂时性控制的行为"[3]。通常而言，此处的限制或控制应该做定"点"理解。纵然交通管制会在一定程度上影响到人流、车流和物流的移动方向，但是这种影响往往是可以通过改变路线的方式补救的。质言之，这种影响未必会将人流、车流和物流局限于一"点"。据此，将交通管制落脚为行政强制措施，不能完全令人信服。

笔者拙见，交通管制主要是指警察机关基于客观、迫切的公益追逐需要，面向城市道路交通作出的一种疏导性、限制性或禁止性措施。依照不同的分类标准，它往往会被划分至不同的行为类型。譬如，就其实施主体的权力属

---

[1] 参见何湘：《规范与现实之间——道路交通管制制度检视》，载《江苏广播电视大学学报》2013年第3期。

[2] 参见龚鹏飞：《交通管制若干问题研究》，载《道路交通与安全》2006年第12期。

[3] 参见肖金明：《行政强制释论》，山东大学出版社2012年版，第55页。

性而言,它往往被视为高权行政行为;又譬如,就其功能定位或价值追求而言,它往往被视为公益实现行为;再譬如,就其生成机理或运行逻辑而言,它往往被视为政府的管制行为。

具体而言,它的内涵可以表述或界分为如下几个方面:第一,交通管制的适用主体具有法定性,主要是指警察机关。交通管制是一种干预性极强的管理手段或措施,它通常会对附载于城市道路交通上的主体活动产生巨大的影响,甚至会一度暂停或阻碍城市道路交通的正常运转。故而,为了确保交通管制的正式性、严肃性和权威性,它的适用权限必须赋予法定主体。或言之,除法定主体以外的任何机关、组织或个人均不得适用交通管制。进一步而言,依照我国现行法律的规定,警察机关属于适用交通管制的法定主体。[1]第二,交通管制的适用目的具有宏观一致性,主要是为了公益追逐的需要。现阶段,交通管制作为一种全新的制度建构,已然具有了广泛的适用范围。就其适用目的而言,或基于安全保障的需要,或基于秩序维持的需要。归根到底,都未脱离对公益的追逐。这在根本上有异于它在封建社会或阶级社会中的存在形态,同时也在一定程度上体现了它现阶段的价值追求或功能定位。这是交通管制在我国得以建构的重要基础,也是确保其长效适用的重要保障。第三,交通管制的适用限度具有谦抑性,非基于客观、迫切需要不得适用。作为一项重要的政府(行政)行为,交通管制的适用饱含权力运作的内部机理。进而,它会在一定程度上影响到公民的权益形态或社会利益关系。如此,为了不过度地影响公民的生产和生活,为了不引发政府与公民之间的紧张关系等,交通管制的适用不应该过于频繁。当然,这并不意味着要压制交通管制的正当性适用。如若存有客观、急迫需要,则可以进行交通管制。这为政府(行政)行为提出了更高的审慎要求,也为交通管制的适用提出了相关的限度标准。第四,交通管制的适用对象具有特定性,主要是指城市道路交通。作为一种政府决策,交通管制具有明显的目的导向性。进一步而言,

---

[1] 如,《道路交通安全法》第40条规定:"遇有自然灾害、恶劣气象条件或者重大交通事故等严重影响交通安全的情形,采取其他措施难以保证交通安全时,公安机关交通管理部门可以实行交通管制。"又譬如,《警察法》第15条规定:"县级以上人民政府公安机关,为预防和制止严重危害社会治安秩序的行为,可以在一定的区域和时间,限制人员、车辆的通行或者停留,必要时可以实行交通管制。公安机关的人民警察依照前款规定,可以采取相应的交通管制措施。"再譬如,《消防法》第45条规定:"消防救援机构统一组织和指挥火灾现场扑救,应当优先保障遇险人员的生命安全。火灾现场总指挥根据扑救火灾的需要,有权决定下列事项:……(三)划定警戒区,实行局部交通管制;……"。

目的的实现,需要付诸手段。然而,手段必须作用于对象方能奏效。具体到交通管制的往昔实践,其对象主要是指城市道路交通,而且一直特定于此。当然,城市道路交通主要是一个系统的集合体。它是指附载于城市道路通行功能下的各种主体及其衍生活动。当然,或有人对此会持有相异观点,认为城市道路才是交通管制的对象。笔者拙见,此种观点有失偏颇。首先,它只看到了诸如封路等外在表征,却忽视了交通管制的制度初衷。即"二次调配"城市道路交通资源。其次,城市道路除了具有通行功能以外,还具有其他相关的功能。故而,城市道路是城市道路交通的上位概念。如此,将城市道路界定为交通管制的对象,难免有失精准性。第五,交通管制的适用手段(方式)具有灵活多样性,主要包括疏导性、限制性或禁止性措施。交通管制作为一种常态适用的重要制度,它的建构源自城市道路交通管理实践的长期摸索。反过来,它也会反哺具体的城市道路交通管理实践,适用于纷繁的管制情形,以兹能够践行公益追逐的目的定位。然而,不同的管制情形对应的公益需求幅度是不尽相同的。这也就意味着,在付诸交通管制的实践过程中,需要匹配灵活、多样的手段(方式),如此,方能机动地匹配不同手段(方式)和有幅度差异的各种目的,也能更好地均衡个人私益与社会公益之间的关系,最终将有益于城市道路交通的安全、有序和畅通。

### (二) 城市交通管制的外延界定

诚然,如上述所言,交通管制的内涵可以着力于主体、目的、对象、限度和方式等要素加以定夺。进而,在上述要素的指引下,该如何明确地廓清交通管制的实质边界?质言之,在城市道路交通管理实践中,何者属于交通管制,何者不属于交通管制,应该具有一个大致的"范围"。对此,笔者试图从城市道路交通管理手段或措施入手,对交通管制的外延予以阐明。

城市道路交通管理手段或措施的建构具有一定的社会必要性。近年来,随着经济社会的不断发展,城市道路交通成为一项重要的社会资源。它能够为社会个体私益的实现提供重要的前提和基础。与此同时,也能够为社会整体公益的实现提供重要的保障。进而,为了更好地均衡二者之间的关系,就需要建构一系列的交通管制手段或措施。现阶段,在警察机关主导的城市道路交通管理实践中,较具代表性的交通管理手段或措施主要有交通限行、环保限行和其他。细究之,它们都是致力于"二次调配"城市道路交通资源的重要手段或措施。进一步而言,它们在具体的实践过程中,或存有内容上的重叠，或存有适用上的交互。总之，就是具有非常密切的关系。对此，我们既要看到它们的个性，又要看到它们的共性。首先，就交通限行而言，它最早源自北京市交通管理的实践创新。[1]从目的上来看，它主要是为了治理交通拥堵和环境污染。现阶段，它的身影已经悄然出现于各大城市的"治堵"舞台。并且，它的适用频次日益呈现常态化。其中，"单双号"限行是较具典型性的交通限行措施。[2]它主要"是指为保障交通畅通和减少空气污染而实行的机动车按车牌尾号单号单日、双号双日行驶的交通管理措施"。[3]另外，"错峰限行"和"外地车限行"也在交通限行措施中占据了重要的地位。[4]其次，就环保限行而言，它主要是面向环境保护而采取的一项交通管理手段或措施。现阶段，它已然出现于天津、上海、东莞和南昌等地的交通管理实践中。并且，在适用频次和范围上有扩大的趋势。综上，就两者的个性而言，它们主要表现于目的层面。或基于拥堵治理，或基于环境保护。但是，这在宏观上并未超出对社会公共利益的追逐。就两者的共性而言，它们主要表现于运行机理层面。详言之，它们或限制特殊载体不得通过部分区域，或限制部分载体不得通过全部区域，或限制全部车辆不得通过全部区域……总之，就是剥夺特定载体于特定时间利用特定区域城市道路交通的机会。

上述交通管理手段或措施与交通管制之间存有不可忽视的关联性。申言之，它们在主体、目的、限度和对象层面，与交通管制存有宏观上的一致性。唯独在表现形态或管理幅度上具有一定的差异性，这主要是为了迎合不同迫切度、不同领域以及不同情形的特殊需要。但是，这在根本上并未超出交通管制对城市道路交通予以疏导、限制或禁止的形态模式。质言之，交通限行和环保限行等交通管理手段或措施，与交通管制存有一定的差异。但是，这种差异并未超出交通管制的内涵边界。至此，笔者拙见，交通管制是一个系统的集合体，它囊括了所有对城市道路交通进行"二次调配"的管理手段或措施，它广义地涵括了交通限行和环保限行等交通管理手段或措施。这也就在

---

[1] 参见余前亮，余茜：《北京市交通限行措施性质探析》，载《北京电子科技学院学报》2015年第1期。

[2] 参见钱卿：《交通限行措施的行政法解读——以单双号限行为样本》，载《行政法学研究》2011年第4期。

[3] 参见钱卿：《交通限行措施的行政法解读——以单双号限行为样本》，载《行政法学研究》2011年第4期。

[4] 参见朱海波：《"区域限行"法律问题研究》，载《广州大学学报（社会科学版）》2013年第8期。

一定程度上铺垫了本书的行文格调。即将广义的交通管制作为研究对象。

## 二、规范分析：城市交通管制的法制现状

### （一）城市交通管制的规范依据

为保障交通安全、维护交通秩序，授予公安机关交通管制职权已经成为世界各国法律的通行做法。我国《道路交通安全法》第 39 条[1]和第 40 条[2]是交通管制的直接法律依据。值得注意的是，第 39 条规定的是"交通限制措施"，第 40 条规定的是"交通管制措施"。在实务中，无论交通限制措施还是交通管制措施，都称为"交通管制"。

《道路交通安全法》第 39 条交通限制措施，目的是维护道路通行的安全性和通行效率。具体而言，该条规定了常规性的交通限制措施和临时性的限制措施。依据该条第一款，公安机关交通管理部门根据道路和交通流量的具体情况，对机动车、非机动车、行人采取疏导、限制通行、禁止通行等措施。这里的交通限制措施是一种常规管制措施。该条第二款规定的是一种临时性限制措施。实行临时性限制交通措施应当提前向社会公告。

《道路交通安全法》第 40 条交通管制措施则是针对所有交通参与者的全方位管理措施。除《道路交通安全法》外，我国目前有多部法律对狭义的交通管制措施进行了规定，主要有《警察法》第 15 条[3]、《戒严法》第 14 条[4]、《防

---

[1] 参见《道路交通安全法》第 39 条规定："公安机关交通管理部门根据道路和交通流量的具体情况，可以对机动车、非机动车、行人采取疏导、限制通行、禁止通行等措施。遇有大型群众性活动、大范围施工等情况，需要采取限制交通的措施，或者作出与公众的道路交通活动直接有关的决定，应当提前向社会公告。"

[2] 参见《道路交通安全法》第 40 条规定："遇有自然灾害、恶劣气象条件或者重大交通事故等严重影响交通安全的情形，采取其他措施难以保证交通安全时，公安机关交通管理部门可以实行交通管制。"

[3] 参见《警察法》第 15 条："县级以上人民政府公安机关，为预防和制止严重危害社会治安秩序的行为，可以在一定的区域和时间，限制人员、车辆的通行或者停留，必要时可以实行交通管制。"

[4] 参见《戒严法》第 14 条："戒严期间，戒严实施机关可以决定在戒严地区采取交通管制措施，限制人员进出交通管制区域，并对进出交通管制区域人员的证件、车辆、物品进行检查。"

震减灾法》第32条[1]、《防洪法》第45条[2]、《消防法》第33条[3]等。

城市交通管制一般由公安交警部门组织实施。根据《道路交通安全法》和《警察法》的授权,公安部专门制定了《交通警察道路执勤执法工作规范》(简称《工作规范》)[4]。该工作规范第七章专章规定交通管制的实施。如果说《道路交通安全法》《警察法》只是实施交通管制的概括性授权依据,那么《工作规范》则是具体的行为法依据。该工作规范明确了实施交通管制的一般条件[5]、实施交通管制的公告要求[6]、执行交通警卫任务的交通管制[7]、高速公路的交通管制[8]等等。

根据《道路交通安全法》的授权,地方立法中对交通管制的实施条件、管

---

[1] 参见《防震减灾法》第32条:"严重破坏性地震发生后,为了抢险救灾并维护社会秩序,国务院或者地震灾区的省、自治区、直辖市人民政府,可以在地震灾区实行下列紧急应急措施:(一)交通管制……"

[2] 参见《防洪法》第45条:"在紧急防汛期,防汛指挥机构根据防汛抗洪的需要,有权在其管辖范围内调用物资、设备、交通运输工具和人力,决定采取取土占地、砍伐林木、清除阻水障碍物和其他必要的紧急措施;必要时,公安、交通等有关部门按照防汛指挥机构的决定,依法实施陆地和水面交通管制。"

[3] 参见《消防法》第33条:"公安消防机构在统一组织和指挥火灾的现场扑救时,火场总指挥员有权根据扑救火灾的需要,决定下列事项:……(三)划定警戒区,实行局部交通管制;……"

[4] 参见《公安部关于印发〈交通警察道路执勤执法工作规范〉的通知》(公通字〔2008〕58号)。

[5] 参见《交通警察道路执勤执法工作规范》第52条:"遇有雾、雨、雪等恶劣天气、自然灾害性事故以及治安、刑事案件时,交通警察应当及时向上级报告,由上级根据工作预案决定实施限制通行的交通管制措施。"

[6] 参见《交通警察道路执勤执法工作规范》第54条:"实施交通管制,公安机关交通管理部门应当提前向社会公告车辆、行人绕行线路,并在现场设置警示标志、绕行引导标志等,做好交通指挥疏导工作。无法提前公告的,交通警察应当做好交通指挥疏导工作,维护交通秩序。对机动车驾驶人提出异议或者不理解的,应当做好解释工作。"

[7] 参见《交通警察道路执勤执法工作规范》第53条:"执行交通警卫任务以及具有本规范第五十二条规定情形的,需要临时在城市道路、国省道实施禁止机动车通行的交通管制措施的,应当由市(地)级以上公安机关交通管理部门决定。需要在高速公路上实施交通管制的,应当由省级公安机关交通管理部门决定。"

[8] 参见《交通警察道路执勤执法工作规范》第56条:"在高速公路执勤遇恶劣天气时,交通警察应当采取以下措施:(一)迅速上报路况信息,包括雾、雨、雪、冰等恶劣天气的区域范围、能见度、车流量等情况;(二)根据路况和上级要求,采取发放警示卡、间隔放行、限制车速、巡逻喊话提醒、警车限速引导等措施;(三)加强巡逻,及时发现和处置交通事故,严防发生次生交通事故;(四)关闭高速公路时,要通过设置绕行提示标志、电子显示屏或者可变情报板、交通广播等方式发布提示信息。车辆分流应当在高速公路关闭区段前的站口进行,交通警察要在分流处指挥疏导。"

制措施、管制程序等作出了个性化的规定。如北京市实施办法专门针对重大国事、外事活动的临时性交通管制进行了规定。[1]吉林省实施办法规定了"确定临时停车区、暂停使用道路停车泊位等道路交通管制措施"[2]。福建省实施办法明确了"限制车速、调换车道、暂时中断通行、关闭高速公路等交通管制措施"[3]。《上海市道路交通管理条例》[4]规定可以采取均衡交通流量、分隔车辆通行时间、划定限制通行区域和核发机动车通行凭证等交通管理措施，也可以采取封闭主干道路、组织区域性单向交通网络、步行街等重大交通管理措施。贵阳市则规定了控制市区摩托车的数量，划定限制、禁止机动车通行的时间、区域和车辆类型，设置单行线，发放机动车临时通行证等管制措施。[5]

## (二) 城市交通管制的法治困境

### 1. 学理上之争论

但在法学理论和法律实务上，对交通管制权的权力来源与边界、交通管

---

[1] 参见《北京市实施〈中华人民共和国道路交通安全法〉办法》第38条："遇有重大国事、外事活动,公安机关交通管理部门可以采取临时交通管制措施。举办大型群众性活动,需要公安机关交通管理部门采取交通管制措施的,公安机关交通管理部门应当在采取管制措施3日前向社会公告。"

[2] 参见《吉林省实施〈中华人民共和国道路交通安全法〉办法》第40条规定："遇有紧急情况或者在举办大型活动期间,公安机关交通管理部门可以采取确定临时停车区、暂停使用道路停车泊位等道路交通管制措施,并负责维护停车秩序。"

[3] 参见《福建省实施〈中华人民共和国道路交通安全法〉办法》第43条："发生自然灾害、灾害性天气、道路交通事故等严重影响道路交通安全的情形时,公安机关交通管理部门可以依法作出限制车速、调换车道、暂时中断通行、关闭高速公路等交通管制措施的决定。高速公路经营单位应当执行。"

[4] 参见《上海市道路交通管理条例》(2001年修正)第36条："公安交通管理部门根据必要、合理和有利交通畅通的原则,可以采取均衡交通流量、分隔车辆通行时间、划定限制通行区域和核发机动车通行凭证等交通管理措施。公安交通管理部门可以根据道路交通状况和临时停车需要,按照有关法规规定设置或者调整临时停放点。车辆临时停放点的设置应当严格控制,不得阻塞交通。公安交通管理部门采取封闭主干道路、组织区域性单向交通网络、步行街等重大交通管理措施时,应当报经市人民政府批准并于实施十日前公告。但特殊、紧急情况除外。"

[5] 参见《贵阳市道路交通安全管理办法》第14条："公安机关交通管理部门可以根据道路通行安全的状况采取下列措施：(一)控制市区摩托车的数量;(二)划定限制、禁止机动车通行的时间、区域和车辆类型;(三)设置单行线;(四)发放机动车临时通行证;(五)有利于道路交通安全的其他措施。上述措施实施前,应当根据情况,采取座谈、论证、听证等方式征求各方意见,并在实施3日前向社会公布。"

制行为的法律属性、交通管制行为的法律救济途径等方面尚存在差异与争论。在英美法系,交通管制权被视为警察权的必然延伸,并未对其进行特别的法律规制,而经由警察法规和交通安全法规进行一般规制。在大陆法系,在交通管制行为的法律属性上,德国行政法曾长期存在"法规命令"与"一般处分行为"的争论。但随着德国 1976 年《联邦行政程序法》的出台,交通管制行为明确属于针对道路的"涉及公物的设定、变更与废止"的一般处分行为。在交通管制行为的法律规制上,德国传统行政法学认为,交通管制旨在实现交通安全和秩序等公共利益,当道路利用人的个人利益与公共利益相冲突时,相对人有容忍和服从交通管制之义务。因交通管制而产生的不利影响仅为事实上的"反射利益"而非公法权利,道路利用人应当予以容忍且无补偿。近年来,随着人权保障观念和公物法理论的发展,交通管制的法律规制随之发生积极变化。德国基本法将"行动自由"作为人的基本自由之一,道路通行权则是行动自由的重要内容。新近观点更倾向于将道路利用人事实上的"反射利益"上升为一种公法上的权利,即公民享有依法合理利用道路和通行的权利。道路利用人针对明显不合比例的交通管制措施,享有公法上的请求权。因交通管制所产生的"特别牺牲",亦享有特别牺牲请求权,可以寻求司法救济。在日本,行政程序法赋予警察机关为确保"安全保障以及其他公益"所"必要的职权",包括交通管制权。警察机关享有较大的交通管制裁量空间和判断余地,并排除行政程序法的一般适用。近年来,一些学者和团体以日本宪法第 25 条所确立的"生存与社会福利权"为中心,认为人民有追求幸福及选择职业、居住地自由的基本权利,而这些基本权利皆以"交通的移动"为基础,并由此形成了"交通权"的观念,即"任何人都拥有方便而快速的,在低成本且不增加社会成本的情况下移动的权利"。基于此,日本学者以公平的政策理念为基础,从保障基本人权的角度出发,主张对交通管制进行必要的法律规制,并要求对交通管制行为设立最低程度的及时公开义务和必要的公众参与机制。[1]

在我国,对交通管制的研究,始终未能脱离具体行政行为与抽象行政行为的分析框架。一般认为,交通管制是基于《道路交通安全法》第 39 条、40 条以及其他单行法律法规的授权,由公安交管部门实施的临时性行政强制措

---

[1] 参见王新宇:《交通管制的司法审查机制研究》,东南大学法学院 2015 年硕士学位论文,第 11 页以下。

施。也有学者对交通管制行为进行分解,将交通管制的决定与通告行为视为抽象行政行为,将公安机关在特定区域设岗禁止或限制通行,或对未遵守通告者予以处罚或强制的行为界定为具体行政行为。

2. 实务中之滥用

实施交通管制的目的在于维护交通安全秩序和道路通行效率。现代城市车流、人流、物流聚集,交通畅通压力与交通安全风险剧增。为维护城市交通安全与秩序,保障交通通畅,实施交通管制成为必要。值得注意的是,实施交通管制,也往往意味着对交通参与者某些交通权利或交通利益进行限制,如小汽车受单双号限行措施的限制而不得使用,某些路段因交通管制措施而不得通行等。正因如此,在实践之中,我国部分城市过多、过频的交通管制措施广为社会公众所诟病。以首都北京为例,自2011年初至2012年,正式发布交通管制通告共80余次。其中,因保证道路畅通23次,因道路施工27次,因各类节庆活动21次,因大型活动9次。实际上,未经发布正式公告而采取的临时性交通管制次数远不止于此。[1] 据报道,北京市年均交通管制次数达7000多次,平均每天20次左右。我国其他城市所实施的交通管制大体如此,甚至有过之而无不及。针对部分城市交通管制的乱象,有媒体评论指出:"由于交通管制法规的制定相对滞后,实施的必要条件、审批权限界定不清,很多不应当实行交通管制的被批准了,也实行了。比如,一般工程的奠基、竣工剪彩,中小型规模的商贸洽谈会,地区性的文化、经济节,商场、酒店的开业庆典,被随意提高等级的地方党政领导人员的安全警卫任务……还有的部门和领导把交通管制作为提升活动档次和送往迎来礼仪规格的标志。"[2]

交通管制目的在于维护交通秩序,保护交通安全,保障交通畅通。然而部分城市过于频繁、过于严苛的交通管制措施不仅没有维护正常的交通秩序,反而大大增加了行人、车辆和社会的交通出行成本,严重影响了城市道路的通行效率和畅通程度,甚至引发交通拥堵、交通安全等其他相伴生的交通问题。

---

〔1〕 参见方可成、钱昊平:《细说交通管制——长安街几乎每天都有管制》,载《南方周末》2012年2月24日版。

〔2〕 参见《人民公安报·交通安全周刊》2011年10月27日版。转引自方可成、钱昊平:《细说交通管制——长安街几乎每天都有管制》,载《南方周末》2012年2月24日版。

3. 法治上之困境

在法律效果上,交通管制是直接针对车辆或行人城市道路通行的一种限制通行、禁止通行的管制与约束措施。虽然这种交通管制具有《道路交通安全法》《警察法》等法律规范的授权,但在理论上和实务中尚存在诸多法制难题。第一,关于交通管制的法律授权存在瑕疵。《道路交通安全法》第39条、第40条只是一种概括性授权,公安交通管理机关实施道路交通管制的具体条件、具体范围、具体程序等都不明确。换言之,这种授权实质上只是组织法层面的授权,但欠缺交通管制行为法上的直接依据。第二,交通管制法律属性模糊。交通管制是否是一种行政行为?是抽象行政行为还是具体行政行为?是行政强制措施还是一般对物(道路)行政行为?第三,交通管制实施裁量权空间较大。正是由于《道路交通安全法》等只是一种概括性授权,对交通管制实施条件的理解、交通实施程序的运用、管制手段与措施的选择,等等,公安机关都有巨大的裁量空间,也为超时间管制、超地域管制、超必要性管制等埋下伏笔和隐患。第四,交通管制的权利保障机制缺位。无论是"郑某某诉合肥市公安局交通警察支队交通管制案"[1]、"福建烨阳律师事务所诉福州市公安局仓山分局交通管制案"[2]所揭示的临时性交通管制,还是杭州"半夜鸡叫式"小汽车限购决策、深圳"出尔反尔式"小汽车限购措施[3]等长期的经常性交通管制措施,都客观影响到交通参与者的交通权益。但是面对政府交通管制措施,民众往往有一种交通利益受影响后的无可奈何、无能为力之感。民众只能被动接受和服从于政府的交通管制行为。交通管制应当受到何种程度的法律控制?交通管制是否影响特定行人和车辆的道路通行利益?这种交通利益仅仅只是一种反射利益,还是已经构成法律上的权利?这种权利的保护途径和限度何在?是否应当遵循必要的正当程序?如何实现交通管制警察权与公民道路通行交通权的平衡?……上述问题始终困扰着交通管制的法治化。这些问题值得深入研究和厘清。

## 三、城市交通管制的法律属性界定

如上,交通管制的适用主体归于法定机关,也就是警察机关。毋庸置疑,

---

[1] 参见安徽省合肥市包河区人民法院行政判决书(2014)包行初字第9号。
[2] 参见福建省高级人民法院行政判决书(2010)榕行高字第35号。
[3] 参见王超:《汽车限购暗潮汹涌》,载《中国青年报》2015年1月8日版。

它属于一种政府行为。然而,它却又与其他政府行为存有颇大的差异性,这种差异性往往要付诸特定的参照系方可发觉。对此,笔者选取了行政处罚和行政立法作为说明。对于前者,它在权力运行机理上,与交通管制颇为相同。然而,它的"相对方"却是特定的,或为自然人,或为组织。对于后者,它在"相对方"上与交通管制颇为一致,都是不特定的。然而,它却具有规范性、普适性和反复性。进而,它具有与行政处罚相同的权力运行机理,却与行政立法一致面向了不特定的"相对方"。总之,交通管制与其他政府行为的差异性主要体现于它兼具了二者的"交叉"特征。由此,对于此种具有干预性、即时性和复杂性的政府行为[1],该如何予以定性?这在一定程度上决定着相对人之合法权益能否得到司法权或准司法权的保护。[2]

### (一) 行政强制说与抽象行政行为说

交通管制旨在实现城市道路交通的安全、有序和畅通。但理论界和实务界在其法律属性的认识上,仍旧存有争论和异议。这在一定程度上有碍于交通管制的理论发展,同时也有碍于交通管制规制体系的建立。据此,应当对交通管制的法律属性进行剖析或澄清。

交通管制具有紧急性、临时性、非处分性等实践特征。实践部门根据交通管制的这些特点,将交通管制界定为即时强制措施。笔者查询近十家政府门户网站,在政府信息公开目录中查询政府的权力清单、责任清单。查询结果表明,无论依据《道路交通安全法》第39条实施的交通限制措施,还是第40条所实施的交通管制措施,全都被归入"行政强制"一栏。这也表明交通管理实务中,交通管制属于行政强制措施应无异议。

在我国,对交通管制的研究,始终未能脱离具体行政行为与抽象行政行为的分析框架。一般认为,交通管制是基于《道路交通安全法》第39条、40条以及其他单行法律法规的授权,由公安交管部门实施的临时性行政强制措施。也有学者对交通管制行为进行分解,将交通管制的决定与通告行为视为抽象行政行为,将公安机关在特定区域设岗禁止或限制通行,或对未遵守通告者予以处罚或强制的行为界定为具体行政行为。同时,在我国行政法学理论和实务上,习惯于将交通管制视为公安机关的单方高权行为,民众有被动

---

[1] 参见陈正根:《警察与秩序法研究》,台北五南出版社2013年版,第225页。
[2] 参见刘井玉:《"春运调价"的法律性质分析》,载《行政法学研究》2002年第4期。

接受、容忍和服从的义务,忽视对交通管制权的法律规制和民众道路通行权的法律保障。

### (二) 交通管制法律属性的域外观察

相比之下,交通管制在其他各国或地区具有更长久的适用历史。无论是在实践操作层面,还是在理论研究层面,都具有更为成熟的一面。特别是在交通管制法律属性的界定上,更具有独到的特色。在英美法系中,交通管制权被视为警察权的必然延伸,并未对其进行特别的法律规制,而经由警察法规和交通安全法规进行一般规制。在大陆法系,在交通管制行为的法律属性上,德国行政法曾长期存在"法规命令"与"一般处分行为"的争论。但随着德国1976年《联邦行政程序法》的出台,交通管制行为明确属于针对道路的"涉及公物的设定、变更与废止"的一般处分行为。

在交通管制行为的法律规制上,人权保障观念和公物法理论不断发展,交通管制的法律规制也随之发生积极变化。德国基本法将"行动自由"作为人的基本自由之一,道路通行权则是行动自由的重要内容。新近的观点更倾向于将道路利用人事实上的"反射利益"上升为一种公法上的权利,即公民享有依法合理利用道路和通行的权利。道路利用人针对明显不合比例的交通管制措施,享有公法上的请求权;因交通管制所产生的"特别牺牲",亦享有特别牺牲请求权,可以寻求司法救济。在德国,通常适用一般处分[1]的分析框架来定性交通管制等物上措施。[2] 德国《联邦行政程序法》第35条规定:"行政行为是指当局处理公法领域的具体事务,以发生直接对外部法律效力的命令、决定或其他的高权措施。一般命令是指管理者依照共同特征确定或可确定的人群,或者规定一种物或公众使用的物的公法性质的行政行为。"[3] 该条第2句规定,一般处分是一种行政行为——并非一类独立的法律行为,而是第1句规定的行政行为的一种情况。进一步而言,"一般处分可以分为三类,即针对人的一般处分、针对物的一般处分和使用规则。其中,针

---

[1] 德语表述为Allgemeinverfuwgungen,该词语还经常被翻译成"一般命令"。但是,它们在精神要领上并没有本质的背离。据此,本书将一般处分与一般命令做同一性的理解。参见吴庚:《行政法之理论与实用》第八版,中国人民大学出版社2005年版,第209-210页。

[2] 参见吴庚:《行政法之理论与实用》第八版,中国人民大学出版社2005年版,第210页。

[3] 参见于安:《德国行政法》,清华大学出版社1999年版,第210页。

对物的一般处分主要是指确定物的公法性质的行政行为。它针对的不是个人及其权利义务,而是一个特定的物及其法律状态"[1]。

我国台湾地区基本沿袭了德国的做法。[2]台湾"行政程序法"第92条规定,"本规定所称行政处分,系指行政机关就'公法'上具体事件所为之决定或其他公权力措施而对外直接发生法律效果之单方行政行为。前项决定或措施之相对人虽非特定,而依一般性特征可得确定其范围者,为一般处分,适用本规定有关行政处分之规定。有关公物之设定、变更、废止或其一般使用者,亦同"。

综上,域外国家或地区倾向于将一般处分作为依托来定性交通管制等物上措施。这种思维惯性有别于我国当前的分析框架,能够为我国日后的理论发展提供重要的借鉴。

在日本,日本行政程序法赋予警察机关为确保"安全保障以及其他公益"所"必要的职权",一些学者和团体以日本宪法第25条所确立的"生存与社会福利权"为中心,认为人民有追求幸福及选择职业、居住地自由的基本权利,而这些基本权利皆以"交通的移动"为基础,并由此形成了"交通权"的观念,即"任何人都拥有方便而快速的,在低成本且不增加社会成本的情况下移动的权利"。基于此,日本学者以公平的政策理念为基础,从保障基本人权的角度出发,主张对交通管制进行必要的法律规制,并要求对交通管制行为设立最低程度的及时公开义务和必要的公众参与机制。

**(三)交通管制法律属性的重构——以城市道路为视角**

本书所研究的交通,都是以道路,尤其城市道路为必然载体。所谓交通管制,也是对交通参与者利用道路进行通行的权利的一种限制。要全面准确解释交通管制的法律属性,必须将视角进行转换,将视角聚焦于"城市道路"之上。

1. 公物法视角下的"城市道路"的法律定位

从上文的分析可见,从抽象与具体行政行为视角无法全面揭示交通管制行为的性质。而交通管制以城市道路为管制对象,要揭示交通管制的属性,

---

[1] 参见[德]哈特穆特·毛雷尔:《行政法学总论》,高家伟译,法律出版社2000年版,第196-198页。转引自王维新:《城市道路交通管制的正当程序研究》,东南大学2016年硕士学位论文,第11页以下。

[2] 参见肖泽晟:《公物法研究》,法律出版社2009年版,第297页。

首先应揭示城市道路的属性。

《道路交通安全法》第 119 条对"道路"的概念进行了界定。此处的"道路"不仅包括了城市道路,也包括了高速公路、国道、省道。也就是说,不论是城市道路还是高速公路、国道、省道,其实行交通管制的法律依据都是《道路交通安全法》,其实施的条件和主体都是相同的。同时,《城市道路管理条例》第 2 条对"城市道路"的含义进行了单独的规定。本书所要研究的对象主要是指"城市道路"。

在大陆法系中,城市道路属于公物之一种。公物这一概念来源于德语 Offentliche Sachen 一词,日本对公物法的研究也有一定的基础。同为大陆法系国家,德、日两国对"公物"这一概念的理解却不完全相同。主要体现在,德国的 Offentliche Sachen 在日本法中,除了包括德国法所指的公物之外,还包括营造物。但是无论在德国还是在日本,同样被作为公物(乃至营造物)来加以理解的包括下述事项:道路、人工河流与天然河流、飞机场、港口、水库、绿化带、游乐园、海水浴场、幼儿园、老人公寓、学校、高等教育设施、研究所、图书馆、自来水、净化设施、垃圾处理场、停车场、市政府办公场所、法院建筑物等[1]。由此可见,无论在德国还是在日本,"道路"同样都被作为公物来加以理解[2]。

公物的设立一般有三种方式:其一,通过规范性法律文件直接设立。其二,通过具体行政行为的方式设立。既可以通过明示的具体行政行为来实现,如采取公告、通知的方式宣告某公众场所的开放,也可以通过默示具体行政行为的方式来实现,如举行桥梁或火车站的建成剪彩仪式等。其三,通过事实行为的方式设置为公用。这种设立方式通常通过公众事实上的使用得以实现,如公路建成后车辆直接进入即表示设立完成[3]。城市道路这一物体,一经建设完成投入使用这个事实行为的成立,便完成了公物设立的程序,当然地成为供全社会使用的公共基础设施;并且属于自由使用的公物,因为它们在使用目的范围内可供任何人自由使用而不需要特别许可[4]。

---

〔1〕 参见[日]大桥洋一:《行政法学的结构性变革》,昌艳滨译,中国人民大学出版社 2008 年版,第 2 页。
〔2〕 参见[日]大桥洋一:《行政法学的结构性变革》,昌艳滨译,中国人民大学出版社 2008 年版,第 5 页。
〔3〕 参见周佑勇:《行政法学》,武汉大学出版社 2009 年版,第 35 页。
〔4〕 参见应松年:《当代中国行政法》,中国方正出版社 2005 年版,第 1 页。

从国外研究领域来讲,在公物法的形成过程中,主要关心的对象是道路公物本身的管理事项[1]。根据王名扬先生对法国公产的介绍,公物大致由海洋公物、河川湖泊等公物、空中公物、地面公物构成。其中,地面公物最多,包括公路及其底土、附属物,如桥梁、人行道、排水系统、界碑、信号标志、广告牌、路灯等。[2]根据《公路法》第 6 条之规定,公路,包括国道、省道、县道和乡道等,都属于公物——"公"路,而非私用道路。由此看来,就国外研究惯例来讲,我国法律规定下的"城市道路"也一直被作为公物来加以理解和研究。

2. 城市交通管制行为法律属性的再认识

公民按照交通用途利用道路被确认为是法律上的道路通行权,是对公物进行利用的权利,简称公物使用权。"这种道路通行权的权利内容包括:请求道路管理者、交通行政机关、道路所有人允许其在道路上通行,以及请求他人停止妨害,因而道路通行权是一种物权性的利用权"[3]。而对城市道路这一特定公物进行管制的这一行为,在公物法视角下便是一种对物行政行为。

对物行政行为,是指"通过财产性质的界定和确认而做出的物权法上的调整行为"[4]。即"通过直接对物的处置而对人或机构的权利产生间接影响的行为"。[5]如变更公物公共用途的决定。对物的行政行为包括对物的状态处理行为和对物的使用处理行为。对物的行政行为在公物管理领域集中体现为公物特许使用、交警改双行道为单行道等。

(四)城市交通管制行为处分权属性

城市交通管制这一行为,虽然直接针对的是"道路"这一特定物,但是却间接对不特定多数人产生影响,因此在性质上介于抽象行政行为与具体行政行为之间。这种行为在德国被认为是"对物的一般处分行为",关于城市交通管制具有物上处分权属性这一观点,目前在我国学术界并未有深入的研究,因此笔者主要侧重于比较研究。

---

〔1〕 参见[日]盐野宏:《行政法》,杨建顺译,法律出版社 1999 年版,第 740 页以下。

〔2〕 参见王名扬:《法国行政法》,中国政法大学出版社 1989 年版,第 43 页。

〔3〕 参见[日]大桥洋一:《行政法学的结构性变革》,昌艳滨译,中国人民大学出版社 2008 年版,第 11 页。

〔4〕 参见[德]哈特穆特.毛雷尔:《行政法学总论》,高家伟译,法律出版社 2000 年版,第 196-198 页。

〔5〕 参见[德]哈特穆特.毛雷尔:《行政法学总论》,高家伟译,法律出版社 2000 年版,第 196-198 页。

其一,传统观点即反射利益说。在此观点中,行人的通行权仅仅是针对城市道路设置的反射利益,而非一种财产性权利。当城市交通管制行为侵犯了行人的通行权时,行人没有权利主张侵权责任。但是此观点近年来已产生了动摇,德国在立法上已经认可道路通行的权利属性,"尤其是从宪法保障的角度确认对道路享有一般使用权的沿线居民对供一般使用的公物享有不受妨碍使用的主观公权利"[1]。

其二,权利说。该观点中最具代表性的为英美国家的信托理论。在此理论的支持下,可将城市道路理解为一种公共信托资源,政府接受全体人民的委托,履行管理城市道路的义务。公众有权按照城市道路本来的公共交通用途进行非排他性的使用。

其三,依赖说。此说是我国台湾行政法学家翁岳生等的观点。此说将一般利用划分为依赖使用和事实使用两类,按照不同情况判断其为反射利益抑或为权利,由此决定是否给以司法救济。依赖使用,即公民必须使用该公物才可以满足、维持其生活的需要;而如果对公物的使用可以有选择权,使用或不使用不妨害其生活权利的行使,就是事实使用。依赖使用从宪法保障自由的理念出发,应加以法律保护,可以看作是"权利"或"法律上值得保护之利益"。而对公物事实使用的公民仅享有反射利益。

就笔者看来,第三种看法更有说服力。前文已经提到,没有救济的权利就不能称为权利。在行人的道路通行权受到侵害的情况下,分析城市交通管制的性质无非是为权利的救济提供可能性,尽可能将其纳入行政救济的范围。城市道路是一种公物,具有公共使用的特性。对城市道路进行交通管制,不可避免地会对行人的道路通行权造成损害。但是在对道路通行权损害提供法律救济时,应该视其主体的情况而定。也就是说,要分析此处道路通行权受侵害的行人对于正在受交通管制的城市道路的利用关系,是属于依赖使用,必须使用该城市道路才可以满足、维持其生活的需要,还是一般的事实使用,其有选择权,使用或不使用不妨害其生活权利的行使。

对该城市道路依赖使用的行人,德国学者将这种利用称为"增强利用"。道路附近居民基于他们的特殊位置对于道路有着更多的利用需求。对于这种增强利用给予特殊照顾,已得到社会普遍承认。公物附近居民的这种增强

---

[1] 参见[德]汉斯·J.沃尔夫,奥托·巴霍夫,罗尔夫·施托贝尔:《行政法》,高家伟译,商务印书馆2002年版,第71页。

的利用权受到行政主体作出的决定的侵犯时,居民有权向法院起诉获得救济。但公物附近居民享有原告资格并不意味着他们能阻止对公物的处分。因为原告资格只是表明,公物附近的居民对变更或废止公用的意思表示可以通过诉讼途径(提起撤销之诉)加以反对,即公物附近居民有诉讼权,但这绝不意味着诉讼一定会成功,相反可能因为值得保护的公共利益的需要,公物附近居民的利益必须让位于公共利益,因而无法阻止公物的回收[1]。

## 四、城市交通管制的程序规制[2]

### (一) 实践检讨:城市交通管制的程序失范

交通管制是一种针对物的一般处分行为。这里的"物"主要是指国家公物。具体到交通管制当中,它主要是指城市道路。作为国家福利行政或给付行政的重要产物,它可以为一切善良的公民个体所平等地利用,这主要是由公民"家主权"地位决定的。当然,它也可以指向社会公益而为社会公共利用,这主要是为了确保社会的长足、良性与有序发展。然而,当通过诸如一般处分等措施将其予以公用时,会不会因此而影响到城市道路上的权益状态?当然,在深入考究这个问题之前,还应该讨论城市道路上是否存有权利形态?存有何种权利形态?这将是极为重要的。尔后,方可立足于行政过程论和权益均衡理论检视交通管制现阶段的程序是否周延,能否确保社会的公平正义。这一系列的问题,将是本章节重点探索的问题。

1. 城市道路上的权利形态及其具体化

(1) 权利形态的呈现

城市道路在本质上属于国家公物范畴。作为公物,它具有显著的公用特征。进一步讲,它所属国度内的一切公民都可以善意地利用该公物。然而,此处的利用又该作何理解?是利益抑或权利?这影响到公民之利益受到侵害或阻碍时,能否得到及时有效的救济。[3] 当然,这一直也是一个饱受争议

---

[1] 参见应松年:《当代中国行政法》,中国方正出版社 2005 年版,第 223 页。

[2] 参见王维新:《城市道路交通管制的正当程序研究》,东南大学法学院 2016 年硕士学位论文,第 19 页。

[3] 参见周佑勇:《行政法专论》,中国人民大学出版社 2010 年版,第 231 页。

的问题。现阶段,在该问题上主要存有三种观点[1]。其一,为反射利益[2]说。该说将此处的利用定性为反射利益,它最早见诸德国学者的倡导。其后,我国台湾地区和日本的理论学界也有过相应的思想传承。依照该说的观点,此处的利用并不具有权利属性。相反,它只是一种反射利益。公民应该在不相妨害的前提下,自由平等地利用该公物以实现个人的生存与发展。当存有侵害或阻碍行为时,亦不得为侵"权"之主张。[3] 其二,为权利说。该说将此处的利用定性为权利。"此种见解一反传统的立场,不再认为利用者只是行政的客体,而渐将利用者'行政主体化',此有利于公物利用受到损害时之救济"。[4] 目前,倡导这种学说的国家主要有德国、日本和美国。当然,他们虽然在立场上具有一致性,但是,他们的立论基础是不相同的。譬如,德国和日本主要从公物法的理论着手。然而,美国则更多地立足于公共信托理论。究其所有,目前支撑该学说的理论基础主要有平等权构成论、自由权构成论、诉讼利益扩大论和信托理论。[5] 其三,为折中说。该说主要是我国台湾地区李惠宗教授的观点。详言之,他更进一步细致地划分了此处的利用,分为依赖利用和事实关系。前者可以将利用人与公物之间的关系表述为"必不可少",后者可以将利用人与公物之间的关系表述为"可替代"或"可选择"。通常而言,对于依赖利用更多地倾向于权利属性的界定。与之相反,对于事实利用更多地倾向于反射利益的属性判定。[6] 总之,该说所倡导的属性判定并不是一蹴而就的,它要依照具体情形的差异进而匹配不同的结论。

对于上述学说,不同学者在评价上往往存有褒贬差异。对此,笔者亦有自己的见解和认识。

首先,反射利益说太过于保守或陈腐,具有一定的时代狭隘性。众所周知,在反射利益的保障问题上,尚且没有一定的救济渠道。这也就意味着,国家可以在一定程度上任意褫夺公民利用公物的机会。质言之,这种基调更多

---

[1] 参见翁岳生:《行政法》,中国法制出版社2009年版,第448-457页。
[2] 所谓反射利益,乃指并非人民当然所得主张,仅因法律规定可能发生的作用从而享有其利益。因其并非当然可以作为主张的利益而系由于法律规定所发生的反射结果,故谓之为反射利益或称反射作用。参见管欧:《推开法律之门》,中国政法大学出版社2011年版,第274页。
[3] 参见翁岳生:《行政法》,中国法制出版社2009年版,第448-449页。
[4] 参见翁岳生:《行政法》,中国法制出版社2009年版,第449页。
[5] 参见翁岳生:《行政法》,中国法制出版社2009年版,第449-451页。
[6] 参见翁岳生:《行政法》,中国法制出版社2009年版,第451-457页。

的将公物利用视为国家恩惠。对此，公民应该予以高度的容忍。这种立场的阐明不符合社会发展的长足面向。当然，这应该与其被倡导的时代背景存有关联。该学说被倡导时，正值德国政治生态灰暗或不太开明的时期。故而，这在根基上就注定了该学说的历史存续期是短暂的。日后的理论发展漠视或冷落了该学说，也深深地印证了这一判断。其次，权利说的格调又太过于高昂或激进。因而，需要辩证地看待。一方面，我们应当承认该学说的进步性。近年来，随着福利行政或给付行政时代的到来，如何切实提升公民福祉成为一个重要议题。在此过程中，如何将公民作为"被管理者"的身份转变为"主人翁"的身份是最为关键的。该说的提出，正是因应了这一身份转换的理念需求。与此同时，该说也在一定程度上响应了世界人权运动的发展朝向，与公民高涨的权利呼声恰为契合。另一方面，我们也应当看到该说的弊端。譬如，它过高地匹配了社会现实与法治定位。笔者拙见，社会发展或法治推进是一个循序渐进的过程，权利保障的范围或进程亦然。如若将所有立足于城市道路上的利用都定性为权利，那么势必存有一蹴而就的嫌疑，这并不适用于所有的社会发展阶段或法治状态。又譬如，它还会无限度地增加权利保障的成本。若将城市道路上的所有利用都定性为权利，这也就意味着要提供相应的救济途径或机制。然而，在现阶段社会文明无法确保公权力行使"无瑕疵"的前提下，全部或部分利用人均诉求于相应救济，这将在一定程度上成为整个社会的"拖累"。当然，这或许存有推诿主义的嫌疑。但是，它的确是一个潜在的社会现实。据此，我们应该辩证地持有或者接受权利说，并顺应社会发展或法治建设的步伐，渐次升级社会权利保障的范围或程度。再次，折中说居中调和了上述两种学说的弊端，立足于现实中的具体情形进行不同的属性认定。既破除了保守主义的倾向，又避免了激进主义的嫌疑，与我国当前的社会发展阶段或法治状态最为契合。当然，有人或许会对此持有异议，认为这种"二次元"的判定逻辑本身就欠缺明确性，只能无休止地增加属性判定的复杂性或不确定性。笔者不以为然，这种精细化的思维本身就是"由抽象走向具体"之科学思维方式的延展。与此同时，面向纷繁万千的社会现实，逐步细化或勾勒规则标准也是社会发展或法治建设之渐次实现的内在要求。此外，这种思维逻辑还是微正义探索或思辨过程中必不可少的重要环节。

综上，通过对上述观点的比较和观察，笔者更加倾向于对折中说的认同。立足于该学说的思维基调，城市道路作为国家公物，在利用方面确实存有不同的属性判定范式。但是,无论如何,我们都应当清醒地认识到,在城市道路作为国家公物的利用过程中,权利形态是确实存在的,这始终是一个不争的事实。由此,政府在进行诸如交通管制类的权力运作过程中,要对这种权利形态给予高度的重视。

(2)权利形态的具体化

诚如上文,在城市道路作为国家公物的利用过程中,确实存有权利形态。进而,这种权利形态又属于何种类型?该做何解释?对此,有的学者从"道路通行权"方面进行了相关的论述[1],有的学者从"增强利用权"角度进行了相关的阐述[2]。具述而言:

第一,道路通行权。道路通行权是一个重要的概念性范畴,截至目前,它在世界范围内尚未有一个统一的认识或表述。不同国家基于不同的观察视角,往往也具有不同的释义。在美国,有一种定义表明,道路通行权是人们沿某一固定通道穿越他人土地的特殊权益。[3]在英国,"道路通行权的表述是'公众允许在路面上沿着线路通行的权利'"[4]。在我国,有的学者认为,"公民按照交通用途利用道路被确认为是法律上的道路通行权"[5]。也有的学者对其进行了广义和狭义的界分,"广义的道路通行权是指道路交通参与者对道路的使用权。广义的道路通行权可以划分为通行权、先行权和占用权三种"[6]。"狭义的道路通行权是指交通参与者(机动车驾驶人、非机动车、行人等)根据交通法律的规定在一定空间和时间内使用道路通行的权利。也即广义的道路通行权中的通行权部分"[7]。如此一来,他们并未在道路交通权的界分上达成共识。但是,他们的立足共通性就是着眼于城市道路的通行功能。城市道路是国家福利行政或给付行政的重要产物,它是国家用于提高或改善公民生产与生活品质的重要依托。作为一种公用资源,它的功能往往具

---

[1] 参见肖泽晟:《论公物法理论视野下的道路通行权及其限制——以交通禁行措施为个案的分析》,载《江苏行政学院学报》2009年第3期。

[2] 参见肖泽晟:《论公物附近居民增强利用权的确立与保障》,载《法商研究》2010年第2期。

[3] 参见王秀红:《道路通行权内涵初探》,载《安徽职业技术学院学报》2008年第4期。

[4] 参见王秀红:《道路通行权内涵初探》,载《安徽职业技术学院学报》2008年第4期。

[5] 参见肖泽晟:《论公物法理论视野下的道路通行权及其限制——以交通禁行措施为个案的分析》,载《江苏行政学院学报》2009年第3期。

[6] 参见王秀红:《道路通行权内涵初探》,载《安徽职业技术学院学报》2008年第4期。

[7] 参见王秀红:《道路通行权内涵初探》,载《安徽职业技术学院学报》2008年第4期。

有多元化。但是，通行是其最主要的功用。这种功能是串接社会资源流通与置换的重要保障，更是公民生产或生活领域中必不可少的受"益"基础。据此，笔者认为，道路通行权主要是指城市道路交通之运载主体基于对城市道路之通行功能进行利用所产生的一种权益形态。进一步而言，着眼于多个解释面向，它的内涵往往也具有多个侧面。譬如，基于平等对待的要求，它往往具有平等通行的内涵。又譬如，基于自由利用的朝向，它往往还具有自由通行的内涵。总之，道路通行权是一个系统的概念集合体，它作为一种新型的权利形态，是人权体系中的重要组成部分。

第二，增强利用权。在规范公物管理行为的过程中，利用人除了平等地按照公物的本来公共用途使用公物的权利外，还享有何种权利，始终还是另外一个必须解决的前提问题。[1] 具体而言，城市道路是一种国家公物，它的主要功用是通行。利用人如若利用了其通行功能，往往会产生道路通行权。除此之外，如若利用了城市道路所提供的位置便利进行了商业性经营或其他活动，是为何种利用？要以何种权利定性？事实上，该种利用已经得到了世界各国或地区的普遍承认和关注。[2] 在德国，公物附近居民（比如工商业者）基于它们的特殊位置对于公物有着更多的利用需求，该种利用往往被称为"增强"利用。[3] 在我国台湾地区，该种利用往往被视为习惯利用。[4] "美国尽管没有公物理论，但在自然资源管理法中，也存在类似的理念"。[5] 纵观世界各国或地区的学说，用以支撑该种利用的依据主要有习惯权利理论、平等原则与互惠原则的要求、对生存权保障的要求。[6] 据此，笔者认为，基于该种利用所产生的权益形态可称为"增强利用权"。当然，对于进一步的界定，笔者更加倾向于肖泽晟教授的观点，"增强利用权是相对一般利用者利用公物的权利而言的，它是公物附近居民基于日常生活和工作需要而依法享有的可以超出一般利用范围和程度而利用公物的权利"[7]。

综上，在城市道路作为国家公物的利用过程中，尚存有众多的权利形态。

---

[1] 参见肖泽晟：《公物法研究》，法律出版社 2009 年版，第 153 页。
[2] 参见肖泽晟：《公物法研究》，法律出版社 2009 年版，第 157 页。
[3] 参见应松年：《当代中国行政法》，中国方正出版社 2005 年版，第 468 页。
[4] 参见翁岳生：《行政法》，中国法制出版社 2009 年版，第 445-446 页。
[5] 参见肖泽晟：《公物法研究》，法律出版社 2009 年版，第 158 页。
[6] 参见肖泽晟：《公物法研究》，法律出版社 2009 年版，第 158-164 页。
[7] 参见肖泽晟：《论公物附近居民增强利用权的确立与保障》，载《法商研究》2010 年第 2 期。

就整体而言,主要包括道路通行权和增强利用权。对于前者,主要是面向城市道路的通行功能而言。对于后者,主要是面向城市道路所提供的位置便利而言。虽然它们的立论基点存有差异,但是它们的价值或重要性不容小觑。质言之,上述权利共同编织或构造了城市道路作为公物利用中的"附属"权利体系。对此,笔者拙见,立足于当前或长远的法治(文明)新秩序,权利保障将是重要的聚焦点。为了进一步强化对上述权利的保障,国家或社会应该予以高度的重视与关注。甚至要提供一套完整、可行和有效的救济(保障)途径或机制。当然,这套机制并不仅仅限于事后的救济(保障),也要更多地着力于事中的"程序"监控或保障。

2. 交通管制的既有程序检视及其失范后果

(1) 交通管制的既有程序检视——以行政过程论为观察视角

近年来,随着国家行政事务的多样化、复杂化与专业化,往昔将行政行为作为观察政府行为(或决策)的思维范式已然不能满足当前的社会需要。因此,为了更加全面、更加具体、更加深入地透视政府行为(或决策),现代行政法学研究更多地将视角着力于行政过程论。[1] "行政过程论是在20世纪60年代末期到70年代由远藤博也教授、盐野宏教授等倡导提出的,从80年代初开始,行政过程论已成为很多行政法总论教科书的主要构成部分"。[2] 通常而言,行政过程论是"基于现实行政法实施的过程性特征,关注行政法实施过程中各行为之间的关联,通过对整体过程的全面、动态的考察,分析各种行为的阶段性法律构造,并在追求单个行政行为的合法性的基础上,提升行政活动整体性的质量与效果,最终保障立法目的的实现"。[3] 如上所述,全面、动态[4]是用于观察过程的重要依托。具体而言,该依托基本涵盖了由整体到部分、由抽象到具体、由表到里和由静到动的观察路数。加之,程序可以视为过程

---

[1] 参见湛中乐:《现代行政过程论——法治理念、原则与制度》,北京大学出版社2005年版,第30页。

[2] 参见鲁鹏宇:《日本行政法学理构造的变革——以行政过程论为观察视角》,载《当代法学》2006年第4期。

[3] 参见江利红:《论行政法实施过程的全面动态考察》,载《当代法学》2013年第3期。

[4] "所谓'全面'考察是指将行政过程中的所有行为以及作为整体的行政过程纳入行政法学的视野进行考察;所谓'动态'考察是指着眼于行政过程中各行为以及单一行为中各阶段的关联性,对整体行政过程进行动态分析"。参见江利红:《行政过程的阶段性法律构造分析》,载《政治与法律》2013年第1期。

的一个重要组成部分。[1]因此,笔者认为,对交通管制既要有程序的检视,也要立足于行政过程论,从全面、动态这个依托入手。

当然,在展开具体的分析之前,还需要澄清一个重要的问题,就是全面和动态之间的关系问题。对此,有的学者认为,可以将其作为两个分析层面予以考察。譬如,江利红教授在《论行政法实施过程的全面动态考察》一文中的分析范式。[2]笔者对此持有不同的看法,认为这两者的关系具有密不可分性,任何一个方面的观察和表述都离不开另一个方面的配合。因此,笔者在下文的具体论述过程中,将采用二者相结合的观察路数。

(2)交通管制既有程序的全面、动态观察

交通管制是城市道路交通管理领域内的一种权力运作过程,同时也是一项重要的程序性活动。然而,我国现阶段的交通管制之权力运作,并没有一套完整、可行和有效的程序(制度或机制)依托。

首先,就规范层面而言,我国现行的法律体系鲜有"约束"交通管制的程序性条款。笔者日前查阅了从中央到地方的相关规定,发现部分法律规范中根本就没有程序性条款。当然,少量的法律规范中是存有相关的程序性条款的,但是却相当模糊或不明确。更有甚者,出现于不同规范内的相关规定竟然会出现时序或其他因素不一致的情形。总之,我国现行既定法所提供的程序性根基是存有缺陷或不足的。当然,这与我国之前的法制传统存有莫大的关联性。在以往的法制建设过程中,我国一直存有"重实体、轻程序"的传承。笔者拙见,在法制建设的过程中,实体性规定和程序性规定都是非常重要的。或许它们在内容上会存有差异性,但是这并不能排除它们在功能上的互补性。通常而言,实体性规定是程序性规定的运行基础,程序性规定是实体性规定的实现保障。当然,这种功能上的契合性,在民主与法治进程更为成熟的社会形态中表现得尤为突出。具体到我国当前的国情与社情,经济社会实力的不断攀升已然推动或提高了福利行政(或给付行政)的水准。在此时代背景下,公民权益的取得成了一种社会常态福祉。与之呼应,公民权益的保障更是成了一种迫切的社会需求。据此,为了避免国家公权力对公民既得权益的任意褫夺,亟须在国家的规范体系中建构一套完整、可行和有效的程序性保障条款。这是对历史的一种深刻反思,也是对现实的一种准确认识,更

---

〔1〕参见张步峰:《论行政程序的功能——一种行政过程论的视角》,载《中国人民大学学报》2009年第1期。

〔2〕参见江利红:《论行政法实施过程的全面动态考察》,载《当代法学》2013年第3期。

是对未来的一种迫切期许。

其次,就具体的决策(实践)过程而言,我国并没有确保交通管制之群策群力的程序性范式。质言之,交通管制在很大程度上仍表现为政府的单方面决断,公民很难借助程序(制度或机制)依托而参与到政府的具体决策(实践)过程中。当然,该情形之出现,主要归因于法律规范中程序性条款的短板。然而,这并不能成为根本性的借口。进一步而言,政府作为公共利益的直接保有者或维护者,它的任何行为或决策都将在一定程度上影响到整个社会的利益格局。故而,为了更好地忠于自身责任,也为了不负于公民的信任与期待,政府本身就有自我拘束或自律的能力。具体而言,在交通管制的决策(实践)过程中,编制一套用以自律的程序,就是一种负责任政府的表现。另外,这也能够在一定程度上确保决策(实践)的科学性、民主性、规范性与实效性。当然,我们不能忽视有些地方政府在该方面已经做出了努力和探索。但是,着眼于现实效果,上述探索或努力已然成为一种制度上的"摆设"。当然,或有人辩驳,程序(制度或机制)依托的效果实现,脱离不了公民意识的提升与改善。对此,我们予以尊重。但是,我们也要清醒地认识到,制度"摆设"或在一定程度上就能反映出它的建构之不合理性。总之,在交通管制的决策(实践)过程中,我国政府并不能为之提供一套成熟的程序范式。当然,这也在一定程度上折射出我国政府决策(实践)过程中的"权力本位"。"权力本位"是与"权利本位"相对应的一个重要概念,它的利益出发点往往指向于公权力主体,或为了实现行政效率,或为了确保行政……然而,却始终忽视了公民权益的保障。当然,我们并不能排除"权力本位"会带来极高的行政效率。但是,这背后往往伴随有"脱离程序约束"抑或"完全脱法妄为"的可能性。据此,为了更好地维护政府形象和权威,也为了实现社会的长足安定、有序与和谐,我国政府的决策(实践)过程应该及早完成由"权力本位"到"权利本位"的理念过渡。

综上,我国的交通管制在权力运行的过程中确实存有程序"失范"的境遇,主要表现在规范缺失和实践不足两个层面。这在一定程度上为交通管制权的"任性"提供了广阔的生存空间。与此同时,也容易引发一系列的不良后果。譬如,不利于社会公平正义的实现,不利于法治政府的建设,等等。其中,最为严重的当属城市道路作为公物利用过程中的权益关系失衡。

(3) 城市道路作为公物利用过程中的权益关系失衡

交通管制作为针对物的一般处分行为,自身就含有权力运行的内部机理,它的权力运行往往会影响到整个社会的权益结构。当然,此处的权益结构主要包括社会公共利益和个人权利体系(道路通行权、增强利用权和其他)。立足于当前民主与法治的新常态,程序(制度或机制)范式将成为保障二者地位并调和二者关系的重要依托。

通常而言,在二者的关系问题上主要有三种表现形态,且如图1至图3[1]所示。左方球体代表社会公共利益,右方球体代表个人权利体系(道路通行权、增强利用权和其他)。左方球体的底点作为程序建构之初点,中间的星号作为二者关系的均衡点。进而,图1所示为均衡状态。在此状态下,社会公共利益和个人权利体系的地位均可获得最大的尊重,其各自的效能也均可得到最大的发挥。另外,图2和图3所示为失衡状态。当然,图2的失衡状态主要是由程序(制度或机制)短板所致。相反,图3的失衡状态主要是由程序(制度或机制)过于饱满所致。具体而言,图2所示之程序(制度或机制)建构尚不足。在此状态下,社会公共利益的地位得到了极大的攀升。当然,我们并不能排除会存有假借社会公共利益之情形。与之相随,个人权利体系的地位就会得到极大的抑制,且不会获得充分的保障。图3所示之程序(制度或机制)建构过于严苛。在此情形下,公民的参与热情或为高昂,或为膨胀,等等,以至于极大地提升了公民权利体系的社会地位。然而,这个过程的确是以损伤或阻碍社会公共利益为前提的,社会公共利益的社会地位势必会受到巨大压制。

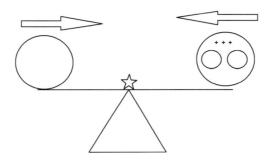

图1　均衡状态

---

〔1〕 本处所为之图示,皆为行文表述之需要。图示借鉴许玉秀:《论正当法律程序原则》,元照出版有限公司2011年版,第71页以下。

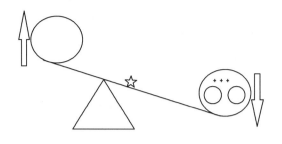

图 2　失衡状态(1)

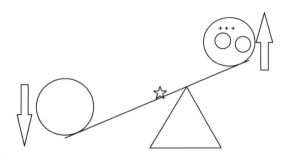

图 3　失衡状态(2)

具体到我国当前的客观境况,图 2 所呈现的情形更为匹配。如此一来,个人权利体系(道路通行权、增强利用权和其他)势必会受到一定的损害,与社会公共利益之间的关系日益呈现失衡状态。据此,为了更好地均衡二者之间的关系,我国应及早完善程序(制度或机制)的建构。

(二) 理念转换:正当程序在交通管制中的证立

近年来,随着民主与法治的不断推进,社会文明秩序得到了进一步塑新与改善。在这个渐次塑新与完善的过程中,逐步提升人的价值或尊严成为一个全新的时代要求。当然,这是一个通广性的要求,它的面向为各个领域、各个行为主体和各种行为活动等。具体而言,交通管制属于城市道路交通管理领域内的一种制度建构,它是公权力主体"倡导"下的权力运行活动。由此,交通管制也要遵循上述要求。然而,如何确保该要求的实现成了一个重要的研究议题。笔者拙见,正当程序将是最明智的选择或理性的追求,这主要是由其意义决定的。本小节且从抽象和具体两个层面着手进行分析。

1. 抽象的意义分析

就总体而言,程序建构的功用不外乎效率实现、秩序维持和意志沟通或利益交流等。当然,不同社会形态或法治阶段的程序建构因其具有各自的特殊性而无法做同一性比较。但是,它们呈现出来的实施效果,往往可以作为评定程序之优劣度的重要标准。

立足于现代民主与法治的新常态,笔者以为,较好的程序建构应该是以维护人的价值或尊严为出发点,以通往最高正义为落脚点的。反之,不以上述立场为出发点和落脚点的程序建构往往都具有一定的劣态性。譬如,就有的程序建构而言,当公民的权利遭受限制后,并没有提出异议的救济保障;当公民处于自身权利应否受限制的审理过程中,并没有参与审理程序的权利;当公民置身于具体的调查程序中,并没有参与的权利。进而,该程序建构的劣态性主要表现为有损于公民程序主体地位的保障。[1] 此处所提及的程序主体地位,主要是指公民得以参与到程序建构中而为意志交流或利益沟通的身份或资格。这是程序建构之功用发挥的基础性或前提性的条件。当然,或有人持疑,单纯地参与到程序建构中而未为意志交流或利益沟通,该做何判解?笔者认为,对于这一境况应该予以区别对待。一方面,若公民本身是被允许为意志交流或利益沟通的,却自主放弃了。这是程序自制性的表现,并不会因此而排除程序主体地位的认定。另一方面,若公民自始至终就未被允许为意志交流或利益沟通,那么,公民至多算作一种程序上的"衬托",无所谓程序主体地位之思辨。又譬如,就有的程序建构而言,虽然赋予了公民参与程序建构的身份或资格,但是真正为程序运行时,并没有使得程序主体得以知悉这一状况的意念表达或信息传递;抑或本来应该让多数人知悉,却只与其中的个别人知悉。进而,该程序建构的劣态性主要表现为有损于程序主体的主观参与可能性。[2] 此处所提及的程序主体的主观参与可能性,主要是指公民基于程序主持方的知会或通知而发自内心,意在践行程序主体地位的强烈愿望。这是程序建构之功用发挥的重要主观条件。申言之,它只是一种主观上的意愿,它的形成得益于程序主持方的通知或知会。另外,公民本身并不是程序运行的直接操控者或组织者,它只有切实收获相关的参与资讯,方可进一步践行程序主体地位之价值。反之,若无法获得程序主持方的参与资讯,则公民的程序主体地位就只能流于形式表面,从而无关乎价值大小或有无可言。再譬如,就有的程序建构而言,公民虽然具备了程序参与的资格

---

〔1〕 参见许玉秀:《论正当法律程序原则》,元照出版有限公司2011年版,第71-72页。
〔2〕 参见许玉秀:《论正当法律程序原则》,元照出版有限公司2011年版,第72-73页。

或身份,也收获了程序主持方的参与资讯,然而却没有真正可以作为依托而参与到程序建构中的程序空间。进而,该程序建构的劣态性主要表现为有损于程序主体的客观参与可能性。[1] 此处所提及的程序主体的客观参与可能性,主要是指公民得悉程序主持方的通知后,真正能够参与到程序建构中的现实依靠。这是程序建构之功用发挥的重要客观条件。通常而言,它主要表现为一系列行之有效的制度体系或权利形态。这些制度体系或权利形态构成了公民意愿的现实寄托,并与其一道形成了对程序主体地位实现的促进力量。

综上,程序建构或有损于程序主体地位,或有损于程序主体主观参与可能性,或有损于程序主体客观参与可能性,都具有一定的劣态性,都不具有长久的存续力。相形之下,正当程序是一种全新的程序建构或追求。它饱含有良性互动、有序互动和有效互动的内部特征,并匹配了一系列的"正当性"要求或标准,等等。进而,这在一定程度上决定了它是以人的价值或尊严为出发点,以最高正义为落脚点的程序建构。这有益于保障程序主体地位、保障程序主体的主观参与可能性和保障程序主体的客观参与可能性。[2]

2. 具体的意义分析

如前所述,交通管制是一种针对物的一般处分行为,此处的"一般处分"主要是借助权力运行得以最终实现的。当然,这会在一定程度上影响到城市道路作为国家公物利用中所产生的权益关系。具体而言,该权益关系具体可以概括为社会公共利益、道路通行权和增强利用权等要素。进而,如何确保城市道路作为国家公物利用中的权益关系完整、和谐、统一,成了一个亟须正视和解决的时代问题。笔者认为,正当程序能够为上述需求提供确切的助力。一方面,正当程序饱含有良性互动、有序互动和有效互动的秩序追求。另一方面,它还匹配了一系列的"正当性"制度或权利形态。总之,正当程序是一种通过最高正义的程序范式,它对于交通管制的合法化、规范化与科学化具有重大的社会历史意义。具体而言,它能够廓清交通管制的权力边界,避免权力的恣意。另外,它还能够确保城市道路作为公物利用过程中的权益关系均衡,实现社会的公平正义。此外,它更能够促进政府的转型建设,维护

---

[1] 参见许玉秀:《论正当法律程序原则》,元照出版有限公司2011年版,第73-74页。
[2] 参见许玉秀:《论正当法律程序原则》,元照出版有限公司2011年版,第73-74页。

政府的形象和权威。

首先,它能够廓清交通管制的权力边界,避免权力的恣意。交通管制是一种权力运作过程,它主要源自《警察法》《道路交通安全法》或其他单行立法的授权。但是,就当前的授权模式来看,警察机关并不能获得明确的规范基础或程序指引。质言之,交通管制的权力运行在很大程度上需要依赖于警察机关的自主裁量。然而,如何确保这一裁量不超越原本的立法目的而成为"法律外行政",就成了一个迫切需要正视的问题。立足于当前交通管制的目的定位,它或为了城市道路交通安全,或为了城市道路交通秩序。但是,始终未脱离社会公共利益的范畴,这在一定程度上为警察机关的权力运行提供了重要的裁量指引。然而,是否为社会公共利益的准确判定需要经济、社会多方面的信息支撑。进而,如何全面、快速、有效地获取经济、社会的多方面信息,便成为确保"法律内行政"的重要保证。正当程序作为一种全新的程序范式,它能够为公民的程序参与提供重要的资格或身份,还能够为公民的程序参与提供及时、有效的信息传递,更能够为公民的程序参与提供坚实、可靠的制度或权利依托。因此,它能够确保经济、社会信息的多元化、广泛化、及时性、有序性和有效性等。综上,正当程序的建构,必然有益于廓清交通管制的权力边界,同时还能够不断限缩权力恣意的生存空间。

其次,它能够确保城市道路作为公物利用过程中的权益关系均衡,实现社会的公平正义。交通管制在本质上是一种立足于国家公物的一般处分行为,它的目的面向或为了城市道路交通秩序,或为了城市道路交通安全,等等。总之,都尚未脱离社会公共利益的追求。与此同时,城市道路在属性上可归为国家公物,它是国家福利行政或给付行政的重要表征。对此,任何善良的公民都可对其加以本源目的性的利用,进而收获有益于自身生产、生活的权利形态。譬如,城市道路交通参与人基于对其运载功能的利用,产生了道路通行权。又譬如,增强利用关系人基于对其时空便利的利用,产生了增强利用权。故而,基于社会公共利益之追求而对城市道路进行一般处分是允许的,基于国家福利行政或给付行政而对城市道路进行自由利用并获得相应的权利形态也是被允许的。进而,如何正确处理二者之间的关系,成了一个棘手的社会问题。笔者认为,于法治尊严出发,社会公益与权利形态无关乎谁更加重要。因此,对二者的重视度不应该有高低偏颇。进一步而言,实现二者的关系均衡是一个明智的选择,这关乎整个社会公平正义的实现。当然,此处所言之均衡状态只是一个理想状态。具体而言,它代表着政府为追求社会公共利益而对其他权利形态所产生的最小损伤。立足于往昔二者关系失衡的具体实践,如何最大限度地确保政府与公民之间的良好、有效和有序互动是最大的经验和教训。然而,这恰恰就是正当程序本身所蕴含的。另外,正当程序还为此匹配了一系列的"正当性"标准和要求,这足以最大限度地纠正往昔二者关系的失衡状态。综上,正当程序能够有益于城市道路作为国家公物利用过程中的权益关系均衡,进而能够最大限度地角逐社会的公平正义。

再则,它更能够促进政府的转型建设,维护政府形象和权威。纵观交通管制的往昔决策(实践),它在很大程度上表现为政府的单方面决断。究其缘由,这要从政府以往的行为理念和我国法制建设的传统说起。一方面,政府行为理念中的"权力本位"颇为严重。另一方面,我国的法制建设中一直有"重实体,轻程序"的传统。但是,无论如何,这都不利于交通管制决策的科学化、民主化与规范化,也不利于政府形象和权威的维护,更不利于法治文明秩序的长足建设。与此同时,人权运动和民主运动不断发展,公民的权利意识和行政参与热情极大高涨。为了更好地因应这一时代背景,在交通管制中引入正当程序具有一定的社会迫切性。首先,正当程序是一种重要的权力监督机制。它能够为权利保障供给重要的基础和前提,甚至,它还能够督促政府逐步培育或改善服务理念和质量。其次,正当程序还是一种重要的行政参与机制。它能够为公众参与行政提供重要的前提和基础,还能够为政府决策的科学化、民主化与规范化提供重要的保障。总之,这必定将有益于服务型政府和参与型政府的建构,同时还能够不断提升或改善政府的形象和权威。

**(三) 格局塑新:交通管制中的正当程序建构**

诚然,如上述所言,交通管制的往昔实践一直存有程序"失范"的情境。故而,在交通管制中嵌入正当程序具有一定的社会迫切性。与此同时,也具有很深刻的社会历史意义。譬如,这能够廓清交通管制的权力边界,限缩权力恣意的空间;又譬如,这还能够均衡城市道路作为国家公物利用过程中的权益关系,实现社会的公平正义;再譬如,这更能够不断督促政府的转型建设,逐步提升或改善政府的形象和权威。那么,在具体的嵌入过程中,要秉承一个什么样的限度?在具有了一定的限度判定之后,又要付诸以什么样的模式?在具有了相应的模式之后,还要如何进行具体的建构?这一系列的问题,将是本章节审视或解决的焦点之所在。

1. 交通管制中的正当程序限度

作为一种全新的程序范式,正当程序饱有正义角逐的目标定位。它由此而成为政府行为或决策过程中不可或缺的重要依托。交通管制作为一种重要的政府行为或决策,势必也要接受正当程序的约束和限制,这主要是为了避免交通管制的行为偏颇或决策的不周延性。但是,交通管制中的正当程序限度又该作何定夺,是与其他政府行为或决策做同一性对待,还是因应自身的特殊性而为个别的处理。

对此,笔者更加倾向于后一种选择,这主要归因于交通管制的适用范围具有广泛性。具体而言,"根据公安工作的理论和实践及相关法律、法规的规定,可以把启动交通管制的前提概括为自然原因、严重危害社会治安秩序、事故灾难、道路专项维修或大修、执行警卫任务及其他突发事件6种情形"[1]。由此,若对上述所言之情形都强加于高限度的正当程序要求,未免会存有偏颇或不合理之处。譬如,就基于自然原因而实施的交通管制而言,鉴于风、雨、雷、电等因素的来袭与消退本身就具有不确定性,而且往往瞬息万变,纵然现代科学技术已经有了质的飞跃,但是也只能在一定程度上起到预测作用。若由此而对该情形下引发的交通管制赋予高限度的正当程序要求,那么政府的行为或决策往往会赶不上自然变化的步伐。这主要是指向效率的偏颇或不合理之处。又譬如,就基于事故灾难而实施的交通管制而言,鉴于交通事故等因素的应对或处置本身就具有及时性的要求,若由此而对该情形下引发的交通管制赋予高限度的正当程序要求,那么势必会影响到交通事故等因素的及时应对或处置,并极有可能引发极度的秩序混乱或更为巨大的人身和财产损失。这主要是指向效率、秩序和安全的偏颇或不合理之处。再譬如,就基于执行警卫任务而实施的交通管制而言,鉴于特殊人员的安全保卫等任务的执行本身就具有高度的机密性,若由此而对该情形下引发的交通管制赋予高限度的正当程序要求,那么势必会为特殊人员的安全保卫等任务的执行带来一定的安全隐患。这主要也是指向安全的偏颇或不合理之处。

综上,纵然正当程序具有正义角逐的目标定位,但是,它在交通管制中的嵌入也不能因此而排除效率、秩序和安全等其他价值的追求。故而,交通管制中的正当程序限度应该保持一种最低的限度。进一步而言,就是要根据交通管制的客观情形设置相适应的程序机制。但是,这并不意味着交通管制会

---

[1] 参见龚鹏飞:《交通管制若干问题研究》,载《道路交通与安全》2006年第12期。

存有逃脱正当程序检视的余地。恰然相反,它只是或为面临环节上的简化,或为面临阶段上的调整,或为面临制度上的替换,等等。

2. 交通管制中的正当程序模式

着眼于类别属性,交通管制是一种典型的对物行政行为,它的现实化过程主要是将交通管制权付诸城市道路这一国家公物。从表面上来看,它主要是对城市道路施加了影响。但是,这并不尽然。深究之,它真正影响的当属不特定的相对人,包括自然人、法人和其他组织。因为城市道路具有公用特性,对它施加的影响最终都会转化为与它存有利用关系的不特定相对人的感知。在不特定相对人的感知里面,信息往往成为最为关切的要素。通常说来,这里的信息关切主要表现为三个方面:其一,交通管制的行为或决策信息是如何输出的;其二,交通管制的行为或决策信息是如何输入的;其三,交通管制的行为或决策信息是如何整合的。立足于民主与法治的新常态,信息的输出,代表着一种公开的处理程序;信息的输入,代表着一种参与的处理程序;信息的整合,代表着一种公正的处理程序。[1] 故而,正当程序作为一种正义角逐的程序范式,它在交通管制中的建构也不能逃脱上述民主与法治的模式要求。综上,交通管制中的正当程序模式(图4)应该由公开、参与和公正三个程序构成。

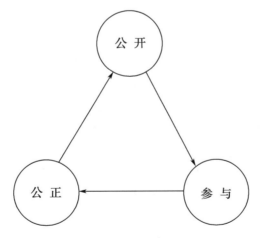

图4 交通管制中的正当程序模式

---

[1] 参见王锡锌:《公众参与和行政过程——一个理念和制度分析的框架》,中国民主法制出版社2007年版,第118-120页;李震山:《行政法导论》,三民书局2011年版,第261-285页。

具体而言,"信息开放是有效参与的基础"[1]。进而,公开是这一模式当中的基础性程序,它意味着交通管制的行为或决策过程要具有明确性、透明性或开放性。进一步而言,交通管制行为或决策各阶段中的相关信息都要及时传递给相关的主体,主要是为了避免"暗箱操作"现象的发生。另外,参与是这一模式当中不可或缺的程序,它意味着交通管制的行为或决策过程要具有民主性、群策性或互动性。申言之,政府可以据此吸纳相关主体的有益意见,进而不断提升交通管制行为或决策的科学性、民主性与规范性。当然,相关主体也可以据此释放其参与热情,并可以在与政府相互理解的基础上实现关系和谐化,最终将有利于交通管制行为或决策的顺利实施。此外,公正是这一模式当中必不可少的程序,它意味着交通管制的行为或决策过程要具有公平性、正义性或无偏私性。详言之,政府是社会公共利益的现实持有者,由政府对其加以维护是最为有效和彻底的。与此同时,基于民主与法治(文明)的要求,政府还被赋予了权利保障的义务。故而,交通管制的行为或决策应该立足于公允,在对相关主体的参与信息和其他信息予以理性整合的基础上,做出统筹的安排和决断。进一步而言,不得存有权力徇私或利益偏袒之举动。如若有之,必要承担相应之后果或责任。总之,上述程序既相互区别,又相互联系,共同构成了一个有机联系的统一整体。

3. 交通管制中正当程序的具体建构

承接上述所言,公开、参与和公正三大程序共同编织成为正当程序在交通管制中的建构模式。进而,在这一宏观模式的指引下,可以建构一系列的具体制度,譬如,信息公开制度、告知制度、听证制度、听取意见陈述制度、说明理由制度、回避制度和救济制度等。[2] 上述制度,或仅源自其中单一程序的指引和要求,或源自其中多个程序的共同指引和要求。但是,终归都没有脱离这一正义追逐的宏观模式。当然,立足于交通管制的具体情形,笔者认为,告知制度、听取相关意见制度、说明理由制度和救济制度的建构具有一定的现实迫切性。

第一,告知制度。该制度的建构主要源自公开程序的指引和要求,它主要是指政府在交通管制的行为或决策过程中要给予相关主体"知"的权利。

---

[1] 参见王锡锌:《公众参与和行政过程——一个理念和制度分析的框架》,中国民主法制出版社 2007 年版,第 119 页。

[2] 参见胡建淼:《论公法原则》,浙江大学出版社 2005 年版,第 428-430 页。

进一步而言,该制度又可以细分为狭义的告知制度和信息公开制度。[1] 对于前者,它主要停留于交通管制行为或决策的启动前或启动后的前夕,主要是告知一些准备性、程序性或非实质性的内容。或涉及相关主体的权利,或涉及相关主体的参与方式、步骤和时序,或涉及相应的救济措施,等等。这主要是为了保障相关主体的(程序)主观参与可能性。立足于我国当前的交通管制实践,个别地方性政府已经存有尝试性的探索,但是尚未形成一种成熟的制度架构,大部分地区的交通管制实践仍旧缺少(狭义的)告知制度。故而,这容易引发政府对交通管制的"先入为主"。对于后者,主要是面向交通管制行为或决策过程中的政府信息。何谓政府信息?《政府信息公开条例》第2条规定:"本条例所称政府信息,是指行政机关在履行职责过程中制作或者获取的,以一定形式记录、保存的信息。"[2]这主要是由政府信息的归属所决定的,"政府对觅得之资讯,仅为暂时'持有者'或'保管者',该具'公共财'性质的资讯'所有权人'应是全体人民,自不得由政府所垄断"。[3]

与此同时,告知制度也是民主程序的特性和权利保障使然。[4] 进一步而言,交通管制行为或决策是一种重要的政府行为,具有明显的公益追逐性,毋庸置疑属于行政机关履行职责的序列。故而,笔者拙见,只要与其交通管制行为或决策相关,并具有一定的客观存在形式的信息,相关主体都具有知悉的权利。然而,立足于往昔的具体实践,与交通管制行为或决策存有关联性的信息公开申请,大多没有获得圆满的答复。或由于是内部管理信息,或由于是过程性信息,或由于是涉密信息,等等。总之,这不利于交通管制行为或决策过程中相关主体的知情权保障,也不利于对交通管制权的监督。综上,告知制度是一种广义的"知"性保障体系,它主要涵括了(狭义的)告知制度和信息公开制度。进而,为了更好地建构告知制度,应该重点着力于两个面向。其一就是要建立或完善狭义的告知制度。其二就是要渐次扩大信息公开的范围,有选择、有侧重地对内部管理信息、过程性信息和其他相关信息进行公开。这必将有益于维护人的基本价值或尊严,也能够为良好、有序和有效的互动提供一个坚实的基础和前提。

---

[1] 参见胡建淼:《论公法原则》,浙江大学出版社2005年版,第428页。
[2] 参见中国法制出版社编:《政府信息公开条例(实用版)》,中国法制出版社2010年版,第2页。
[3] 参见李震山:《行政法导论》,三民书局2011年版,第271页。
[4] 参见李震山:《行政法导论》,三民书局2011年版,第271-273页。

第二,听取相关意见制度。该制度的建构主要源自参与程序的指引和要求。它主要是指政府在交通管制的行为或决策过程中,要采用一定的方式来汲取相关主体的意见。质言之,就是要充分尊重相关主体"说"的权利。该制度可以借助于听证和其他方式得以实现。对于前者,它往往更具规范性、正式性或严格性。通常而言,它要付诸座谈会等形式,同时还要历经告知和通知、公开听证、对抗辩论和制作笔录四个环节。[1] 它的适用面向主要是规模较大或周期较长的交通管制情形,因为它们往往具有较为巨大的社会影响。故而,政府有必要进行更为审慎的操作或处置。譬如,有的地方政府对此已经做出了表态,交通管制6个月以上必须进行听证。[2] 对于后者,主要是指除听证以外的其他方式。其中,较为典型的就是听取相关主体的陈述和申辩。[3] 另外,近年来,随着科学技术的不断发展,"网络问政"也成了一种新兴的意见征集机制。上述方式又可以被称为非正式的听证,它们往往更具灵活性、快捷性与便利性,适用于周期短、影响小或频发性的交通管制情形。如此,政府在角逐行政目的的同时,也能够实现对效率和成本等方面的追求。总之,该制度之建构是民主与法治(文明)秩序的内在使然。一方面,它能够为交通管制行为或决策提供强大的智力支持。进而,确保交通管制行为或决策的科学性、民主性与规范性。另一方面,它还能促进相关主体的价值或地位得以实现。进而,确保政府与相关主体之间的关系得以在相互理解的基础上实现和谐与共赢。

第三,说明理由制度。该制度的建构主要源自公正程序的指引和要求。它主要是指政府在交通管制行为或决策过程中所呈现的结论,特别是会对相关主体产生不利影响的结论,要给予充分的理由阐述。通常而言,这里的理由主要包括法律和事实两个层面。当然,在特殊情境下,还存有因果关联性等方面的要求。进一步而言,该制度之建构具有如下功能:首先,增强说服力。立足于以往的交通管制实践,其公告当中主要有时间、范围和措施等方面的阐述。至于理由方面的说明,近乎没有或颇为模糊。这不免为相关主体所诟病,同时也会展现出一种"盛气凌人"的权力优越感。由此,交通管制行为或决策的合法性容易受到质疑,政府的形象和权威也容易受到影响。该制

---

〔1〕 参见沈开举:《行政法学》,郑州大学出版社2009年版,第351-352页。

〔2〕 参见生活日报网:《交通管制6个月必须举行听证会》,http://news.sina.com.cn/c/2009-05-01/112115557594s,访问日期2019年2月18日。

〔3〕 参见胡建淼:《论公法原则》,浙江大学出版社2005年版,第429页。

度之建构能够不断地提升交通管制行为或决策的说服力,有利于维护政府的形象和权威。其次,增加自律性。立足于交通管制的往昔实践,它的发动权主要归于政府。政府所为之判定标准为社会公共利益,然而,社会公共利益的范围是不确定或不明确的,容易引发权力的恣意。据此,该制度之建构能够促进政府更加审慎,能够不断提升权力行使的自律性。再次,为权力追责或权利救济提供了"证据"链条。立足于民主与法治的新常态,任何的权力运行偏颇,在事后都会受到相应的责任追究。然而,随着时间的不断推移,行为或决策时所依赖的客观情境已然发生了相应的变动,这为法律、事实和因果关系等方面的追溯带来了极大的困难。理由阐述是政府为权力运行时的思维表征,具有不可摧毁性。进而,它能够在一定程度上回溯时空特征。据此,该制度之建构为日后的权力追责或权利救济提供了重要的"证据"链条。[1]

第四,救济制度。该制度的建构主要也是源自公正程序的指引和要求。它主要是指针对交通管制过程中的高权侵害(行为),要给予一定的补救机制。[2]一方面,这是为了更好地保障公民的权利形态。另一方面,这是为了更好地监督政府权力的实施。总之,是民主与法治(文明秩序)新常态的内在要求。具体说来,可以依赖的补救机制主要有一般行政诉讼、行政公益诉讼和损失补偿。[3]首先,就一般行政诉讼而言,它是指相关的权利主体可以针对交通管制中的高权侵害提起行政诉讼。纵然,新修订的《行政诉讼法》在范围上由"狭窄"走向了"扩张"。可是,这个范围仍难容纳抽象行政行为或兼具"抽象"特征的行政行为。进而,"相对方"处于不确定状态的交通管制还是不能诉诸行政诉讼。但是,依照"一般处分"的理论观点,以特定物为联结点确定诉讼原告资格的功能足以使交通管制独立于抽象行政行为。[4]故而,于交通管制的正当程序中建构一般行政诉讼机制具有可行性。其次,就行政公益诉讼而言,它主要是指检察机关可以面向交通管制中的高权侵害提起诉讼。申言之,城市道路(交通)是一项重要的社会资源,它具有明显的社会公共属性。进而,如若政府在交通管制中存有权力恣意或"任性",势必会在很大程度上影响到社会公共利益。故而,于交通管制的正当程序中建构行政公益诉讼具有必要性。而且,这里的权限还应该赋予检察机关。一方面,检察机关是我

---

[1] 参见沈开举:《行政法学》,郑州大学出版社2009年版,第358-360页。
[2] 参见胡建淼:《论公法原则》,浙江大学出版社2005年版,第429页。
[3] 参见张翠然:《对物行政行为研究》,中国政法大学2009年博士学位论文,第32页。
[4] 参见张翠然:《对物行政行为研究》,中国政法大学2009年博士学位论文,第55页。

国的法律监督机关,对政府的适法过程具有监督的义务。如若发现不法行为,应代表国家或公民进行追责。另一方面,检察机关作为"当事人"提起行政公益诉讼,于人力、财力和物力上都具有更为充分的保障,能够着实确保法律效果和社会效果的实现。再次,就损失补偿而言。近年来,随着经济社会的不断发展,交通管制的适用频次和范围渐次扩大。进而,对相关主体的权利(形态)产生了巨大的影响。通俗理解,这里的影响或可以通过收益的减少得以表现。譬如,就一个鲜活生产厂家而言,它通往该区域市场的路径只有一条。然而,交通管制却给予了阻拦。日前加工好的成品因未得到及时售出,出现了大面积的腐烂或变质。此乃交通管制对道路通行权的影响。又譬如,就一个大型超市而言,它往往于人群密集处设立,是为营业销售额的增加。然而,交通管制的适用却阻断了所有通往该超市的路径。进而,该大型超市的营业销售额受到了巨大的减损。此乃交通管制对增强利用权的影响。由此,有必要于交通管制的正当程序中建构损失补偿(机制)。一方面,能够提升政府对交通管制的审慎态度。另一方面,能够在一定程度上减少政府对相关主体的权利侵害。

## 五、城市交通管制的司法审查机制[1]

### (一) 交通管制司法审查的必要性

1. 交通管制措施侵犯民众权益的现实性

以首都北京为例,北京一年当中交通管制次数多达7000余次,平均一天20余次,长安街基本上每天都有交通管制。如此频繁的交通管制使得机动车保有量巨大的北京的交通状况难言通畅,在无形当中增加了公民出行的成本,更有侵害公民财产权、自由权等基本权利之虞。根据我国宪法第13条的规定,公民合法的私有财产不受侵犯。以限行为代表的交通管制措施的实施意味着汽车有额外的时间不能行驶,其使用价值在一段时间内无法按照所有者的意志实现,而车辆的折旧和维护费用仍然需要交纳,这实际上是对公民财产权益的侵害。交通管制行为的大量存在,对企业的影响更是堪称巨大,

---

[1] 参见王新宇:《交通管制的司法审查机制研究》,东南大学法学院2015年硕士学位论文,第23页以下。

北京奥运会时期,为保证奥运期间交通安全通畅,北京市实施了交通限行措施,规定只有"绿标车"才能在特定时间段进入北京市区,然而大部分物流公司用车达不到"绿标车"的排放标准,并且"绿标车"的数量又相当有限,因而没有"绿标车"的物流公司只能在北京周边选择仓库囤积进京货物,然后再租用符合要求的"绿标车"转运进市区。这导致物流公司的运货成本增加了5—8倍,有的甚至多达10倍。危险品运输则在这两个月内被完全禁止,从事道路运输的物流企业在奥运期间完全停止营运,这使得企业的经济效益受到了严重影响[1]。

交通管制作为道路交通管理的一种措施,被公安机关和交通行政机关广泛采用。根据公安工作的理论和实践及相关法律、法规的规定,可以把启动交通管制的前提概括为自然原因、严重危害社会治安秩序、事故灾难、道路专项维修或大修、执行警卫任务及其他突发事件等6种情形。从中可以发现,保障公共利益是采取交通管制措施的价值追求,但不可否认,在现实中大量存在交通管制权滥用的现象,法律规定并没有得到很好的遵守。交通管制适用得过多过滥,不遵循相应的程序随意采用,甚至成为某些特权人物或者特权势力用来炫耀声势、彰显特权的工具。如为歌手那英鸣锣开道取晚礼服的交管部门[2]、为庆祝开业违法设置"嘉宾专用道"的赵本山会馆[3]等等,不一而足。公权力的滥用不仅扰乱了正常的公共交通秩序,也由此侵害了公民的相关权益,引起社会公众的不满。

2. 交通管制救济机制的缺失

交通管制行为虽以保障交通安全与秩序等公共利益为价值取向,但也存在交通管制权的滥用现象,无形中会增加居民的出行成本,更有侵害公民财产权、自由权的可能。在实际生活中,交通管制行为饱受合法性与合理性的质疑。道路利用人不满行政机关采取的交通管制措施而提起诉讼的现象时有发生,但在司法实践中,司法机关习惯于将交通管制行为视为交通行政机关的单方高权行为,民众有被动接受、容忍和服从的义务,忽视对公民道路通

---

[1] 参见搜狐网:《奥运交通管制物流企业破局80天》,http://business.sohu.com/20080725/n258366547.shtml,访问日期2015年3月17日。

[2] 参见新华网:《那英警车开道事件引热议暴露基层警车滥用现状》,http://www.chiuanews.com.cn/fz/2011/01-14/2787567.shtml,访问日期2022年3月3日。

[3] 参见搜狐网:《赵本山会馆开业公交专用道变"嘉宾专用道"》,http://roll.sohu.com/20110818/n316699479.shtml,访问日期2017年3月17日。

行权的保障。在管制行为的法律属性上也倾向于抽象行政行为说,将交通管制行为排除在行政复议与行政诉讼的受案范围之外,回避相对人道路通行权的法律救济。在新《行政诉讼法》实施之前,行政复议和行政诉讼只关注具体行政行为,并不关注管制措施本身的合理与否,因此,实际上,在限制公民通行权的交通管制问题上,相对人除了通过投诉、信访等方式外,缺乏有效的救济手段,导致公民权利保障的漏洞,容易引发群体性事件。如广东东莞在"禁摩"期间就发生了多起"堵路""堵桥"等社会事件[1]。由于当前我国缺乏违宪审查机制和针对抽象行政行为的行政诉讼,使得交通管制相对人在权利受损时难以找到合适的救济渠道,迫使其采取极端手段维权,进而引发社会不安定因素。这种制度性的缺陷带来的恶性循环理应得到制度设计者的重视与反思。

其一,行政复议等内部救济手段的缺陷。根据《行政复议法》的相关规定,公民、法人或者其他组织认为具体行政行为侵犯其合法权益,可向行政机关提起行政复议。行政复议是行政内部救济最主要的手段,然而其有效性值得怀疑。根据《行政复议法》的规定,行政复议机关与做出行政决定的行政主体是上下级的隶属关系,甚至有时存在相当的利害关系,使得行政复议过程很难保持客观公正;即便不是如此,由于两者都属于行政体系,对相同问题的立场、观点、态度很容易趋同,所以部门袒护、部门偏见的现象比较突出。这点可以从我国行政复议制度的空洞化现象中略知一二。根据某中级人民法院的统计数据,该院受理的85起行政案件中有62件经过行政复议,复议机关维持了62件,维持率百分之百,而这62件案件经过行政诉讼,被撤销或者部分撤销的有25件。由此可见,行政复议制度形同虚设绝非危言耸听。

其二,交通管制行为被排除在行政诉讼受案范围之外。长期以来,具体行政行为被《行政诉讼法》所采纳,它与抽象行政行为的区分成了我国学界对行政行为最基本的分类方式之一,并且对行政实践的发展产生了重大影响。直到新《行政诉讼法》修订之前,只有具体行政行为才能成为行政诉讼的对象,抽象行政行为被排除在行政诉讼的受案范围之外,在《行政诉讼法》修订之后,交通管制行为能否被纳入受案范围还未可知,因此对交通管制行为的

---

[1] 参见何春辉等:《广东东莞禁摩引发多起堵桥堵路事件》,载《羊城晚报》2009年9月3日版。

定性就成了相对人能否获得司法救济的关键。

早在2010年,福州市就有律师因交通管制措施使其本人和当事人无法正常进入律所,导致其相关营业业务无法开展而蒙受了一定损失,在行政复议无果后,向法院提起行政诉讼,要求确认交通管制行为违法。该案经过二审,最终二审维持了一审判决,以该交通管制行为针对不特定多数人做出,不符合具体行政行为的构成要件,不属于行政诉讼的受案范围为由,驳回了律师的诉讼请求[1]。检索相关案例,笔者发现类似的对交通管制不服而提起行政诉讼,最后能进入司法审理程序的,寥寥无几。

在我国,对交通管制的研究,始终未能脱离具体行政行为与抽象行政行为的分析框架。由于交通管制对象的不特定性,无法满足具体行政行为具体性的特征要求,因而,在司法实践中,交通管制行为被排除在司法审查的范围之外。同时,在我国行政法学理论和实务上,习惯于将交通管制视为公安机关的单方高权行为,民众有被动接受、容忍和服从的义务,忽视对交通管制权的法律规制和民众道路通行权的法律保障。

**(二)交通管制司法审查的可行性研究**

1. 反射利益向法律权利的转向

交通行政机关和警察机关对道路的交通管制行为实际上是对公物利用规则的一种变更,其行为背后隐含着两种利益的博弈,即交通行政机关针对公物(道路)的管理权和公民对于公物(道路)使用的权利或利益。界定公民对公物利用的法律性质,最大的实际意义在于能否为之提供全面的司法救济。众所周知,权利较利益而言能获得更加圆满的法律保护。笔者从权利本位观和给付行政的时代背景出发,分析公物使用的权利属性,还原公物使用作为权利的原本面目,为交通管制的司法审查奠定学理基础。

权利作为一种文化和制度现象,与法一同出现于人类社会。权利是法律的核心命题,是法理学的核心概念,"其形成有一个历史过程,是历史的产物,是法律文化和法律制度的凝结"[2]。权利概念首先诞生于西方,但在中世纪末以前,人们并未给予权利充分的关注。在这一时期,"任何古代或中世纪的

---

[1] 参见福建省高级人民法院(2011)榕行高字第35号。
[2] 参见张文显:《法理学》,高等教育出版社2011年版,第136页。

语言里都不曾有过可以准确地译成我们所谓权利的诗句"[1]。权利的概念最终创制于古罗马时期。"托马斯·阿奎那首次解析性地将权利理解为正当的要求,并从自然法的角度把人的某些正当要求称为天然权利"[2]。权利的内涵经过不同时期不同国家学者的不懈研究得到了长足发展,然而针对权利定义的复杂性,正如庞德所说:"还没有任何一个词有这么多的含义"。[3]时至今日,权利仍然未形成一个统一的共识性的定义。

西方有关权利的学说众说纷纭,莫衷一是。启蒙思想家洛克、卢梭、孟德斯鸠等人提出"天赋人权"学说,托马斯·希尔·格林则认为得到公认的要求和目标即为权利[4],庞德认为权利实质上是一种"合理期待"[5],耶林认为法律的目的是保护社会生活条件,因此权利的本质是法律所保护之利益。

在国内,最早全面系统地研究权利本质的是张文显教授,在其《法学基本范畴研究》一书中,他将西方最具代表性的有关权利的学说系统引进到国内,并成为国内影响最大、最具有代表性的八种有关权利本质的学说,即资格说、主张说、自由说、利益说、法力说、可能说、规范说、选择说。法理学通说认为,权利是规定或隐含在法律规范中、实现于法律关系中、主体以相对自由的作为或不作为的方式获得利益的一种手段,与义务相对。权利的产生有两个必要的因素:第一,权利主体对该权利的自然需求;第二,法律对该权利予以确认。在历史上的不同时期,人们提出了各种不同的权利诉求,并推动它们最终成为国家所确认的权利,这些权利的产生既是为了顺应社会发展的需要,也是社会发展的结果。公物使用权的确立和发展同样如此。

2. 基于道路利用的交通权的形成

对道路通行权的概念界定,世界各国都有研究和介绍。美国的道路通行权表述为"在通行中或者在路口处的优先权。车辆必须避让有优先权的行人和车辆"。[6]英国对道路通行权的界定是"公众允许在路面上沿着道路通行

---

[1] 转引自[英]米尔恩:《人的权利与人的多样性——人权哲学》,夏勇,张志铭译,中国大百科全书出版社1995年版,第5页。

[2] 参见张文显:《法理学》,高等教育出版社2011年版,第136页。

[3] 参见[美]罗斯科·庞德:《通过法律的社会控制》,沈宗灵,董世忠译,商务印书馆1984年版,第66页。

[4] 参见周训芳:《环境权论》,法律出版社2003年版,第148页。

[5] 参见周训芳:《环境权论》,法律出版社2003年版,第148页。

[6] 参见"交通",维基百科:http://en.wikipedia.org/wiki/traffic,访问日期2019年3月12日。

的权利"。这种道路通行权的界定产生了数种道路类型：人行道、非机动车道、限制性道路和无限制性道路[1]。

检索相关文献资料，笔者发现，我国对道路通行权的研究并不算充分。道路通行权在我国并不是一个法律概念，学界对其理解也多有不同，至今尚未形成一个共识性的概念，且与路权、优先权等概念交织混同。目前学界的通说认为，道路通行权是车辆及行人在道路上行驶或行走的优先权利[2]。此种定义实际上是强调在道路使用过程中，交通参与者进行交通活动的先后顺序。即在通行过程中相遇，谁有优先通行的权利。很显然，这种对道路通行权的定义带有很强烈的"美式色彩"，与其将其说成是一种权利，不如说是从技术规范的角度将其看作是一种道路通行的规则。在美国的交通环境下，并不着重于谁对道路有使用权，而是通过强调排定次序来避免交通事故的发生[3]。因此，美国的道路通行权实际上与优先权同义。

要准确界定出符合中国语境的道路通行权的概念，就必须理清其与路权和优先权的横向与纵向的关系。本书认为，道路通行权与优先权实际上是路权的下位概念，是路权必然涉及的两个基本范畴，即公权力对私权利的配置和保障及私权利相互间的冲突与协调。道路通行权本质上是一种许可的结果，是国家对符合相关条件的公民的一种资格的赋予。对道路的使用必须符合法律规定，比如各国的道路交通法都要求机动车驾驶员进行培训，参加考试，取得驾照后才可驾驶车辆。我国《道路交通安全法》在车辆与驾驶人一章也有相关的规定。综上，本书对道路通行权的定义是公民使用道路及其相关设施的权利或资格。这种权利或资格是公权力对私权利配置的结果。公民在取得此种资格后，行政机关对其任何形式的限制和剥夺都要遵循法律优先、法律保留、比例原则等行政法基本原则的规制和严格的法律程序的制约，且存在着对道路通行权违法限制或剥夺的赔偿和合法限制或剥夺的补偿等问题。而优先权的产生源于技术上的规定。它并不关心交通参与者是否有资格使用道路，而是要求实际使用道路的交通参与者都必须遵守道路通行的技术规则[4]。优先权强调的是私权利之间的协调问题，即在道路上相遇，谁

---

[1] 参见王秀红：《道路通行权内涵初探》，载《安徽职业技术学院学报》2008年第4期。
[2] 参见石子坚：《为路权正名》，载《公安学刊》2007年第1期。
[3] 参见邹申：《道路交通法中的路权原则》，复旦大学2009年法学硕士论文，第19页。
[4] 参见李弋强：《"道路通行权"与"优先通行权"——"路权"内涵的法理思考》，载《前沿》2012年第24期。

有优先通行的权利。它并不涉及公权力与私权利之间的关系,属于私法的范畴,因而不在本书的研究范围之内。

有观点认为道路通行权是公民的一项基本权利,提出"不同交通工具平等享有通行权"的观点。其实,从上文对道路通行权的定义中就可以看出,道路通行权是附有条件的,只有符合法定的条件才能够享有通行的权利,从本质上说,它是一种行政许可的结果。另外,政府虽有规划、建设、维护道路,提供给公众更加便利的交通出行条件的职责,但是,整个社会资源是非常有限的,现实生活中不可能以无限制扩充道路容量的方式来满足公民日益增加的通行需求。因此,为保证有限资源能够发挥最大效能,采取更加合理和有效的资源分配方式,保障道路的通畅和通行的安全,对道路通行权进行合理限制是必要的。目前,我国一些城市采取的交通管制措施的主要依据是《道路交通安全法》第39条:公安机关交通管理部门根据道路和交通流量的具体情况,可以对机动车、非机动车、行人采取疏导、限制通行、禁止通行等措施。另外,在地方立法的层面,我国许多省、自治区、直辖市也颁布了针对《道路交通安全法》的实施办法或者交通安全条例,其中,对需要采取交通管制的情况和采取交通管制的主体都进行了细化。基于限制公民道路通行权的交通管制措施,其实施虽并无法律上的障碍,但和其他的行政行为一样,也需要遵循一定的条件、限度和法律程序。具体来说,在交通管制的决策阶段需要充分尊重民意,采取听证会等方式接纳各方意见;在决策和实施过程中要遵循比例原则,即只有存在相当的迫切性的前提下,且不存在其他影响更小的方式时,才对相对人的通行权加以限制;在进行交通管制前,应当及时向社会公告,不做突袭式的管制;在相对人因交通管制而造成权利减损时,应当予以合理的补偿或赔偿。

在我国现行的法律体制下,只有在交通管制措施采取后,交通参与者在因违反交通管制被施以行政处罚后,才能够向法院提起行政复议或行政诉讼,且行政复议和行政诉讼只关注行政行为是否合法,并不关注管制措施本身的合理与否,因此,实际上,在限制公民通行权的交通管制问题上,相对人除了通过投诉、信访等方式外,缺乏最为有效的司法救济手段。此外,我国《宪法》第13条规定,公民的合法的私有财产不受侵犯,国家为了公共利益的需要,可以依照法律规定对公民的私有财产实行征收或者征用并给予补偿。《民法典》第243条、第245条分别对征收、征用做了细化的规定。两者都是为了保障公共利益而要求公民对私有财产的所有权或者使用权进行一部分让渡,国家视情况予以合理补偿。虽然,交通管制,特别是长期的交通管制措施会对公民交通工具的价值带来减损,使所有人承担经济上的不利益,但管制措施并没有造成交通工具使用权或者所有权的转移,因而,在现行的法律规定下,因交通管制而造成相对人财产权益减损并不能够被纳入征收或征用的补偿范围之内。在德国,尽管通说认为道路通行权是一种反射利益,但也从宪法保障的角度确认对道路享有一般使用权的沿线居民对供一般使用的公物享有不受妨碍使用的主观公权,这种道路通行权的权利包括"请求道路管理、交通行政机关和道路所有人允许其在道路上通行,以及请求他人停止妨害"。[1]在英美法系国家,公民对公物的利用也逐步被认为是一项财产权利,美国的公共信托理论认为,"政府为了全体公民利益控制或持有的公共信托资源,不能通过转让这些资源使其成为私人所有,也不能改变这些资源的本来用途,而每个公民都享有按照公共信托资源的公共信托用途进行使用,在政府违背公共信托义务时,有权到法院起诉,以强制政府履行公共信托义务"。[2]

3. 公物法和行政过程论的理论支撑

其一,公物法理论与交通管制行为的可诉性。尽管新修订的《行政诉讼法》已经取消了具体行政行为的概念,但长期以来具体行政行为一直被学界和实务部门所采纳,它与抽象行政行为的区分成为我国对行政行为最基本的分类方式之一,并且对行政实践的发展产生了重大影响。根据现行《行政诉讼法》第二条的规定,只有具体行政行为才能成为行政诉讼的对象,抽象行政行为被排除在行政诉讼的受案范围之外。众所周知,保护因素是权利的核心要素之一,如果缺少了此种要素,那么无论是公物使用权还是道路通行权都将成为一种抽象的、纸面上的权利,所以在新《行政诉讼法》实施以前,具体行政行为在我国现行的行政诉讼制度中,被赋予了一种特殊的法律保护的功能。但是,这种简单的二分法实难周延诸如交通管制等类似的行政行为。依据学界通说,具体行政行为是指行政主体基于行政职权进行的,针对特定的相对人或特定的事项,直接引起权利义务法律效果的行为。[3]然而,满足上述定义之外的行政行为就一定是抽象行政行为吗?比如行政机关对某一路

---

[1] 参见翁岳生:《行政法》,中国法制出版社2009年版,第751页。
[2] 参见肖泽晟:《论公物法理论视野下的道路通行权及其限制——以交通禁行措施为个案的分析》,载《江苏行政学院学报》2009年第3期。
[3] 参见胡建淼:《行政法学》,法律出版社2003年版,第252页。

段实行交通管制。显然,该行为针对的相对人是不特定的,但是针对的事项却是具体的。此一类以物为连接点的针对不特定对象的概括行为因其缺乏具体行政行为的特定性而被排除在行政诉讼的受案范围之外。但此类行为在德国和我国台湾地区的公物相关规定中被冠以"对物行政行为"的概念,并被纳入司法审查的范围内。

从理论上讲,具体行政行为是个别的、具体的,而抽象行政行为类似于立法,是抽象的、概括的。然而,总是存在着一些行为,既不能将其归于抽象行政行为,也不能定性为具体行政行为。这些模棱两可的中间行为既没有遵守法规的制定规范,也不可作为行政处分予以撤销,出现了法律保护的漏洞。[1]比如,公物管理机关对公物的设置、废止、变更的行为。此类行为针对的是不特定的相对人,但是针对的事项是个别具体的。传统的分析框架在分析此类问题时暴露出了一定的不足,原因在于,关于"行政行为的受领者必须是人"的理论假设,从逻辑上讲有以偏概全之嫌,使得某些本质上属于具体行政行为的行为在行为性质上变得模糊。[2]对物行政行为就是在对具体行政行为反思的基础上进一步提出的,是"努力寻找扩大类型化以实现合法性控制和维持理论本身精致性之间的最佳平衡点"的尝试[3]。

对物行政行为这一概念最早是由德国学者提出的,通说对其定义是:通过或赋予物以特定法律地位的财产法上的状态处理行为,只对人间接产生法律效果。[4]经过德国学界长期讨论,最近已被判决采纳。德国《联邦行政程序法》第36条第二项规定:一般处分是一类行政行为,它针对依一般特征确定或可确定范围的人或涉及物的公法性质或公众对该物的使用。该条规定使对物行政行为具有了法律价值,它表明《联邦行政程序法》采纳了对物行政行为理论,并且规定将其作为一般命令对待。[5]至此,对物行政行为达成了其概念初衷,即通过物的特定性来解决行为的具体性,进而丰富了"一般处分"的内涵,扩大了司法审查的受案范围,完善了对公民权利的保护。

---

[1] 参见[德]平特纳:《德国普通行政法》,朱林译,中国政法大学出版社1999年版,第112页。

[2] 参见马怀德,解志勇:《论对物行政行为》,载《法律适用》2002年第9期。

[3] 参见朱新力,唐明良:《现代行政活动方式的开发性研究》,载《中国法学》2007年第2期。

[4] 参见[德]汉斯·J.沃尔夫,奥托·巴霍夫,罗尔夫·施托贝尔:《行政法》,高家伟译,商务印书馆2002年版,第49页。

[5] 参见马怀德,解志勇:《论对物行政行为》,载《法律适用》2002年第9期。

我国台湾地区在此问题上基本继受了德国法上的相关内容,且与公物法上的公物的设立、变更、消灭等问题联系得尤为紧密,如台湾"行政程序法"第92条:"本规定所称行政处分,系指行政机关就'公法'上具体事件所为之决定或其他公权力措施而对外直接发生法律效果之单方行政行为。前项决定或措施之相对人虽非特定,而依一般性特征可得确定其范围者,为一般处分,适用本规定有关行政处分之规定。有关公物之设定、变更、废止或其一般使用者,亦同。"

德国、我国台湾地区公物法上提出的对物行政行为概念在理论缘起和概念功能上都与我国学界推动行政行为类型化的动因相契合,并且在对公物法律关系的调整方面展现出巨大的理论和实践价值,对我国的公物法研究颇具借鉴意义,尤其是在对类似交通管制等行为的法律规制和权利救济方面极具功能性。目前,我国学界对此问题的研究难言系统、全面。在我国,最早针对对物行政行为进行专门研究的是由马怀德、解志勇撰写的《论对物行政行为》一文,文中通过对对物行政行为概念、含义的全面阐释,重新定义了此种行为的性质,指出其完全符合《行政诉讼法》对具体行政行为特征的规定,进而具有可诉讼性,从根本上扩大了行政诉讼的受案范围。该文进一步提炼了对物行政行为的基本特征,并从实证角度分析了该种行为在行政过程中的多种表现形态。胡建淼在其所著的《行政行为基本范畴研究》一书中也有专章对对物行政行为进行研究,书中对德国和我国台湾地区的对物行政行为理论等做了系统的介绍,并阐述了对物行政行为理论引进我国的必要性和重要性,同时指出对对物行政行为和对人行政行为的研究只有在具体行政行为的范畴下才有实意,因为"对于抽象行政行为来讲,对人与对物的区分没有实质上的意义"[1]。

一般认为,对物行政行为与对人行政行为的核心区别在于收件人的特殊性,即对物行政行为以具体的"物"为收件人,而对人行政行为以"人"为收件人。另外,对物行政行为产生的法律效果直接作用于具体的物,并以该"物"为连接点对相关的相对人产生间接的法律效果。最后,对物行政行为由于没有具体的相对人,所以不需要像对人行政行为一样,需要相对人受领后行为才能生效,行政机关采取的对物行政行为可直接公告生效。

其二,行政过程论与交通管制行为可诉性。我国的行政法建设基本上承

---

[1] 参见胡建淼:《行政行为基本范畴研究》,浙江大学出版社2005年版,第390-413页。

继了大陆法系的衣钵,以"行政行为"为核心概念,在此基础上形成了有关行政行为的定型化、效力论、附款论、瑕疵论等较为系统的行政行为理论,构成了行政法学理论的核心部分。[1]然而,随着现代公共行政的发展,行政的触角不断延展,行政机关在行政过程中使用的行为方式也愈发多样,而"行政行为"作为一个法律概念存在着严格的外延限制,使得行政行为之外的其他行为形式游离于行政法学的视域之外。另外,传统行政法理论注重考察行政行为的合法性,而忽视了对行政过程中行政行为之外的其他行为形式、各种行为之间的关联性以及现实行政过程整体的合法性的探讨。[2]基于此,现代行政法学研究的重点正在从传统的"行政行为"向"行政过程"转移。德国学者将这一趋势视为对奥拓·迈耶以来过度的法学方法和妨碍确切地把握现代行政、行政法的动态的反省[3]。日本的行政法学者在借鉴美国的公共行政理论以及德国的二阶段理论、动态考察方法的基础上,逐步提出了"行政过程论"的观点并被认为是日本行政法学所达到的"新的里程碑"[4]。

"行政过程论"最主要、最核心的观点是对行政过程进行全面、动态的考察。其他的观点都是在此基础之上推导或引申出来的。[5]"全面"是指将行政过程中的所有行为和整体的行政过程都纳入行政法学的考察视野;"动态"是指侧重于行政过程中各行为以及单一行为中各阶段的关联性,对行政过程进行动态的分析。针对行政机关采取的交通管制措施,借助行政过程论的视角,对其亦应当进行全面、动态的考察和分析。

传统的行政法学基本上只关注行政机关与公民间关系的最终决定,即只考察定型化的行政行为的合法性,而缺乏对做出该决定过程本身的规制,这就可能造成所采取的行为与目的和现实状况的脱节。以交通管制行为为例,交通管制的目的在于维护交通秩序,满足特殊情况下的通行需要,以及保障交通参与人的人身和财产安全和通行便利。但现实情况是,过多、过滥、过度的交通管制措施增加了交通参与人的出行成本,同时亦有侵害相对人自由权、财产权等基本权利之虞。部分地区交通管制权出现权力变异的现象,甚

---

[1] 参见江利红:《论行政法学"行政过程"概念的导入》,载《政治与法律》2012年第3期。
[2] 参见江利红:《行政过程的阶段性法律构造分析》,载《政治与法律》2013年第1期。
[3] 转引自[日]室井力:《現代行政と法の支配——杉村敏正先生還暦記念》,有斐閣1978年版,第14-15页。
[4] 转引自[日]和田英夫:《行政法の視点と論点》,良書普及会1983年版,第53页。
[5] 参见江利红:《行政过程的阶段性法律构造分析》,载《政治与法律》2013年第1期。

至沦为行政长官的一种特权。但当公民寻求司法救济时,即使法院受理案件,也往往只对最终的交通管制行为在主体、权限、程序等形式方面进行合法性的审查,而对于该决定的决策过程,因其不具有外部性,属内部行政行为而不予关注。这样的实务态度和传统理论的缺陷又造成了行政行为对公民造成实质性伤害前司法监督权力的真空。依照行政诉讼法理论的成熟性原则,行政行为必须发展到一定程度,即已经达到成熟阶段,才能进行司法审查。而对于成熟程度的标准界定,传统理论认为只有行政机关做出具体的决定影响当事人的法律地位或权利义务时案件才算成熟,在此之前,司法不对行政进行干预。依照此种理论,交通参与人即使得知行政机关正在就可能影响其权利的交通管制行为进行决策甚至是公告,也不能借助司法进行救济,而只能寻求行政内部的救济途径,如申诉、行政复议等。这虽然是行政、司法分立的要求,但同样产生了司法保护的漏洞。

  依照行政过程论全面考察行政行为观点的要求,交通管制行为实际上可以看作是一个有机的整体,完整的交通管制过程包括"法律法规授权→交通管制决定与通告→管制实施与执行"等多个行为阶段,这些行为之间具有一定的连续性和关联性,它们共同构成了整体性的交通管制行为的实施过程,抛弃传统行政法学理论只侧重对具有终局性、类型化行政行为合法性的关注,行政过程论主张,对行政行为实施过程中产生的各种类型的行为形式予以全面考察。具体到交通管制行为,应区分交通管制行为存在的不同阶段,构建针对交通管制决定与通告的预防诉讼制度、针对交通管制措施的撤销与变更的诉讼制度、针对交通管制特别牺牲的行政补偿制度和针对违法交通管制的行政赔偿制度,它们共同构成了针对交通管制措施从决策、执行到救济的全面的司法审查机制,为交通参与人提供全方位的司法救济。

  动态的考察行政行为是行政过程论的另一核心观点,传统的行政行为理论能够逐个被取出并进行单独的理论构建,对于行政实施过程中的各阶段或各行为的合法性单独进行考察和分析是有必要的。但在现实的行政过程中,存在着大量的复数行政行为被连续使用的情况,这就意味着不能忽视这些行政手段相互有机把握的必要性[1]。单一行为的合法性并不能评价整个行政法实施过程的合法性。在此基础之上,还应当考虑各行为间的关联性,进而

---

[1] 转引自[日]佐藤英善:《経済行政法——経済政策の形式介入の手法》,东京成文堂1990年版,第214页。

对整体的行政法实施过程予以动态关注和评价。

针对交通管制的司法审查也应当实现从静态考察向动态评价的转变，具体来说，其审查的对象不应局限于最终交通管制措施的合法性，而应当扩展到其他与之关联的行为。前文提到，完整的交通管制措施的实施过程应当包括"法律法规授权阶段、交通管制决定与通告阶段、管制实施与执行阶段"，对于这些不同的阶段，都应当有司法监督不同程度的存在。基于交通管制行为具有"对物一般处分"的行为性质，对其司法审查应更加关注公民参与是否充分和是否严格遵守相关法定程序。司法审查对交通管制行为全面、动态的关注实际上也是从形式法治向实质法治过渡的要求和结果。

### （三）交通管制一般行政诉讼

#### 1. 交通管制一般行政诉讼的审查范围

行政诉讼的范围指的是法院对何种行政行为能够进行审查，以及在何种程度上对行政行为进行审查。前者即行政诉讼范围的广度，后者即行政诉讼范围的深度。伴随着行政权力的扩张，行政诉讼的范围呈现出不断扩大的趋势，以此来实现行政权在法律授权的范围内合理行使，最终达到权利保障的目的。行政机关在处理复杂的、广泛的和具有专业性的行政事务方面相对于司法机关具有优势，因此，司法机关对行政行为进行审查时，在一定程度上应遵从行政决定，把行政诉讼限制在适度的范围内。

行政法发展到现在，对行政行为司法审查的限制不同程度地逐渐得到减少，各国在司法审查范围的广度上趋于遵循司法审查可获得性原则。[1] 所谓司法审查的可获得性原则主要是指对权利或利益受到行政行为损害的个人或组织提供司法救济。

尽管最近修订的《行政诉讼法》取消了具体行政行为概念转而以行政行为替代，然而长期以来，在司法实践中，对两者的区分和界定却是行政行为能否纳入诉讼范围内的关键。在《行政诉讼法》做出调整之前，交通管制行为能否被纳入行政诉讼的受案范围？上文已经提到，交通管制行为是具有物上处分性质的对物行为，通过特定物作为行为对象来实现相对人的具体性，满足了具体行政行为对象具体性的要求，理论上，将交通管制行为纳入行政

---

[1] 参见赵宝庆：《行政行为的司法审查》，中国社会科学院2009年法学博士论文，第27页以下。

诉讼范围已无障碍。从行政过程论的视角全面动态地分析交通管制行为会发现，完整的交通管制过程包括"法律法规授权→交通管制决定与通告→管制实施与执行"等多个行为阶段。上述不同行为阶段皆应纳入司法审查的视野内以周全相对人权利的保护，以此为出发点，根据不同行为阶段的特点分别构建交通管制的一般行政诉讼、针对交通管制通告阶段的预防性诉讼和针对交通管制的补偿诉讼。

2. 交通管制一般行政诉讼的审查标准

行政诉讼的审查标准，是指法院在判断行政行为合法性和合理性时依据的准则或标准。实际上是立法对行政机关行使行政权力的基本要求，也是行政相对人向法院提起行政诉讼，认为行政行为不合法或者不合理的理由和依据。因此，针对行政行为的审查标准必须是确定和具体的，否则，对行政行为的审查就会失去基础和方向。一般而言，行政诉讼的审查标准分为实质标准和程序标准两方面。实质方面要求行政行为必须合法、合理地在法律问题、事实问题和自由裁量权行使等问题上运作和行使。程序标准要求行政行为的做出必须符合法定的程序。

审查标准的明确关乎行政诉讼的有效性，因此，确立交通管制行政诉讼的审查标准，使其真正具有可操作性至关重要。针对交通管制行政行为不服而由相对人提起的行政诉讼，法院在审理时，同样应当从实质标准和程序标准这两方面予以全面考量。具体来说，在程序方面，法院应当重点关注在交通管制的决策和实施过程中是否进了相关的听证，是否吸收了社会公众的意见；在采取管制措施前，是否依照相关规定向社会进行了通告；做出交通管制决定和实施交通管制措施的行政主体是否具备相应的交通管制权，是否存在不依照法定程序即对违反管制相对人进行处罚的情况等。而在实质标准层面，法院应当关注行政机关做出交通管制行为有没有遵照实体法的规定，其采取的交通管制措施与事实之间是否符合行政法比例原则的要求等等。

3. 一般行政诉讼的制度构建：基于对物行政行为的特殊性

（1）诉讼主体资格的确认：以物为连接点

交通管制司法审查的诉讼主体资格主要涉及原告和被告的资格认定问题。就原告来说，依据《行政诉讼法司法解释》第12条的规定，具有"法律上的利害关系"是成为交通管制行政行为原告的前提条件，即交通管制行为对相对人的合法权益已经或者将要产生不利影响。原告必须是认为自己的合法权益受到交通管制行政主体的侵犯，其法律上的利益受到实质性的减损。

这里的原告既可以是公民,也可以是法人或其他组织。需要特别说明的一点是,交通管制行为在很多情况下作用范围广泛,其管制对象并不限于单个公民或组织,侵害的利益可能非常广泛,例如紧急情况下针对特定区域实行交通管制,基于其对物行政行为的特殊属性,应当以该物为连接点确定原告的范围,即通过管制道路的特定性来实现原告范围的具体性,但凡利用此管制道路通行的相对人都应视为具有法律上的利害关系,只不过这种利害关系是通过管制道路间接作用于相对人的。在此种情况下可能出现数量众多的原告而法院不可能一一进行审查。这时可以依据《行政诉讼法解释》第 14 条规定的"诉讼代表人"制度,由当事人共同推选 1 至 5 名诉讼代表人作为原告参加诉讼。

交通管制司法审查的被告,主要是指做出和实施交通管制行为的行政机关,被告必须享有法律、法规赋予的交通管制权,具备行政主体资格。《道路交通安全法》第 5 条规定:"国务院公安部门负责全国道路交通安全管理工作。县级以上地方各级人民政府公安机关交通管理部门负责本行政区域内的道路交通安全管理工作。"即公安部交通管理局具有管理全国道路交通的职能,各省、自治区、直辖市的公安交通管理局负责领导本行政区域内的道路交通管理工作,各地市公安交通警察支队和各县公安交通警察大队分别负责各自行政区域的道路交通管理工作。根据权责一体的理念,上述交通行政机关皆有可能因在本行政区域内采取的交通管制措施成为交通管制司法审查的被告。另外,若交通管制的实施范围跨越多个行政区域或者由两个交通行政机关的共同名义做出,此时应当将其列为共同被告。

(2)审判管辖

目前我国行政诉讼法确立的一审案件的基本管辖原则是"由最初做出具体行政行为机关所在地法院管辖"。在地域管辖上之所以确立"原告就被告"的原则,主要是考虑"被告行政机关所在地,通常也就是原告所在地以及违法行为发生地,根据行政机关所在地来确定并无冲突和矛盾。因为行政机关的职权有着地域的界限,它只能对所管辖范围内的人和事进行处理"[1]。若某一交通行政机关对道路实行交通管制,那么该条道路一定是在该交通行政机关的管辖范围内,该条道路的所在地必然是该行政机关所在地,因此,在涉及交通管制案件的管辖上同样适用"原告就被告"的一般原则。值得注意的是,

---

[1] 参见张树义:《行政诉讼法学》,中国政法大学出版社 2007 年版,第 93 页。

一些跨越行政管辖区域的交通管制行为可能由两个以上不同地区的交通行政机关共同做出,这种情况下可能出现相关地区的人民法院管辖权消极推诿或管辖权积极争议的情况。另外,在某些极端情况下,如自然灾害导致交通管制发生地的人民法院被完全摧毁,这时会出现司法救济客观不能的情况。对于这两种情形,可依据《行政诉讼法》第22条的规定,由它们的上一级或共同上一级法院指定管辖。而在级别管辖方面,基层法院应当享有针对交通管制案件的一审管辖权。首先,交通管制案件并不具有专利案件和海关处理案件的专业性和复杂性,没有必要由中院进行一审管辖。其次,基层法院对管辖范围内的社会环境更加熟悉,在事实认定和取证方面具有优势。

（3）诉讼时间及时效

针对交通管制的诉讼时间主要是关于原告在何时起诉而法院在何时受理较为适宜的问题。这实际上针对的是紧急情况下采取交通管制的公民权利救济问题,本质上涉及行政权和司法权的平衡与协调。有学者认为在紧急状况下,如果司法权对行政权加以干涉和制止的话,将会破坏行政应急措施的有效进行,进而影响到紧急状态的排除和社会秩序的恢复,为此,主张在紧急状况排除后相对人始得向法院提起诉讼而法院也应当考虑危机的迫切性而决定延期受理或审理[1]。笔者认为过分追求或刻意强调公共利益的优先性和交通管制的效率化,很可能导致司法权对交通管制行为的及时和有效监督的乏力,法治社会不能剥夺相对人寻求司法救济的权利。基于此,笔者认为不应在立法上做出"一刀切"的规定,而应交由人民法院根据交通管制个案当中危机的严重程度、应急措施的迫切性等客观情况来判定是否存在受理和审理上的暂时困难,从而决定是否延期受理或审理。

在诉讼时效上,因突发事件和紧急状态的产生,例如自然灾害、公共危机事件等,常常会发生相对人无法在行政诉讼法规定的诉讼时效内行使诉权的情况,这时可以通过"诉讼时效延长"的规定加以解决。根据《行政诉讼法》第48条:"公民、法人或者其他组织因不可抗力或者其他特殊情况耽误法定期限的,在障碍消除后的十日内,可以申请延长期限,由人民法院决定。"法院应着重对"不可抗力"和"其他特殊情况"进行审查,一般来说,只要相对人能够证明客观事由的存在,并且不存在主观上拖延诉讼的恶意,人民法院就应当

---

[1] 参见黄学贤:《略论行政紧急权力法治化的缘由与路径》,载《北方法学》2008年第1期。

决定延长起诉期限。

(4) 判决类型的选择与适用

根据新《行政诉讼法》规定,经审查行政行为合法的,法院可直接判决驳回诉讼请求,剔除了现行"维持判决"形式。增加了撤销判决、确认违法判决的适用情形。对明显不当的行政行为,法院有权予以撤销;程序有轻微瑕疵的、不能或不可撤销但又违法的行政行为,都可确认违法。增加给付判决和履行行政协议判决。根据审判实际需要,人民法院经过审理,查明被告依法负有给付义务的,判决被告履行给付义务。在交通管制的司法审查上,驳回原告诉讼请求一般行政行为的判决适用情形基本一致,而给付判决针对的多为不作为行政行为,履行行政协议判决多适用于双方行政行为,这里着重对另外几种判决形式的特殊适用情形进行分析:

第一,确认判决对撤销判决和履行判决的补充。撤销判决的适用情形是交通管制在实体上或程序上的全部或部分违法,例如超越或滥用法律、法规所授予的职权,或者违反交通管制程序的规定。在做出撤销判决的同时,人民法院可以判决被告行政机关重新做出交通管制行为。需要特别说明的是,基于紧急情况下交通管制的突发性和短暂性,在相对人提起行政诉讼时,若交通管制行为已执行完毕,撤销判决已无实际内容;若交通管制行为没有执行完毕,尚处于继续状态,出于公共利益的考虑法院可能也不会批准暂停交通管制措施的执行甚至做出撤销判决。这时人民法院可以采取确认判决的形式,确认被诉交通管制行为违法,并责令被告采取相应的补救措施,造成损害的,应当判决被告承担赔偿责任。在适用履行判决时同样会产生这样的问题,如果被告不履行或拖延履行法定的义务,但当相对人提起诉讼时,需要进行交通管制的情形已经消失,这时判决被告履行其法定职责已无实际意义。这种情况下同样应当适用确认判决,确认被告的"不作为"行为违法,相对人据此可以提出相应的行政赔偿请求。

第二,变更判决适用范围的有限适用。目前司法实践中,变更判决只适用于行政处罚行为,根据我国《行政诉讼法》第77条第1款规定:"行政处罚明显不当,或者其他行政行为涉及对款额的确定、认定确有错误的,人民法院可以判决变更。"即行政处罚行为显示公正的,法院可在判决中直接予以改变。新修订的《行政诉讼法》扩大了变更判决的使用情形,若行政行为涉及对款额的确定或者认定确有错误的,法院可直接变更判决。这实质上是对行政行为的一种合理性审查,突破了行政诉讼合法性审查标准的"樊篱"。但是该种合理性审查只适用于行政处罚的原因在于,行政处罚在行政管理中被大量运用,种类多、影响大,可以对相对人合法权益造成直接和更大的侵害,并且该种权力的裁量范围过大,缺乏有效的制约机制[1]。交通管制行为同样存在上述特点,并且基于交通行政机关过于宽泛的裁量权,同时缺乏较为完善的法律、法规的制约,可能对管制相对人的合法权益造成相当程度的侵害。因此,应当拓展当前变更判决的适用情形,人民法院对于明显不合理的交通管制行为也应当在判决中予以变更。同时,交通管制权是法律赋予交通管理机关的一项职权,其有效行使依赖于行政机关的高效率和专业的判断,法院在行政的专业领域内应当给予行政机关一定程度的尊重。

### (四)交通管制的预防性诉讼

1. 预防性行政诉讼一般理论与域外考察

在行政诉讼立法中,对相对人来说有三种权利保护的模式:预防性的权利保护、暂时性的权利保护、事后的权利保护。[2] 从理论上来讲,三种权利保护模式互为补充,形成一个有效、无漏洞的权利保护体系,缺乏其中之一就会出现法律保护的漏洞,从而影响对相对人权益的保障。目前我国现行的行政诉讼法以事后救济为主,并辅以执行停止制度。诚然,这种立法模式对保障行政相对人合法权益、控制行政权力具有一定的积极作用。但是,这种"亡羊补牢"式的权利救济方式对于那些被侵害后难以恢复的权益的保护却显得无能为力,与"有效、无漏洞"的权利保护的国际标准仍存在相当的差距。[3]

学界通说认为,预防性行政诉讼是指,为了避免给行政相对人造成不可弥补的权益损害,在法律限定的范围内,允许行政相对人在行政决定实施之前,向法院提起行政诉讼,请求法院审查行政决定的合法性,以阻止违法行政行为实现的诉讼。[4] 相较于普通的行政诉讼,预防性行政诉讼有预防性和停止执行性两大特征。所谓预防性,即预防性行政诉讼所针对的行政行为尚未实际实施,对相对人权益的影响仅停留在可能的状态。为保护相对人难以

---

[1] 参见张树义:《行政诉讼法学》,中国政法大学出版社2007年版,第93页。

[2] 参见朱健文:《论行政诉讼中之预防性权利保护》,载《月旦法学》1996年第3期,第90页。

[3] 参见朱健文:《论行政诉讼中之预防性权利保护》,载《月旦法学》1996年第3期,第90页。

[4] 参见胡肖华:《论预防性行政诉讼》,载《法学评论》1999年第6期,第61页。

事后弥补的权益,法律允许法院对行政机关的行政行为预防性地加以干预。所谓执行停止性指的是,一旦启动预防性行政诉讼程序,所涉及的行政行为应当暂停执行,等待法院的审理结果。

从比较法的角度来看,大陆法系国家对预防性诉讼的研究较为全面,其中又以德国最具代表性。在德国,制定法上并没有对预防性行政诉讼做出明确规定,而是通过行政法院的判例对预防性诉讼予以确认。德国通过行政法院判例确立了两种预防性诉讼类型:预防性确认诉讼和预防性不作为诉讼。所谓预防性确认诉讼是指起诉人有特别的确认利益时,请求法院确认有即将发生之虞的法律关系存在与否的诉讼[1]。其追求的法律效果是确认一个未来发生的具体化的法律关系。所谓预防性不作为诉讼是指为防止有侵害之虞的行政处分做成,起诉人请求法院预防性地加以制止的诉讼[2]。其追求的法律效果是阻止行政行为的做成。在日本也存在类似的预防性诉讼,即学者所称的"预防性阻止诉讼"。日本通过《行政案件诉讼法》第 3 条第 7 款正式将阻止诉讼予以法定化,即在行政机关不应做出一定的处分或者裁决而将要做出时,可以提起诉讼请求法院做出命令行政机关不得做出该处分或者裁决。[3]

英美法系国家并没有明确区分事后补救诉讼与事前预防诉讼,不过其令状制度中的阻止令、禁止令、确认判决等诉讼类型与预防性行政诉讼功能非常相似。相对人可通过上述方式在权益受到行政侵害前,预先向有关法院提起诉讼,寻求司法救济。阻止令是指法院要求诉讼当事人的一方不得为一定行为,或为一定行为的命令,它既能够用于对侵权行为的事后救济,也能用来阻止行政机关即将做出的越权行为。[4] 禁止令是指高等法院对行政机关发出的,旨在通过诉讼禁止行政机关将做出超越职权行为的公法救济手段。与其他公法救济手段相比,禁止令是"前瞻性而不是回顾性的"。[5] 确认判决是指法院接受具有特别确认利益的原告请求,仅宣告某种法律地位或法律关

---

〔1〕 参见[德]弗里德赫尔穆·胡芬:《行政诉讼法》,莫光华译,法律出版社 2003 年版,第 321 页。

〔2〕 参见[德]弗里德赫尔穆·胡芬:《行政诉讼法》,莫光华译,法律出版社 2003 年版,第 321 页。

〔3〕 转引自林腾鹞:《行政诉讼法》,三民书局 2008 年版,第 165 页。

〔4〕 参见[英]威廉·韦德:《行政法》,徐炳译,中国大百科全书出版社 1997 年版,第 237 页。

〔5〕 参见章志远:《行政诉讼类型构造研究》,法律出版社 2007 年版,第 60 页。

系存在与否而不伴随强制执行的判决。

从上述对两大法系国家预防性诉讼的分析来看,虽然它们在预防性诉讼的司法实践和理论表述的具体内容上略有差异,但制度追求的根本价值都是为了弥补事后救济的缓不济急。通过预防性诉讼以周全相对人权利的保护,已经成为各国行政诉讼制度的发展方向。

2. 预防性诉讼在交通管制行为救济中的引入

(1) 传统行政诉讼对管制相对人权利保障的不周延性。新修订的《行政诉讼法》并未提及预防性诉讼的概念,我国现行的行政诉讼仍然以事后救济为主要方式,从某种意义上来说,是一种象征性的物质补偿,这种亡羊补牢的方式往往因为缓不济急而无法达到行政相对人所希望的救济效果。因为传统的事后救济,起到的仅仅是事后的纠偏作用,对于交通行政主体对交通管制相对人正在造成或即将造成的切实的人身权和财产权的侵害无法起到有效的保护效果。在某些情况下,受管制相对人的权益有时是难以通过行政诉讼有效弥补的,因为我国目前的国家赔偿法的补偿范围只包含直接损失在内。举例来说,交通行政机关因道路施工的需要对某特定道路施行长期的交通管制,限制途经该条道路的车流、人流,这可能会影响道路两旁商家的收入,对商家来说是一种经济上的不利益。在此种情况下,若商家事后提起行政诉讼,即使交通管制行为违法,其所承担的经济上的不利益也因不能归于直接经济损失而不能依据国家赔偿法得到赔偿。因此,在针对交通管制的行政诉讼中,增加一种能够对可预料到的即将发生的或者正在发生的交通管制行为的侵害加以制止,预先保护管制相对人的合法权益的预防性行政诉讼机制是很有必要的。

(2) 促进我国行政诉讼与国际标准接轨,满足行政诉讼类型化需要。为适应社会发展,保护公民权利的迫切要求,现代法治国家大多已建立起预防性行政诉讼制度,从而实现对公民权益全方位的保护。为实现这一目标,我们不仅要关注传统的事后救济程序,更应当对诸如预防性行政诉讼等事前救济程序加以关注。随着社会的发展,行政权力与公民权利关系的重心逐渐从行政行为是否合法,转移到了对公民权利的保护是否完整有效[1]。我国是人民民主专政的社会主义国家,本质是人民当家作主,人民的权力高于一切,

---

[1] 参见温珍芳:《预防性行政诉讼研究》,南京航空航天大学2012年硕士论文,第19页以下。

因此,我们更应当抓住行政诉讼改革的契机,建立符合国际趋势的预防性行政诉讼,实现对民众权利完整和有效的保护。

目前,我国的行政诉讼类型仍然较为单一,无法适应司法实践的要求。从功能主义的立场出发,不难发现,依据一定的标准对行政诉讼进行精致的分类,进而为权利遭到侵害的公民提供全面而有效的司法救济,已成为世界各国行政诉讼制度的共同目标。鉴于我国目前行政诉讼非类型化和行政诉权保护不力的严酷现实,近年来,学界开始关注类型化这一关乎行政诉讼全局的重大问题。越来越多的学者认识到,行政诉讼种类的多寡及其设置的科学与否,直接影响到一国公民行政诉权的保护程度[1]。在对我国的行政诉讼实行类型化的改造过程中,可以将预防性行政诉讼涵盖到课予义务之诉以及确认之诉之中,或者单独成为一种进行救济的诉讼类型。

3. 针对交通管制预防性诉讼的制度构建

(1)案件之受理。预防性行政诉讼之所以有严格的适用条件是因为其本质上涉及行政权与司法权的平衡与协调问题。因此有关交通管制的预防性诉讼案件必须是针对将要发生的交通行政机关实施的将会对交通管制相对人产生不可恢复、无法挽回损害的行政行为或事实行为。而关于受理程序,笔者认同一些学者的看法,可在审理前设立预审程序以决定是否立案,所谓预审程序,是指法院在正式审理之前,由法院召集行政相对人和被告对争议事实进行初步审查,以决定是否立案。这一程序的设立既满足了行政机关高效运转的要求,又是对交通管制相对人权利保障的填补。

(2)案件之审理。一旦此类案件进入审理程序,则应由合议庭或独任审判员依法做出停止执行行政行为或事实行为的裁决,这正是预防性诉讼的核心价值所在。而采用何种审判形式应当由法官根据交通管制案件的复杂程度决定。对于法律关系简单的案件,如仅有个别相对人对交通管制行为提起预防性诉讼,可采取独任制的审判方式;而对于涉及相对人众多的交通管制案件,则应作为共同诉讼,采取合议庭的审判方式。这样既有助于实现司法公正,又能够提高行政效率。而在审理期限方面,针对交通管制的预防性诉讼的审理期限应当短于普通案件的审理期限。一方面,这是保护公民权利紧迫性的要求,另一方面也是为迅速确定法律状态,防止不确定状态阻碍交通

---

〔1〕 参见章志远:《行政诉讼类型构造模式研究——比较法角度的审视》,载《安徽广播电视大学学报》2006年第4期。

行政机关的决策和执行效率的需要。在举证责任方面,在起诉时,受交通管制影响的相对人有义务证明其权利受到了交通管制行为的侵害且受损害的权益达到了难以挽回的程度,而在立案后,交通行政机关负有证明自己作为或者是不作为合法的义务。

(3)案件之判决。由于预防性诉讼案件所针对的行政行为没有实际实施,该行为的法律状态尚不明确,受此影响的相对人的权益处于一种不确定的状态,因此在预防性诉讼中,确认判决应当成为一种主要的判决类型。在针对交通管制预防性诉讼案件中,如果法院认定原告的诉讼请求合法,即应做出确认该交通管制行政行为违法并禁止执行该行政行为、实施事实行为或者禁止做出该管制行为的判决;若法院认定原告理由不充分的,则应驳回原告诉讼请求,同时判决确认该交通管制行政行为合法并继续执行。值得说明的是,预防性诉讼无论结果如何,都不应当影响管制相对人在交通管制行为的后续阶段提起诉讼。预防性诉讼实际上是对相对人权利的延展保护,是额外给予那些权利受损后难以弥补的相对人的一种特殊的权利救济机制,并不能替代一般诉讼。当相对人权益切实受到了交通管制行为的损害时,其仍可进行一般行政诉讼。这并不违背"一事不再理"的原则,"一事不再理"原则的"一事"指的是同一当事人,就同一法律关系,而为同一诉讼请求,在相对人权益受到实际侵害而提起一般诉讼时,法律关系和诉讼请求较预防性诉讼有所区别。比如,交通管制预防性诉讼多针对交通管制的通告或决定,而交通管制一般诉讼多针对交通管制行为本身。

**(五)交通管制的行政赔偿诉讼**

如前文所述,交通行政机关对道路的交通管制行为是具有物上处分性质的对物行政行为,行为对象是特定的道路,法律效果表现为对该路段使用权能的限制,本质上是对公物利用规则的一种变更,具有公物管理的性质。而违法的交通管制行为造成的损害实际上就是因管理瑕疵导致公物致害的情况。依据我国现行的国家赔偿法的规定,公物造成的侵权损害赔偿责任不属于国家赔偿的事项范围。在司法实践中,此类情况主要是围绕着《民法通则》的相关规定来进行运作。如在南京机场高速公路致害案[1]中法院认定南京机场高速公路管理处与原告之间存在的是合同关系而非行政关系。这样一

---

[1] 参见《南京机场高速公路致害案》,载《最高人民法院公报》2002年第1期。

种立法现状和司法实践存在以下问题：首先，将公物致害纳入民事诉讼不利于对行政权力的规制。相对于民事赔偿，国家赔偿不仅仅是为了赔偿受害者的损失，更是具有控制行政权力、明确行政机关法律责任的作用。其次，民事侵权领域中多采用过错责任原则，这加重了受害人的举证责任，不利于保障公民的权利。最后，在给付行政、福利国家的大背景之下，公物成为行政机关履行义务的物的手段，公物的设置与管理已经成为国家的一项义务，将公物致害纳入民事范畴不符合时代潮流。因此，笔者认为有必要将诸如交通管制致害的公物致害行为纳入国家赔偿的范围之内。

1. 违法交通管制致害赔偿之必要性

世界上已经有很多国家和地区建立了有关公物致害的赔偿制度。在大陆法系国家，德国《国家赔偿法》第1条规定："国家对其因技术性设施和故障所产生的侵权行为，应该负赔偿责任；因违反对领水、土地、街道、违章建筑物的交通安全义务所造成的损害，国家应负赔偿责任"[1]。日本《国家赔偿法》第2条规定："因河川、道路或其他公共营造物之设置或管理有瑕疵，致他人受损害时，国家或公共团体对此应负赔偿责任。"根据我国台湾地区"赔偿法"第3条第一款，公有公共设施因设置或管理有欠缺，致人民生命、身体或财产受损害者，政府应负损害赔偿责任。

在英美法系国家，英国上议院审理的吉布斯诉默西码头和海港管理局一案确立了其公共设施致人损害的国家赔偿判例。英国《王权诉讼法》也确认了中央政府对其所有、占有和控制的财产应承担危险责任。美国的《联邦侵权赔偿法》中明确规定了联邦政府承担因国家供给的设施维护不当、欠缺安全性的损害赔偿责任，在实践中也有许多公共设施侵权损害赔偿的案例。[2] 虽然两大法系在公物致害赔偿的规定方式和制度构建上存在区别，但将公物致害纳入国家赔偿的范畴，进而规范行政权力，保护相对人权益已经成为共识。

2. 违法交通管制赔偿的构成要件

参照国家赔偿的制度要件，违法交通管制赔偿的构成要件应当包括以下四个方面：（1）须为公共道路，即直接供公众使用的道路。此处的道路必须具备两个要件：首先，利用的道路必须有公有特性，此处的公有性不应仅仅

---

[1] 参见皮纯协，何寿生：《比较国家赔偿法》，中国法制出版社1998年版，第261页。

[2] 参见王名扬：《英国行政法》，中国政法大学出版社1987年版，第219页。

从所有权的角度判断,应结合道路本身的实际使用者的情况,如某小区内的道路所有权虽为小区业主共有,但道路并未封闭,而是面向一般市民开放通行,此种情况即满足公有性特征。其次,必须直接供公众使用。像专门或者主要为特定企业或单位提供运输服务的专有道路不在此列。(2)须存在管理上的欠缺,所谓管理,是指为维持公物发挥预定功能及维持可供运作的状态的一切行为。交通管制是交通行政机关针对道路利用规则上的一种变更,本质上就是一种公物管理行为,相对于一般公物来说,其管理瑕疵的认定标准上具有一定的特殊性,具体来说,应当考虑交通行政机关主观上是否有故意或者过失,其做出的管制决定是否符合比例原则的要求,是否遵循了听证、通告等法定程序,对相对人造成的损害是否存在不可抗力等法定免责情形。(3)须损害公民的权利。只有管理瑕疵导致了公民的权利损害,赔偿责任才会发生。如损害公民的生命健康权、财产权等。至于生命健康权、财产权的含义应参照民法上相关规定的解释。当然,要求国家赔偿的受损权利不应当只限于生命健康权和财产权,应当从更广阔的视角来进行解释,即只要是宪法保护的权利受到交通管制的损害都可提起国家赔偿之诉。(4)须损害与交通管制管理瑕疵有因果关系。所谓因果关系指的是无此行为损害不会发生,有此行为通常足以导致损害发生。需特别说明的是,交通管制的管理瑕疵不以损害发生为唯一原因;若与被害人自己的行为或者自然事实相结合而发生损害可以构成多因一果的因果关系,由于当事人存在过失,可结合个案中双方的过错大小,适当减少国家赔偿的数额。

3. 交通管制赔偿的制度设计

(1)赔偿请求人的范围。一般情况下,公物致害国家赔偿制度将公物致害赔偿请求人限定在公物的直接使用者的范围内。但也有一部分学者主张将公物致人损害的赔偿请求人的范围扩大到直接使用者以外的人。[1]在现实生活中,公物不仅可能给它的直接使用者造成人身、财产的损失,而且还可能给非直接使用公物的人造成损害。比如高速公路、铁路、机场、码头等公共设施,虽然并未给使用者带来任何权利上的损害,但却可能给周边的居民带来了震动、噪声、大气污染等损害,而在交通管制个案中,管制道路旁的商家可能不会受到通行权方面的权利限制,但很可能由于管制行为导致的人流、车流的减少而承受经济利益的减损。此外,在公物的运作过程中,还可能因

---

[1] 参见杨建顺:《日本行政法通论》,中国法制出版社1998年版,第652—653页。

其违法设立、废止等而造成邻近产业所有者经济利益的减损以及特别负担的出现,比如,政府将一块毗邻建设用地的地产规划为垃圾回收站,使得建设用地的开发价值严重减损。在上述情况下,基于权利救济的需要,应当对公物致害的赔偿请求人进行扩大化的解释。赋予权利受到影响的非直接公物使用人提起公物致害国家赔偿之诉的资格。

(2) 归责原则。归责原则是整个国家赔偿制度的基石,查阅相关资料文献,笔者发现大部分学者主张对公物致害的国家赔偿应适用无过错的归责原则,理由主要有两方面:一是无过错原则更有利于公民权利保障,督促行政权力的规范行使;二是从社会公正的角度出发,认为国家承担的无过错责任实际上是一种平衡损益的工具,当国家行为引起了对特定公民的个人损害时,不管政府官员是否具有过错,此时国家应当对其采取救济措施。笔者认为,交通管制致害虽然是公物致害情形的一种,但在归责原则问题上应当存在特殊性,若出于平衡损益的目的而适用无过错原则,则模糊了合法与违法行为性质的界限及补偿与赔偿制度各自的功能和价值。侵权责任法中的无过错责任旨在均衡整个社会利益、调整双方冲突、让优者承担责任、合理分配损失,体现更多的是民法的公平原则。而在行政法律关系中,应当对行政责任予以明确。另外,交通管制既是一种公物管理行为,更是一种具有高度裁量性的行政行为,其是否正确实施应当由法院结合个案中的实际情况,运用法律规定的相关标准进行审查。因此笔者主张,在交通管制致害的国家赔偿诉讼中,仍然应当适用国家赔偿法中的违法归责的一般原则。

4. 合法交通管制的损害补偿

赔偿责任针对的是行政机关的违法行为,补偿责任则针对行政机关的合法行政行为。即便是合法的行政活动也有可能使相对人的权益遭受损害,当公共利益与个人利益发生冲突时,给予为了公共利益而牺牲个人利益的相对人一定的补偿是公正价值的基本要求。

在德国法上,公法上的补偿请求权主要包括财产补偿请求权和牺牲请求权。财产补偿请求权主要针对的是征收行为带来的财产性权益的减损,而牺牲请求权则主要为了补偿非财产性权利,例如生命、健康、身体不受侵犯的权利以及自由权。除了受损法益不同之外,作为两种不同的法律制度,牺牲请求权与财产补偿请求权之间具有很多的相似性,尤其是在法律制度的构建和请求权的构成方面更是如此,形成这两大类请求权的理论基础都是所谓的

"牺牲理念",即关于公共利益和个人利益发生冲突时如何解决冲突的理念。[1]因此也有人把财产损害补偿请求权称为一种广义的牺牲请求权,而把前者称为狭义的牺牲请求权。

在交通管制个案中,交通行政机关运用管制权采取交通管制措施主要是出于保障道路畅通的需要,而在相对人方面则表现为道路通行权的限制,管制相对人的财产权、自由权受到一定程度的影响,本质上所展现的是公共利益与个人利益之间的冲突与协调问题。如上文所述,交通管制行为是对物的一般处分行为,相对人若认为交通管制措施侵犯其合法权益可提起行政诉讼,若交通管制行为被认定为合法,管制相对人仍然有权要求给予合理补偿。

道路的设立为公民设定了一般的通行自由,没有正当理由不得受到限制。交通管制措施是对道路利用规则的变更,在北京奥运会期间,北京市区采取了单双号限行的交通管制措施,对奥运车辆以外的社会车辆在公路使用上做出了特定期限内的限制。一方面,这些交通管制措施目的在于保证奥运会各项赛事的顺利进行,确保与会人员安全,要求管制相对人为了公共利益做出特别牺牲。另一方面,不排除特定范围内的公民已经对某特定路段产生了依赖,交通管制措施的实施将对其生产、生活产生严重不利影响,甚至超出作为公民应承担的社会责任的范围。据此,特定范围内的公民可以要求管制措施决定机关给予一定程度的补偿。在北京奥运单双号限行中,北京市政府对奥运会和残奥会期间停驶的车辆减征三个月的养路费和车船税,减征的税费金额达13亿元。[2]在广州亚运会期间,广州市政府推出了十大惠民项目,其中包括向市民发感谢信、赠送亚运会相关纪念品、亚运会及亚残运会期间增加放假三天、免费参观亚运主要场馆、免费获得亚运会及亚残运会门票、30个工作日免费乘坐公共交通。[3]上述两地政府的举措实际上都是对为了公共利益做出特别牺牲的相对人的补偿。笔者认为,这样一种公共利益与私人利益的良性互动不应仅依赖于政府的自知自觉,更需要以法律制度的形式加以巩固,赋予相对人财产补偿请求权和牺牲请求权。

---

[1] 参见刘飞:《德国公法权利救济制度》,北京大学出版社2009年版,第154页。
[2] 参见何春梅:《政府为机动车限行买单》,载《经营者》2008年第13期。
[3] 参见网易网:《亚运惠民项目公布,市民30天免费乘坐公交》,http://2010.163.com/10/0927/16/6HJQ0DG700863AUA.html,访问时间2017年8月19日。

# 第四章

# 城市交通安全管制的法治化

## 一、城市交通安全管制的政府立场与权利视角

### (一) 城市交通安全管制的现状与问题

如前文所述,城市交通安全问题是伴随城市与交通发展始终的原生问题。人类社会从人力交通、畜力交通、机械化交通,再到自动化交通的不同发展阶段,交通安全问题相伴始终。维护交通安全和交通秩序也成为世界各国交通管制的最核心价值目标。机动化程度大幅提升,但交通安全形势并未随着现代化的交通工具的出现而得到缓解。交通安全事故给国家、社会和民众造成难以挽回的人身和财产损失。自 1885 年人类社会第一辆汽车问世以来,全球因交通事故而死亡的人数远远高于因战争而死亡人数的总和。国际防灾组织——红十字会与红新月会国际联合会早在 1998 年的报告中不无忧虑地预言:"道路交通事故在不久的将来将超过呼吸疾病、肺结核、艾滋病,成为世界头号杀手之一。"[1]世界卫生组织和世界银行于 2004 年联合发布《世界预防道路交通伤害报告》。据该报告所披露的数据,全球每年有 120 万人

---

[1] 转引自吴兵、李晔:《交通管理与控制》,人民交通出版社 2015 年版,第89页。

死于交通事故,平均每25秒就有1人死于车祸。[1]残酷的事实表明,交通安全问题确实已经成为和平年代的战争,成为和平年代人类社会的头号杀手。

  对于我国来说,防控道路交通事故,减小交通安全伤害同样刻不容缓。研究数据表明,近年来我国每年汽车交通事故死亡人数居高不下,超过发达国家的平均水平。"我国城市道路里程仅占全国道路总里程的7.5%,但城市道路交通事故却占全国道路交通事故的45.8%,城市道路交通事故伤亡人数占全国道路交通事故伤亡总数的38.8%,城市道路百公里交通事故率是高速公路的4倍、普通公路的10倍。"[2]由此可见,我国城市道路交通安全现状远比想象的要复杂。仅以上海为例,2017年上海平均每天至少有3人因交通事故死亡,10人因交通事故受伤,交通事故死亡人数是火灾死亡人数的23.4倍。随着我国城市化进程的加速,城市规模不断扩张,机动化程度不断提升,交通事故也呈现新的特点。交通事故易发区正向大学校园、居住小区等传统安宁区域蔓延,老人、儿童、大学生等特定群体的交通安全应当引起高度关注。[3]据最新的统计数据表明,2018年我国共发生涉及学龄阶段少年儿童的伤亡交通事故2万余起,造成2200多名少年儿童死亡,给家庭和社会造成无法弥补的伤痛。[4]

  值得注意的是,城市交通拥堵问题、城市交通环境污染问题与城市交通安全问题交叉影响、相互叠加,给民众生命和财产带来更大的威胁。当前我国人均GDP已经达到6100美元,正如《道路交通安全"十二五"规划》所揭示的,"从西方发达国家的发展历程看,人均GDP从4000美元到6000美元的阶段正是道路交通事故的高发期,特别是城市交通安全问题将更为突出"[5]。随着城市化进程的加快推进以及我国汽车时代的来临,我国城市道路交通安全隐患不容忽视,交通安全形势依然严峻,交通安全状况仍不容乐观。

---

  [1] 参见世界卫生组织:《世界预防道路交通伤害报告》,刘光远译,人民卫生出版社2004年版,第1页以下。
  [2] 参见赵琳娜等:《中国城市道路交通安全特点解析》,载《城市交通》2018年第3期。
  [3] 参见李彬:《现代城市交通中路车之争的矛盾缓释》,载《上海城市管理》2012年第5期。
  [4] 参见李玉坤:《去年2200多名少年儿童因交通事故死亡》,载《新京报》2019年3月26日版。
  [5] 参见《国务院安委会办公室关于印发道路交通安全"十二五"规划的通知》(安委办〔2011〕50号)。

其一,随着机动化时代的到来,城市机动车保有量与交通需求日渐膨胀。随着我国经济的快速增长,城市道路基础设施必将更加完善,机动车保有量也必将进一步增长,道路交通量也将持续增长。如果我国交通安全管理模式仍保持现状而不进行深层次变革,若城市交通参与者的安全意识和文明素质得不到相应提高,交通管制方式和交通管制手段若得不到相应改进,可以预见,我国城市道路交通安全将面临持续恶化的压力,交通事故数量和交通事故严重程度也会随之加大。[1]

其二,混合交通模式带来交通治理困境。在我国的城市道路上,多种交通工具并行,行人、机动车、非机动车等共同汇集在城市道路之上,这将是交通安全管理持续的挑战。

其三,我国城市化程度攀升与居民交通观念滞后的矛盾将长期存在。目前,我国城市化率持续提升,城市人口急剧膨胀。同时,城市居民小汽车购买能力逐渐提高,汽车拥有率不断飙升。城市化进程和机动化程度激发了更大的交通需求和交通压力,势必会增加城市交通安全事故的发生概率。此外,随着我国城镇化进程的加快,大量农村人口流入城市,外来务工人员占比较高。城市部分群体交通安全观念相对淡薄,"中国式过马路"等违法现象仍较普遍。

目前,大量的城市道路交通安全研究集中于交通工程学、车辆技术学等方面[2],交通安全的法律规制研究则集中于行政法学、刑法学领域。在行政法学领域,主要是对交通违法行为的处理研究,特别表现为行政处罚的构成要件、处罚裁量基准等方面的内容[3],如田勇军探讨了各类交通行政处罚中,"一事不再罚"之"一事"的认定标准[4],黄锴以"黄灯处罚案"为研究对象分析法律续造在行政处罚中的适用[5],郝振清认为,"制定交通行政处罚裁

---

[1] 参见张甜:《我国道路交通事故相关指标预测及安全分析》,载《黑龙江交通科技》2013年第7期。

[2] 参见张艳玲:《道路交通安全管理问题研究综述》,载《道路交通与安全》2008年第4期。

[3] 参见徐晋:《有关机动车停车交通违法行为法律适用的思考》,载《交通与运输》2008年第3期。

[4] 参见田勇军:《交通行政处罚中"一事不再罚"之"一事"问题探析》,载《交大法学》2016年第1期。

[5] 参见黄锴:《法律续造在行政处罚法中的适用及限制——以"黄灯案"为分析对象》,载《政治与法律》2013年第8期。

量基准应当遵循合法性、合理性和地域适当性的原则"[1]。在刑法学领域,主要是对交通违法行为"出行入刑"的研究,特别是在公众热议的多起醉驾案中,刑法学界展开了深入的探讨。

但是,对于城市交通安全的法律规制研究,特别是行政法层面的研究仍然存在诸多不足。城市交通安全管制依然遵循传统的警察高权理论,现代行政法的政府治理论、协同治理论等尚未贯穿于交通安全问题研究,也未引入交通安全管制实践之中。传统行政法通过对交通行政违法行为的惩戒以实现安全管理目标。但是,随着城市交通的发展,传统基于警察高权的管制思想难以化解城市交通安全问题。基于传统管理模式固有弊端,应顺应现代政府"管理"向"治理"的转型,引入协同治理理论,推动城市交通安全管理从"传统管制型"向"协同治理型"的转变。建构城市交通安全协同治理体系,强调政府的"交通安全保护义务",强化城市交通安全的风险管理和预防管理功能,构建政府部门之间"协作治理机制"以及政府与公众的"合作治理机制"。[2]

### (二) 城市交通安全问题的权利视角

对于城市交通而言,"通畅、可达、便捷、绿色"等无疑是交通管制所追求的价值目标。但这些价值目标都是建立在交通安全的基础之上的。换言之,交通安全始终都是城市交通所追求的最基础也是最核心的价值目标。对于交通参与者而言,交通安全也始终是行人、驾驶者等交通参与者的最大交通利益。如果抛开交通安全去谈交通的通畅性与可达性,则是舍本逐末。

当前,以汽车为媒介构建的新型交通在一定程度上促进了社会民众生命安全和身体健康事业的发展。"汽车社会的交通发展使人们凭借机械力实现快速的空间移动,突破了身体的限制,提高了时间的使用效率,提升了社会成员的生活质量,对于疾病的预防与救治也发挥了积极重要的作用;汽车社会的交通发展也极大丰富了人们的生活体验,还使人们的居住、工作、交友、购物等方式得以明显改变。"[3]随着汽车时代的来临,道路安全问题依然是交

---

〔1〕 参见郝振清:《交通运输行政处罚自由裁量基准刍议》,载《生产力研究》2011 年第 4 期。

〔2〕 参见周佑勇等:《现代城市交通发展的制度平台与法律保障机制研究》,中国社会科学出版社 2017 年版,第 14 页。

〔3〕 参见胡金东,田宁:《汽车社会交通治理的伦理路径》,中国人民大学出版社 2015 年版,第 107 页。

通参与者,尤其是行人、老人、幼儿等弱势交通参与者人身安全的最大威胁。世卫组织《2018年全球道路安全现状报告》指出:"每天大约有3500人因道路交通碰撞而死亡,每年有几千万人遭受伤害或致残。儿童、行人、骑自行车的人以及老年人是最脆弱的道路使用者。"[1]

当前,市民的交通权益遭受城市交通问题的影响主要表现在以下方面:第一,交通事故给人的生命安全带来极大的威胁。随着汽车使用的增加,全社会对交通安全的忧虑也与日俱增。从汽车发明起到现在一百多年来,全球已有三千万人葬身于车轮之下,还有不计其数的受伤致残者。现在全球每年仍有一百多万人死于车祸之中,因车祸受伤者则超过千万。这些交通安全事故及其所导致的人员伤亡,折射出现代城市在交通文明观念、交通管制制度及交通技术运用层面的问题。第二,城市生活环境恶化增加。车轮与地面的摩擦音、刹车的尖锐刺耳声、汽车喇叭的嘶鸣声、发动机的轰鸣声使道路两旁的居民夜不能寐、神经紧张,患心血管病的概率增加。汽车尾气中的苯类物质是高致癌物质,铅排放损害大脑神经,一氧化碳、氮氧化物及其他固体颗粒物易诱发呼吸道疾病,温室气体的排放遮蔽了蓝天白云。英国交通环境协会的研究指出,汽车司机受到的车内污染要比路上行人所受的污染高两到三倍。汽车通勤者所遭受的污染要比每天上下班出行所遭受的各种污染多20%。第三,汽车交通造成交通参与人的心理恐惧。电视、广播、报纸、互联网中关于交通事故的报道使很多人患上了交通恐惧症,他们一提起出门心里便发慌,出门在外担心自己遭遇交通事故,待在家里又担心出门在外的家人是否能平安归来。住在城里的家长们尤其担心上学的孩子遭遇"马路杀手",很多家庭放弃了让孩子单独骑自行车或者步行上学,而乘坐公交或出租车仍觉得不够安全,只得自己开车接送孩子。

**(三)城市交通安全管制的政府立场**

近现代交通法治的核心是交通安全管制,其核心宗旨在于保障交通参与者的生命安全。影响城市交通安全的因素众多,包括道路设施、汽车质量、驾驶人素质、整体交通文明程度等等。政府的交通安全管制至关重要。如前文所述,为民众提供交通安全服务是政府义不容辞的责任。反观我国的交通法

---

[1] 参见世卫组织:《2018年全球道路安全状况报告》,https://www.who.int/violence_injury_prevention/road_traffic/zh/,访问时间2018年12月29日。

治,政府的安全管制一直是交通发展的重要动力,政府的管制功能一直是影响城市交通安全的最重要因素。世界卫生组织 2015 年报告中特别提出,加强政府干预与管制,是完全有可能降低和减少道路安全风险的。"如果能够通过有力而持久的执法行动以及公众意识运动来支持道路安全法规,则可使道路使用者的行为产生最积极的变化。"[1]世界卫生组织同时提出:"政府有责任采取必要措施确保为其公民提供安全的车辆。"[2]

  道路安全问题治理被称为"和平时代的战争",而人类能否取得这场战争的胜利,关键在于"良好的治理"。人、车、路以及交通环境是构成城市交通系统的基本要素。正是因为交通参与者、交通工具、交通基础设施、交通环境等诸要素的不协调,构成交通安全的隐患,导致交通安全事故高发。研究表明,"人、车、路、环境所构成的交通系统中,各因素导致城市道路交通事故的比例分别是 91%、1%、2%和 6%"[3]。当前,城市交通法律法规滞后、安全治理的制度供给不足,城市道路交通警示标识不规范,出行人交通安全意识淡薄、交通素养欠缺,交通执法不严、执法不公等现象时有发生,这些缺陷都为交通安全事故的发生埋下了隐患。

  为城市居民提供安全便捷的交通服务,这是城市政府义不容辞的责任。虽然城市交通安全的影响因素众多,但政府部门的行政监管失灵是重要原因之一。在现行法律框架下,公安、交通、建设、规划、市政、环保、安监等行政部门都肩负着城市交通安全的监管职责。但交通安全事故频发、伤亡惨重的残酷现实反映出城市交通安全的监管困境,折射出监管理念、体制与机制的缺陷。城市交通安全关乎民众的生命和财产安全,关乎城市的正常运转秩序。应建立一种有序、安全、协调、科学的城市交通安全管理体系,加大城市交通安全治理力度,改善交通管理措施,尽最大努力减少交通事故发生,降低由交通事故造成的损失,从而为社会经济发展保驾护航、为人民群众生命财产安全提供保障。政府应当承担起"交通安全服务"这一关系国计民生的重要公

---

  [1] 参见世界卫生组织:《道路安全全球现状报告 2015》(中文版),https://www.who.int/violence_injury_prevention/road_safety_status/2015/GSRRS2015_Summary_CH.pdf? ua=1,访问时间 2018 年 12 月 29 日。

  [2] 参见世界卫生组织:《道路安全全球现状报告 2015》(中文版),https://www.who.int/violence_injury_prevention/road_safety_status/2015/GSRRS2015_Summary_CH.pdf? ua=1,访问时间 2018 年 12 月 29 日。

  [3] See Popes S. The Development of Traffic and Traffic Safety in Six Developed Countries[J]. Accident Analysis and Prevention, 1991, 23(5): 12-15.

共物品的生产者、提供者和管理者角色。

近年来,我国的城市道路交通安全现状得到持续改进,这体现在相关交通安全立法、道路管制、车辆管制、驾驶人管制、行人管制等法律制度得到较好执行,同时行人的交通文明水平大幅度提升。同时必须承认,我国城市道路交通安全现状依然严峻,还有较大的改善空间。我国城市交通安全管制的最突出问题体现在政府的交通安全管制模式方面。我国现行城市交通安全管理模式存在条块分割严重、缺乏整体协同,职能交叉渗透、职权职责不清,注重事后惩戒、忽视事先预防,政府主导为主、社会参与不足等问题。公安交通警察部门唱"独角戏",政府部门之间缺乏协同,以"事后惩治"为主,忽视"事先预防",难以根治交通安全隐患,严重影响到城市交通安全的治理状况和治理水平。应顺应现代政府"管理"向"治理"的转型,引入协同治理理论,推动城市交通安全管理从"传统管制型"向"协同治理型"的转变。建构城市交通安全协同治理体系,强调政府的"交通安全保护义务",强化城市交通安全的风险管理和预防管理功能,构建政府部门之间"协作治理机制"以及政府与公众的"合作治理机制"。基于对现代城市交通安全风险的忧虑和对交通安全的渴求,早前侧重于事后执法惩处的法律规制机制已经难以为继,应当更多侧重于对交通安全风险的预防与管理。本质是将交通安全管理关口前移,将交通安全事故发生后的事后惩治转变为交通安全事故发生前的事前预防。

构建城市交通安全的部门协作治理与社会合作治理机制。首先,构建相关政府部门间的伙伴型协作关系,建立综合性、多功能的整体联动式城市交通安全治理体系。重塑城市交通安全治理工作流程,优化协作程序和明确责任,推动"部门分割"转向"部门整合",从"各自为战"转向"协作治理"。其次,构建政府与社会的合作治理机制。鼓励非政府组织与社会力量参与治理,提升城市交通安全的整体抗风险能力,弥补单方面政府管理的不足,构建城市交通安全社会化管理机制。再则,发挥"软法"功能,推动柔性化管理,运用行政奖励、行政合同、行政指导和行政规划等非强制性行政行为方式来推动城市交通安全的良好治理。

(四)构建城市交通安全的法律治理机制

当前,我国大中城市已经进入汽车时代,城市交通安全问题已经成为困扰现代城市的一大难题。人们在获得现代交通工具带来诸多便利的同时,也承受着大量交通安全问题带来的严重后果。而早期交通管理思想更加注重"效率价值",侧重保障机动车驾驶者的驾驶自由。其极端的结果是引发了严重的城市交通安全问题,如公众反响强烈的"杭州飙车案""张明宝醉驾案"等等。

为破解城市交通安全问题,国内外学界纷纷从不同学科展开研究。目前,大量的城市道路交通安全研究集中于交通工程学、车辆技术学、信息技术学等方面。城市规划学、交通工程学、车辆技术学等理工学科侧重于城市交通安全的技术条件研究。法学界则重点围绕城市交通安全的法律规制展开研究。宪法学从生命权与交通权的关系视角切入交通安全问题;刑法学对醉驾、飙车等交通违法行为"出行入刑"问题,以及交通肇事、危险驾驶等特定罪名展开研究;行政法学领域侧重于交通行政决策、行政执法与交通违法行为处理的研究,集中表现为机动车限行决策的合法性与交通行政处罚行为的个案式研究。[1]

但是,对于城市交通安全的法律规制研究,特别是行政法规制研究仍显不足。一方面,行政法学界习惯于在总论行政法的研究框架下,从行政执法与行政违法视角切入,容易忽视城市交通安全问题及其行政监管的独特个性;另一方面,我国现行行政法制侧重于交通违法行为的事后惩处,以期发挥法律的惩戒威慑功能来实现交通安全的管理目标,往往忽视城市交通安全风险规制与事先预防。再则,行政法上的治理理论未能贯穿于交通安全问题研究。传统的城市交通安全法律制度侧重对交通参与者违法行为进行事后惩处,以实现行政管制目标。事后的行政惩处机制在一定程度上能起到威慑作用,从而倒逼交通参与者依法从事交通活动。由此可见,行政法学研究主要从行政处罚的角度切入城市交通安全问题,未能重点研究城市交通安全行政法调控机制中的政府与公众的合作治理机制。

故此,化解城市交通安全难题,需要以城市交通安全现实问题为导向,更新监管理念,创新监管体制机制,进行深入系统的研究。本部分研究以政府"管理"向"治理"的转型为背景,以城市交通安全的行政监管失灵为切入点,以城市交通安全治理的理念更新、功能转向、体制变革与机制创新为研究内容,构建城市交通安全"政府负责、部门协作与公私协力"的协同治理体系。本部分研究重点在于树立"以人为本、安全为先"的城市交通安全法治理念,

---

〔1〕 参见聂福茂,余凌云:《警察行政法学》,中国人民公安大学出版社2005年版,第93页;惠生武:《公安交通管理学》,中国政法大学出版社2006年版,第17页以下。

提出并论证政府的交通安全保护义务与交通安全风险规制职能,构建"政府负责、部门协作、公私协力"的协同治理的行政法律机制。本部分坚持认为,严刑峻法并不能从根本上解决城市交通安全问题。顺应现代政府"管理"向"治理"的转型,城市交通安全"传统管制型"向"协同治理型"监管模式的转变,是应对城市交通安全问题的必然要求;加强城市交通安全的风险评估、风险规制与预防管理,积极能动地为民众提供优质高效的"交通安全保护服务",是现代城市政府的基本职能和重要职责;在"大部制"和"大交通"背景下,建立在分工协作与社会参与基础上的"政府负责、部门协作、公私合作"的协同治理体制机制,是破解城市交通安全问题的必然选择。

## 二、域外城市交通安全管制镜鉴

由于交通安全的极端重要性,欧美等发达国家与地区在交通管制过程中越发关注交通参与者的生命与身体安全,重视交通参与者生命权利的保护,积累了丰富的可资借鉴的经验。

### (一)美国交通安全管制

美国是世界上最早进入汽车社会的国家,也是有记录显示的最早发生汽车交通死亡事故的国家。这起事故发生于1899年的纽约街头,一位妇女被一辆福特车撞上而不幸丧生。20世纪中期,美国道路交通事故率、死亡率一度升高,其交通安全治理也在此时得到重视,获得了一定成功。

(1)设置专门的交通安全管理机构。美国对公路、铁路、水运、航空等交通安全非常重视,以完善的机构设置来确保交通安全。在联邦交通运输部中设立了机动车安全管理局(FMCSA)、公路交通安全管理局(NHTSA)等机构,主要工作目标是通过安全教育问题研究、标准制定和执法活动,预防道路交通事故,维护生命安全,降低人员伤害和减少经济损失,具体工作包括制定机动车安全标准、车辆操作标准,普及推广交通安全经验与相关知识。各地方交通运输厅也设立了相应的交通安全机构。2002年美国联邦运输安全管理局和海岸警卫队还从运输部中分离出来组建了国土安全部,加大了对交通安全的综合治理力度。除了在交通运输部门中设立交通安全机构之外,美国还成立了联邦运输安全委员会(NTSB)。该委员会成立于1967年,专门进行各种交通事故的调查,同时进行交通安全研究以及有关数据分析等工作。

NTSB设立了快速反应队(GOTEAM),常常能在事故发生后的第一时间赶赴现场开展事故调查。NTSB还在1998年设立了交通事故受害者援助机构(TDA),联络受害者家庭和相关机构,从事交通事故处理的协调工作。

(2) 设计细致的安全制度。美国的交通安全制度设计较为完善,涵盖事故发生前、中、后等各个阶段,加强交通事故的预防、控制与治理。事前预防主要从交通安全教育着手,增强社会大众尤其是儿童的道路安全意识,将道路交通事故发生率降至最小。万一事故发生,应急系统在第一时间启动响应,尤其是紧急医疗救助及时到位。事故发生后认真总结,进行事故原因分析,提出交通系统的改进措施,依法对事故肇事者进行责任追究,对事故受害方进行赔偿。美国在1998年通过的《21世纪交通运输公平法案》中明确要求,各州交通运输管理部门和大都市区交通规划组织在进行交通运输规划时应该优先考虑安全问题。其2005年通过的《安全、可承担、灵活、高效、公平运输法案》中规定,必须将"安全因素"作为地方组织进行交通规划考虑的首要因素,并相应增加用于交通安全方面的财政预算。美国从1997年开始制定道路安全战略计划(SHSP),SHSP在多个机构合作下完成,由交通运输部主导,具体执行由其下属的联邦公路管理局负责,另外还联合了美国公路运输协会、联邦运输安全委员会、美国运输研究委员会等政府组织与民间组织。SHSP的内容相当广泛,包括了道路交通安全的诸多因素,从细致的交通安全专项设置开始促进交通安全,预防交通事故发生,降低交通事故死亡率。

(3) 重视交通行为管理。美国重视从驾驶员管理入手促进交通安全,认为机动车驾驶员的不规范行为影响巨大,常常威胁其他交通者的人身安全。首先是严格的驾驶执照管理。驾照是驾驶员具有足够驾驶能力并能独立进行驾驶行为的法律许可,必须严格把关,将驾驶技能不熟练者排除在驾驶员队伍之外。美国以严格的程序审查驾驶员资格,尤其对年轻人的驾照发放更为仔细,不仅要审核其驾驶技能,还要审核其心理素质及其他行为习惯。虽然如此,美国年轻驾驶员的驾驶比例和事故率仍然很高。根据一份政府报告,美国驾驶员中年轻群体(15—20岁)导致的交通事故率是平均数的近3倍,其造成的交通事故死亡率也两倍于整体平均水平。美国年轻驾驶员在全部驾驶员中约占6.3%,但其造成了18%的道路交通事故,在道路交通死亡事故中占比为13.6%。年轻驾驶员的行为往往更具侵略性,经常发生闯红灯、飙车、酒后驾车等行为。尤其是酒后驾车行为伤害性、侵略性更强。美国全社会积极采取行动,反对酒后驾驶。在1980年,美国成立了反对酒驾的民间组织——反酒驾母亲协会（MADD），参加者大都是一些未成年孩子的母亲。美国法律规定，当酒后驾驶者造成交通事故致人死亡时，可以以二级谋杀罪对其进行起诉。而且美国对于酒驾的认定标准相当严格，只要血液中酒精浓度达到0.05％就可认定为酒驾；对于年轻驾驶员（15—20岁）的酒驾认定标准更为苛刻，只要其血液中酒精含量超过0.01％便可认定。美国在加强驾驶行为的管理中还重视对驾驶员的再教育，使之接受和正确使用新技术、新设备。如引导驾驶员对防抱死制动系统的正确使用，加强对驾驶员的安全教育，使其提高安全意识，避免疲劳驾驶，增强其对安全气囊及安全带的认识。还引入车内一氧化碳探测技术，保证驾驶员的身体健康等。除了加强机动车驾驶员的安全管理，美国还很重视行人（包括非机动车骑行人）的安全教育与管理，努力减少交通中的人车、机非冲突，切实保障非驾车出行者的生命安全。行人、自行车骑行人及摩托车骑行人是交通事故中易受伤害群体，尤其摩托车车速较快，运动中平衡不易控制，且骑手没有钢铁外壳保护而暴露于外，面临较大的安全威胁。

近些年美国交通治理中重点关注摩托车、自行车骑行人及行人安全，努力提高步行者横穿道路的安全，从技术设计层面重点优化交叉口设计，大力完善交通安全评价指标体系，在操作过程中努力减少人车冲突、机非冲突，重点治理事故频发区尤其是学校周边的交通安全问题，并加强对行人、自行车和摩托车骑行人的安全教育，使其增强安全意识。

（4）安全理念贯穿于交通规划之中。美国各州对于交通中的"安全"和"环境友好"都非常重视，而且有相应的交通安全规划对策。据王雪松、彭建对美国25个大都市区在2010年前后的交通规划的比较研究发现，其交通规划的总体目标中都将"安全"和"环境友好"排在了重要的位置，其中22个大都市区提出了具体的交通安全规划对策。如旧金山大都市区在其交通规划中不仅确定以"安全"作为"总体目标"，还进一步明确交通安全的具体目标：要进一步降低由于机动车、行人、自行车之间的冲突而导致的死亡率。"到2035年，机动车造成的死亡人数要在2010年的基础上降低15％，机动车和行人与自行车发生事故导致的死亡人数均要下降25％。"[1]目前，美国绝大多数州都实施了《儿童安全法》，各州都规定12岁以下的儿童不得坐在汽车

---

〔1〕 转引自王雪松，彭建：《美国大都市区最新综合交通规划比较研究》，载《国际城市规划》2012年第1期。

前排的座位上,否则将对责任人予以罚款。

在具体的交通安全设计中,美国对道路施工区和交叉路口的安全问题认识较深,设计用心。与其他国家一样,美国的道路施工区与交叉口的交通事故发生率也很高,每年死于这两类交通事故的人数占全部交通死亡人数的20%以上。[1]为了保障施工区与交叉口的交通安全,美国在《交通运输战略规划(2009—2014)》中,将这两方面的交通安全设计放在了突出位置。除此之外,美国道路设计者还减少了硬质护栏的设置。美国公路路堤普遍较低,边坡较缓,一般不使用硬质的防护栏。他们认为硬质的防护栏不太安全,除非在公路桥或在路侧有电线杆需要分隔时才设置一些。

(5) 设置严格的交通安全技术设计及其标准。美国联邦公路交通安全管理局是进行交通安全标准设计的最主要机构,其自1968年开始颁布机动车安全标准,对车辆的轮胎、安全气囊、安全带、制动等设计进行规定。机动车安全标准是强制性标准,要求在美国销售与使用的所有车辆必须达到该标准。2010年公共巴士和校车安全的新标准出台,包括紧急出口门的外部松开方式、打开车窗的用力大小及其方式、打开紧急出口的用力大小及其方式等。除了联邦公路交通安全管理局颁布的FMVSS标准外,美国联邦公路管理局、美国州际公路和运输工作者协会、美国运输研究委员会等机构也参与编制了交通安全标准设计,如交通控制设施设计标准(MUTCD)、公路安全手册(HSMD)、数字化道路数据收集系统(DHMS)、道路系统人性化因素指南(HFG)、事故数据记录及管理的标准(MMUCC)等。总之,美国在联邦法律、政策和地方措施的综合作用下,在政府与社会公共组织、高等院校、社会公众以及企业等的共同努力下,以高效的安全管理机构设置、细致的安全制度设计、完备的交通安全规划以及严格的交通安全技术标准等手段,进行交通安全治理,卓有成效,城市和乡村交通死亡人数都在大幅降低。

**(二) 欧盟交通安全管制**

欧盟诸国整体上都非常重视交通安全,各国都想方设法努力减少交通中的人身伤害。2012年欧盟27国总的道路交通死亡人数为2.8万人。其总的汽车保有量约3.1亿辆,万车死亡率约为0.9。在德国这个世界上最早诞生

---

[1] 转引自胡金东:《伦理视域下中国汽车社会道路交通困境及治理研究》,长安大学2013年博士学位论文,第32页以下。

汽车的国度,当前其汽车制造水平在全球仍首屈一指,所造汽车车速快、稳定性高。德国高速公路不限速,大家在公路上行驶普遍很快,但事故发生率很低,事故伤亡率更低。

(1) 交通安全宏观政策。欧盟于1998年提出了加强交通安全的应对政策,内容包括对交通安全问题进行整体反思、保障上学道路上的安全、规定限制司机连续工作的时间等。同一年,英国运输部的《交通政策白皮书》中提出了增加交通安全的内容,诸如:增加中央和地方的资金投入以改善道路质量;全面帮助高速公路上的抛锚车辆,减少道路施工对交通安全的影响;提高道路安全和车辆的安全性能;加强滥用车轮锁的管理;提供二手车市场的信息服务和保护;为司机提供充分的信息支持;等等。英国在2000年出台了新道路交通安全政策,采取有力措施促进道路安全,推广使用自行车头盔和车前灯,保障中小学学生上学路上的交通安全。

(2) 交通安全技术法规。欧洲制定了一系列安全技术法规以保障交通安全。为了更好地保护车外行人(包括步行人与自行车骑行人),欧洲在20世纪90年代推出了行人安全保护试验方法及碰撞模拟器,欧盟在2003年出台了行人安全保护技术法规200102/EC,并于2009年修订颁布了新的技术法规NO.78/2009。汽车制造公司也在技术方面不断推陈出新,适应新的法规要求,欧洲著名的汽车公司梅赛德斯—奔驰公司就拥有先进的制动轴助系统BAS和夜视轴助系统,可以提前预判车辆对行人的威胁,并在紧急情况下接管车辆控制。欧洲非常注重车辆的主动安全性、被动安全性及车外安全性。在车辆主动安全性上,欧洲车辆较早地运用了ABS(刹车防抱死系统)。欧盟NO.661/2009指令要求,2011年11月起欧盟区销售的MI、N类车辆须配备安装ESC(电子稳定控制系统)。该指令还要求自2012年11月起欧盟区销售的MI类车辆须配备安装TMPS(轮胎气压监测系统),自2013年11月起欧盟区销售的MI类车辆须配备安装绿色轮胎。

(3) 驾驶行为管理。欧洲人认为司机需要具有专业的技术来从事驾驶,因为驾驶带有一定的危险性,尤其是对其他交通者存在安全威胁。对于机动车驾驶行为的管理一直是欧盟各国交通管制中的核心内容,其管制的目的是"坚决杜绝危险驾驶"。在欧洲大多数国家,酒驾、驾驶时使用电话均属违法行为,会遭重罚甚至要被拘禁。虽然严格的驾照管理提高了成本,但保护生命安全可以不计成本,生命具有高于一切价值的最高价值。各国的具体管理方法尽管有差别,但从严管理的态度是一样的。法国驾照考试首次通过率约为30％,领取驾驶证时设置了6分,违章一次根据轻重程度扣1~3分,6分扣完驾照将被吊销,且在吊销后的半年内不能重考。德国驾驶员考试不仅要考驾驶技能,还要考紧急救护知识。德国高速路上不限速,如果驾驶员开错了车道可能会坐牢。另外如果出现以下情况均属犯罪行为:发生交通事故时放弃救治伤员、事故发生后擅自离开发生地、错误超车、醉驾、无证驾车等。

欧洲对驾驶员的开车时间和强制休息时间做了很具体的规定,并配以先进的技术手段进行监控。人们认为驾驶员只有在精力充沛的状态下才能保持注意力集中,有效避免违规驾驶,保障道路交通安全。1998年欧盟法令就提供了记录司机的驾驶时间和休息时间的数字记录技术设计标准,对驾驶员工作时间进行电子跟踪记录,每隔两小时就提示驾驶员休息一次。2006年欧盟颁布的新法令对驾驶员工作与休息时间做了更为具体的规定。比如:驾驶员一天之内驾驶时间不得超过9个小时;驾驶员一个星期的总驾驶时间不超过56小时;在任何连续两个星期的驾驶时间累计不得超过90小时。

### (三) 日本的交通安全管制

在20世纪60年代,日本道路交通事故中的死亡人数很高,每年都在万人以上,最高的1970年交通死亡人数竟达16765人。70年代之后,日本的交通死亡人数逐渐减少,90年代以来下降明显。如果将中国的情况与此相比较会发现,中日汽车保有量相当,但中国每年道路交通事故死亡人数是日本的12倍以上。日本在交通安全管制中注重采取提升交通参与者的交通文明与道德,改善交通基础设施的安全可靠性,发展智能交通系统(ITS),改善车辆性能,提高安全系数,以及加强交通管理等措施进行综合治理。

(1) 培育驾车文明。日本由于其国土面积较小、人口密度大,进入汽车社会后道路交通压力迅速增加,道路交通中争道抢道经常造成交通事故的发生,伤亡人数也较多。频繁的交通冲突和交通事故促使日本社会开始变革交通发展的思路,培育更为科学、道德、安全的交通文明。因为在汽车社会,只有整体流动性增强才可以保证个体的交通效率。交通参与人片面追求自身的效率,来回变道、强行插队不仅会降低整体效率,发展到一定程度会使自己寸步难行,还会给道路交通带来极大的安全隐患。培育驾车文明最直接的机构就是驾驶员学校,它们关系到驾车人及其家庭乃至整个交通系统的安全,承担着重大的社会职责,驾校的培训工作直接影响整个区域的驾驶风格。日本重视对管理部门、驾校管理者社会职责的教育和灌输,使其能将社会责任放在经济效益的前面,从而培养驾车者能尊重并维护社会整体的交通效率和交通安全,在此基础上实现自己的交通目标。交通法规需要每个人自觉地维护,当外在的约束变成内在的自觉时,交通文明的力量就会显露出来。在经历了几十年的汽车社会推进后,如今日本汽车交通文明已经形成。机动车、行人之间能达成理解、共识,尽量不侵扰对方的路权,路权交叉处机动车礼让行人。机动车之间默契感增强,同时流动才会使速度更快。虽然日本民众时间观念较强,比较重视效率,节奏很快,但在道路交通中表现得不急不躁、有条不紊,这既有日本自身的文化特点,又与汽车社会的发展阶段相关。在亚洲,日本进入汽车社会较早,相应的汽车文明较为成熟,司机的规则意识也是一种"集体无意识"的规则的体现。日本文化中有一种对于社会的责任感,一有机会可以让社会变得更好时,日本民众总会切实践行。他们认为,司机的"加塞"不是一种开车技术,而是一种对其他人的安全、权利的不负责任,这种举动很少有人跟风、盲从,更不用说是赞扬、模仿了。因此,谦和、自觉、守法的交通文明从此形成。

(2) 有效的安全管理措施。日本在 1970 年建立了全国性的交通安全对策会议制度,在该会议制度中首相出任最高主席,其他政府部门负责人也积极参加。日本的交通安全对策会议实际上是其进行交通安全管理的最高协调议事机构。日本在 1960 年《道路交通法》的制定以及其后历经的多次修改中,都非常重视加强交通安全的具体规定。如 1972 年的新修改法中要求新手上路时佩戴"新手驾驶标志",1985 年的新修改法中规定司机必须系安全带,2004 年的新修改法中强调将开车时使用手机的行为纳入刑事处罚,并在 2007 年加重了对酒驾行为的处罚。与欧美发达国家一样,日本的驾照管理非常严格,笔考、路考环节严格把关。日本还有更具特色的措施,即驾校学员"承诺书"制度、学员毕业时需递交一份"承诺书",不仅需严格守法守则,还需严格遵守约定俗成的交通习惯,如不随意变道、不加塞等。通过此举来保证新毕业学员开车上路后,道路交通的整体伦理水平不降低。日本还非常重视对自行车骑行者的安全管理,除了要求他们在骑行过程中佩戴安全帽外,还要求骑行者穿鲜艳且带有一定反光效果的外衣,同时要求上路的自行车安装车前灯。

值得一提的是,日本对交通事故中的当事人按年龄分组,分析造成事故的生理及心理原因。另外还会对各地区交通设施的建设和维修情况,及其资金投入情况进行统计。日本细致的事故统计及科学的数据分析对于交通事故预防、交通安全教育、交通安全政策的出台等都具有重要作用。

（3）注重交通安全教育。日本在政府主导下经常开展大规模的交通安全宣传教育活动，全社会组织包括政府部门、社会组织、媒体等积极参与其中，有时还会请一些具有很高知名度的影视明星出任交通安全形象大使。电视台、电台、报纸每天更新播报交通安全的监督情况，及时公布交通信息。地方政府也开展丰富多样的交通安全教育活动，采取诸如模拟演示、图片、现身说法等教育形式使人们对交通事故印象深刻，使他们的交通安全意识大大增强。如其关东地区最大的县——枥木县为了促进安全交通、文明交通，开展了"交通安全全民对话"活动，组织公民学习交通安全法规，举办促进交通安全交流会，编发交通安全知识手册，全县两百多万公民积极响应参加，活动效果良好。

（4）运用最新交通安全技术。日本汽车业发展较快，在世界市场上表现不俗。除了经济、节能等特点外，日本汽车厂商也非常重视车辆安全技术的研发。如丰田公司便拥有较先进的车外行人安全气囊系统技术，虽然当前这种设备的安装成本很高。日本的氢燃料电池车安全标准在国际上得到认可。2013 年 6 月，联合国在"世界车辆法规协调论坛"上确定氢燃料电池车安全标准方案时便采用了日本的方案。日本的智能交通技术对促进交通安全具有很大贡献。日本早在 20 世纪 80 年代即开始发展智能交通技术，东京在 2008 年推出的"超级畅通计划"中便充分利用该技术计算出车流量，通过电子指示牌实时发布信息，进行动态调整，将人、车、路有机地结合在一起，有效地保证了交通畅通与安全。

## 三、从管理到治理：城市交通安全协同治理模式的提出

域外发达国家的交通安全管制实践中，综合运用了教育、管理、法律、技术等手段将人身伤害与安全威胁风险降到最低，为汽车时代人与人之间、汽车与人之间的和谐相处探明了方向，也为我国交通安全管制发展提供了丰富有效的经验借鉴。我国自 2004 年实施《道路交通安全法》以来，道路交通安全状况也发生了明显改善，道路交通事故死亡人数逐年降低。同时，交通安全法律法规也在不断变革。当前，我国城市交通安全管制需要结合发达国家的治理经验，形成一套完整的、从理念到制度的健康与安全保障体系。

## （一）城市交通安全"一元化管理"与"二元分治模式"

道路交通安全受人、车、路和环境等多种因素的综合影响。当前我国针对城市道路实行的是道路设施建设管理与道路安全管理相分离的二元分治模式。

首先，关于城市道路设施建设管理。目前国务院《城市道路管理条例》和相关地方性法规奠定了城市道路基础设施建设和管理的法制基础。国务院《城市道路管理条例》第2条规定，城市道路是指城市供车辆、行人通行的，具备一定技术条件的道路、桥梁及其附属设施。[1]该条例第6条明确规定，城市建设行政主管部门或市政工程行政主管部门主管辖区内城市道路管理工作，具体包括城市道路的规划、建设、养护、维修和路政管理。[2]

其次，关于城市道路交通安全管理。《道路交通安全法》奠定了我国城市道路安全管理的法制基础。根据《道路交通安全法》第4条的规定，各级人民政府承担道路交通安全管理规划与实施的职责。[3]同时该法第5条授权公安机关交通管理部门具体负责道路交通安全管理工作。[4]除此之外，该法还赋予交通部门、城市建设部门在各自职责范围的道路安全管理工作，并赋予教育行政部门、新闻、出版、广播、电视等有关单位以及机关、部队、企业事业单位、社会团体以及其他组织进行道路交通安全教育的职责与义务。[5]

---

[1] 参见《城市道路管理条例》第2条："本条例所称城市道路，是指城市供车辆、行人通行的，具备一定技术条件的道路、桥梁及其附属设施。"

[2] 参见《城市道路管理条例》第6条："国务院建设行政主管部门主管全国城市道路管理工作。省、自治区人民政府城市建设行政主管部门主管本行政区域内的城市道路管理工作。县级以上城市人民政府市政工程行政主管部门主管本行政区域内的城市道路管理工作。"

[3] 参见《道路交通安全法》第4条："各级人民政府应当保障道路交通安全管理工作与经济建设和社会发展相适应。县级以上地方各级人民政府应当适应道路交通发展的需要，依据道路交通安全法律、法规和国家有关政策，制定道路交通安全管理规划，并组织实施。"

[4] 参见《道路交通安全法》第5条："国务院公安部门负责全国道路交通安全管理工作。县级以上地方各级人民政府公安机关交通管理部门负责本行政区域内的道路交通安全管理工作。县级以上各级人民政府交通、建设管理部门依据各自职责，负责有关的道路交通工作。"

[5] 参见《道路交通安全法》第6条："各级人民政府应当经常进行道路交通安全教育，提高公民的道路交通安全意识。公安机关交通管理部门及其交通警察执行职务时，应当加强道路交通安全法律、法规的宣传，并模范遵守道路安全法律、法规。机关、部队、企业事业单位、社会团体以及其他组织，应当对本单位的人员进行道路交通安全教育。教育行政部门、学校应当将道路交通安全教育纳入法制教育的内容。新闻、出版、广播、电视等有关单位，有进行道路交通安全教育的义务。"

基于此,针对城市交通安全问题,公安部门具体负责道路交通安全工作,实行的是公安机关的"一元化管理"。在公安部门负责道路交通安全工作的同时,城市建设或市政工程部门负责城市交通规划及道路基础设施建设管理工作,实行的是城市道路设施管理与城市道路安全管理相分离的"二元分治模式"。

(二) 现行城市交通安全管理模式的弊端

我国城市道路设施的建设和管理权限在当地城市建设部门,城市道路交通安全管理则突出强调公安交警部门的职责权力,这种分治管理模式有其存在的正当性和现实必要性,但是难以适应现代城市经济与社会的快速发展,主要存在以下问题:

1. 条块分割严重,缺乏整体协同

从世界各国来看,维护社会的秩序与安全属于警察机关的重要职能。道路交通安全管理工作在传统上亦是由警察部门负责。究其原因,这主要是由于在城市道路交通发展的早期,城市道路交通相对落后,交通参与者的行为是诱发交通事故的最主要诱因。与此同时,作为警察权的必然延伸,交通安全管制成为警察权的重要职权。对于交通警察来说,运用警察权的强制手段纠正交通参与者的交通违法行为,这是警察部门的优势。正因为如此,公安机关在道路交通安全管理中一直占据主导地位。我国现行城市道路交通安全的管理体制仍然是公安交警部门唱"独角戏",政府部门之间相互协同、齐抓共管的工作格局尚未形成。

2. 突出事后惩治,事前预防不足

交通安全涉及人、车、路和环境等多项因素。依据现行《道路交通安全法》,公安部门负责城市交通安全管理。公安交警部门维护城市交通安全的最主要手段是"路面执法",突出强调的是对交通安全影响因素中的"人的行为"的管理,如对行人、驾驶员违反交通安全管理规范行为的事后惩戒。过分强调和依靠交通警察机关的高权行为和惩戒处罚等强制性手段解决交通安全问题,在一定程度上忽视了道路交通的硬件条件、技术基础、环境要素等等,削弱了交通部门、城市建设部门、市政工程部门的交通安全管理职能与职责。近年来,我国城市交通安全问题呈现多发态势,但公安交警部门承担的是路面执法活动,主要是一种针对交通违法行为的个案式、"一事一议"的事后处理。由此可见,交警部门偏重于交通违法违规行为的事后处罚惩戒。这种以"事后惩治"为主,忽视"事前预防",警察执法权威为主,其他部门协助为辅的交通管理模式难以根治交通安全隐患,难以实现城市交通安全畅通的基本目标。

3. 职能交叉渗透,职权职责不清

正如前文所述,我国城市交通安全问题主要由公安交警部门负责。但城市交通安全问题是极其复杂的系统工程,涉及人、车、路、环境多个方面,牵涉公安、交通、规划、建设、工商、发展改革、安监、质检等多个行政部门。道路安全的一元化管理、二元式分治、多元化管制主体的治理体制增加了部门之间的协调难度,难以形成治理的合力。在传统管制体制之下,城市道路交通的规划部门、建设部门、公安部门、城管部门等相互推诿扯皮现象和争权夺利现象都较为突出。可以想见,这样的监管体制势必难以实现交通安全的管理目标。由于各个管理部门之间欠缺协作协同治理机制,各政府主体从本位主义出发,各人自扫门前雪,只着眼于本机关本部门所关注的问题,不太会顾及其他管理部门以及交通安全管理的整体效果。其结果是城市交通安全的责任在国家与地方,城市政府、公安、市政等部门之间被割裂开,遇利相互争抢,遇事相互推托扯皮,使得安全责任落不到实处,难以形成合力,资源得不到充分合理利用,从而影响到城市道路交通管理水平的提升。[1]

4. 政府主导为主,社会参与不足

我国城市道路安全管理仍然"主要是由政府部门大包大揽,尚未形成多元主体良性互动的协作治理框架"[2]。社会公众难以介入交通安全管制过程中,只是被动接受。这主要是由于政府主导、权力本位、管理本位所导致。前文已经有所论述,在此不再赘述。

### (三) 城市交通安全协同治理理念的引入

一般认为,"治理"区别于传统的管制、管理。所谓"治理","是各种公共的或私人的个人和机构管理其共同事务的诸多方式的总和。它是使相互冲

---

〔1〕 参见唐洪:《完善我国道路交通安全管理体制的若干思考》,载《湖北警官学院学报》2012年第10期。

〔2〕 参见王雪丽:《城市公共安全体系存在的问题及其解决方略》,载《城市问题》2012年第7期。

突的利益得以调和并采取联合行动的持续过程"[1]。治理具有主体多元性、过程系统性、灵活多样性等特征。治理的目的是达至善治。所谓善治,侧重的是政府与社会之间的良好互动的治理形态。善治强调有别于传统政府治理的合作治理。[2]

协同治理理论是治理理论的重要分支,也是治理理论的新发展。协同治理理论旨在应对公共治理的现实困境。所谓协同治理,"是指处于同一治理网络中的多元主体间通过协调合作,形成彼此啮合、相互依存、共同行动、共担风险的局面,产生有序的治理结构,以促进公共利益的实现"[3]。如前文所述,协同治理更加强调"合作治理的协同性"。[4]其内涵包括治理主体的多元性、治理目标的一致性、治理效果的有效性、治理系统的协作性、治理秩序的稳定性。[5]

### (四) 城市交通安全协同治理体系之构成

如前文所述,传统城市交通安全管理主要属于警察法意义上的秩序行政范畴。

当前,在中国城市交通管理中,同时存在政府主体之间争权夺利或推诿扯皮现象,也存在交通安全治理决策过程中政府权力主导,交通参与者参与和认可程度偏低等问题。因此,有必要建构政府部门之间"协作治理"以及政府与公众的"合作治理"协同治理型城市交通管理模式,"应在完善政府内部治理结构和充分动员社会化力量的基础上,从政府系统内的自循环逐步过渡到政府与社会协同治理的双循环"[6]。"构建系统联动的立体化、交互式、多层次、多序列的城市交通安全治理网络"。[7]

---

[1] 转引自刘光容:《政府协同治理:机制、实施与效率分析》,华中师范大学出版社2008年版,第17页。

[2] 参见俞可平:《治理与善治》,社会科学文献出版社2000年版,第22页以下。

[3] 转引自李辉,任晓春:《善治视野下的协同治理研究》,载《科学与管理》2010年第6期。

[4] 参见李辉,任晓春:《善治视野下的协同治理研究》,载《科学与管理》2010年第6期。

[5] 参见潘开灵,白烈湖:《管理协同理论及其应用》,经济管理出版社2006年版,第4页。

[6] 参见王雪丽:《城市公共安全体系存在的问题及其解决方略》,载《城市问题》2012年第7期。

[7] 参见王雪丽:《城市公共安全体系存在的问题及其解决方略》,载《城市问题》2012年第7期。

1. 交通安全管理职能重构：交通安全国家保护义务

当前，我国大中城市已经进入汽车时代，汽车拥堵已是重要的"城市病"，同时机动车增加引发的安全问题已经成为困扰现代城市的一大难题。人们在获得现代交通工具带来的诸多便利的同时，也承受着大量交通安全问题带来的恐惧，也就是说，城市交通安全问题实质上是一个风险社会的"我害怕"的问题。[1] 向市民提供交通安全保护服务是政府的一项重要责任。与此相对应，享受安全便捷的城市交通服务是民众的一项重要权利。为此，应当从宪法层面论证市民交通权的成立，并构建国家特别是政府的交通安全保护义务。现代城市交通安全法律治理机制的功能逐步从"安置保障"向"安全保护"转向。

2. 交通安全管理重心转移：从事后惩戒到安全预防

随着风险社会的到来，城市交通安全风险逐渐凸显。城市交通安全的常态工作应该以对潜在交通安全风险评估、风险预防和风险管理为主，提前预见城市发展过程中可能潜在的各种安全风险，制定安全预防方案，将城市交通安全事故消灭在萌芽状态。

3. 交通安全协同治理机制：部门协作与公私合作

首先，构建行政系统内部的协作治理机制。对于公安、交通、城市建设、市政工程等城市政府的各个专业部门而言，面对转型时期错综复杂的城市交通安全形势，必须打破旧有条块分割式的城市交通管理，进一步强化城市政府内部的部门间协作，构建伙伴型合作关系和工作机制。其次，构建政府、社会、交通参与者的合作治理机制。

# 四、交通安全保护：城市交通安全治理的国家义务

传统法学一般将包括交通安全在内的公共安全视为一种"公共利益"。维护公共利益，实现城市道路安全与秩序，成为警察行政与秩序行政的重要职能。为了实现公共安全，对交通参与人的个体权益进行限制成为一种政府警察"特权"。[2] 但是传统的警察与秩序行政，较少从相对人视角去认识交通安全问题。也即，交通安全不仅仅是公共利益，同时交通过程必然涉及特定

---

[1] 参见[德]乌尔里希·贝克：《风险社会》，何博闻译，译林出版社2004年版，第23页。
[2] 参见李震山：《警察行政法论——自由与秩序之折冲》，台北元照出版有限公司2007年版，第57页。

与非特定个体的生命权、健康权、财产权、迁徙自由等个体的权益;与此相对应,政府和警察机关的交通安全管理绝不仅仅是一项职权,更是政府的职责与义务。

### (一) 交通安全的公法权利属性

根据现代公法理论,人权经历了从第一代人权向第二代、第三代人权的发展历程。所谓第一代人权以法国《人权宣言》和美国《独立宣言》为代表,主要包括生命权、自由权、财产权、安全权、反抗压迫的权利、追求幸福的权利等等;第二代人权主要包括平等就业权、同工同酬权、社会保障权等基本权利;第三代人权则反映在《联合国宪章》、国际人权宪章等一系列国际法文件中,其内容包括民族自决权、生存权、发展权等基本权利。[1]

依据基本权利的传统分析框架,交通安全本身并不构成一种类型化的权利形态。但是毫无疑问,交通安全问题的重要性却不言而喻。"衣、食、住、行"是人类生存与发展的要素,交通则是"行"的核心体现。安全则是交通最重要的价值目标。于交通以及交通安全的重要性,公法上对其进行特别的规制和调控,以保障公民的交通安全权益成为必要和可能。

德国和日本的理论研究与立法实践表明,交通是实现宪法上迁徙自由、出行权、劳动就业权、受教育权等其他基本人权的基础。"安全则是交通最重要的考量",也是实现其他基本权利基础的基础。

首先,交通安全具有人权保障功能。在早年城市交通不发达的时代,为了促进交通运输的发展,对于交通安全的法律调控机制以主观过错与客观后果为归责原则,更注重管理角度的公法调控,其功能定位于"安置保障",保障对象主要为交通参与人。随着城市交通的发展,城市交通安全引发的严重社会风险,使得交通安全的公法调控机制同时注重私法机制的调控作用,以克服风险社会中城市交通安全问题引发的社会恐慌,进而实现城市交通关系人的"人权保障"。基于"人权保障"要求的城市交通安全法律调控机制的具体建构是交通安全立法中的行人优先权的制度设置。基于"人权保障"要求,相对于机动车的通行权,行人的生命权、健康权则更为重要,因此我国《道路交通安全法》体现了"以人为本"的立法指导思想,如增列抢救优先、人行横道设置盲道等规定,出现了行人优先权的制度设置。同时,交通安全立法如何进

---

[1] 参见张翔:《基本权利的规范建构》,高等教育出版社2008年版,第38页以下。

一步实现行人乃至交通相关人的优先权配置,进而其在私法机制中得到体现,需要进一步研究。

其次,科学合理的道路交通事故损害填补机制建设。由于城市交通的相关人在道路交通事故中处于弱势地位,要实现有效充分的"人权保障"目标,就特别需要建设科学合理的交通事故损害填补机制,如基于私法责任承担的机动车强制保险、交通事故救助基金等。因此,如何以《道路交通安全法》所设定的相关机制为切入点,探讨其中的人权保障意义及其具体实施,将成为本部分内容的研究重心。

再次,交通安全是公民社会权的保障。社会权包括生存权、工作权、受教育权等一组权利,交通安全对社会权利具有工具性价值。交通发展能改善人民生活,使生活水准权得到保障。交通发展能扩大选择工作的范围,改善工作环境。交通发展能保障学习机会权、学习条件权和学习成功权。但交通发展也会对公民社会权造成损害,譬如在城市交通发展过程中,涉及大量的房屋拆迁问题,这涉及公民住房权问题,因此探究交通发展过程中公民社会权救济机制具有重要价值。

基于交通以及交通安全的重要性,公法上对其进行特别的规制和调控,以保障公民的交通安全权益成为必要和可能。交通安全能否构成公民公法上的权利,同时国家能否承担相应的公法上的义务?随着社会的发展和人权观念的演进,我们逐步在法学和法律上得到了肯定的答案。[1]

### (二) 公法上交通权的形成与发展

现代政府的一项重要职能即是维护交通安全与秩序。法律授予警察机关交通安全管理权,这也是世界各国的通行做法。近年来,在德国、法国、日本等国家,随着福利国家和社会权理念的兴起,公民"交通权"观念逐渐生成并不断发展。

在德国,传统警察行政法认为,交通管理旨在实现安全与秩序等公共利益,警察机关有较大裁量空间和判断余地,交通参与者和道路利用人有容忍和服从之义务。警察机关在道路安全管理过程中:一方面,民众的权益即使受到客观影响,也仅仅是一种"反射利益",而不能主张公法上的权利;另一方

---

[1] 参见[德]亨利·苏勒:《德国警察与秩序法原理》(中译三版),李震山译,台北登文书局2005年版,第13页以下。

面,政府与警察机关享有交通安全职权,但其职责的边界却并不明晰,安全管理职能没有发挥好,交通安全情况恶化,难以追究法律上的责任,而只能追究其行政与政治责任。近年来,随着公物法理论与人权观念的发展,德国学者提出了"交通权"和"道路通行权"的概念,认为道路通行权是德国基本法上"行动自由"的重要内容,主张对警察交通管理行为与措施进行必要的法律规制,保障道路利用人的公法权利。[1]与民众的交通权相对应,为民众提供安全保护服务则成为政府的职责与公法上的义务。

在日本,学者首先从学理上证成"交通权",近年来,理论研究成果逐步被相应的立法案所吸纳。日本学者认为,"交通权是以日本宪法第25条为中心,人民追求幸福及选择职业、居住地自由之权,皆立足于'交通移动'","'移动'日益重要,交通能够让个人实现自我,宪法所保障人民的交通权能落实地方振兴","交通不单纯是移动的方法,而必须从实现自我以及社会保障的观点赋予交通新义"。交通之于公法上的价值在于:"其一,信息的传递与流通;其二,创造和实现生存价值;其三,作为其他人身权与财产权的基础。"[2]从日本宪法第25条所确立的"生存与社会福利权"出发,认为安全、便捷而无障碍的"交通的移动"是人民自由择业、迁徙和选择居住地等基本权利的基础,《整合交通基本法案》指出,"交通为国民诸多活动的基础",该法案第2条明确:"全体国民拥有借由移动使其健康及基本生存的权利;任何人,在不违反公共利益的前提下,有自由移动的权利。"1999年的《日本交通权宪章》第1条规定,全体人民拥有平等的交通权,其交通权受到保障。该宪章第2条规定:全体人民遇到交通事故或交通公害时应受法律保护。与"公法上的交通权"相对应,强调政府和警察机关有为国民提供安全、便捷的交通服务的义务。[3]《整合交通基本法案》第8条规定:"日本政府与地方自治团体,应当提供国民交通相关情报与政策制定,并负有以国民利益为考量,给予最大交通权的责任。"由此,学理上的"交通权"正式上升为一种立法上的"交通权"。

---

〔1〕 参见[德]亨利·苏勒:《德国警察与秩序法原理》(中译三版),李震山译,台北登文书局2005年版第47页。

〔2〕 参见[日]户崎肇:《交通权保障与新交通政策理论》(中译书名《交通运输的文化经济学》),陈彦夫、王姵岚,译,台北翰庐图书出版有限公司2012年版,第36页。

〔3〕 参见[日]户崎肇:《交通权保障与新交通政策理论》(中译书名《交通运输的文化经济学》),陈彦夫、王姵岚,译,台北翰庐图书出版有限公司2012年版,第49页

## （三）交通安全相对应的国家保护义务

正如德国、日本等国交通权的提出与发展，交通权包括交通安全构成公民在公法上的重要权利，那么与公民交通权相对应的则是交通安全的国家保护义务。

德国公法学认为，基本权利具有客观价值秩序功能。"这意味着国家公权力应将基本权利视为宪法的价值决定，从而在一切的活动中将基本权利的实现作为基本的指向，为基本权利的实现提供实质性的前提条件。"[1]基本权利对应着国家的保护义务。"所谓基本权利之保护义务，依判例及学说之见解，系指国家负有保护其国民之法益及宪法上所承认之制度的义务，特别是指国家负有保护国民之生命和健康、自由及财产等义务。"[2]

我们认为，目前交通（安全）权虽然并不能构成宪法上的基本权利类型，但是基于交通（安全）本身的重要性，及其对于生命健康权、迁徙自由权、居住自由权、劳动就业权等基本权利的基础性作用，加之德国和日本公法上对于"交通权"的承认，我们应当赋予交通权类似于基本权利的地位，正如公法上对于"环境权"的承认与发展一样。

基于此，交通（安全）权同样具有"客观价值功能"，与此相对应，国家应当承担相应的国家保护义务。首先，制度保障义务。要求国家建立和维护有助于交通（安全）权实现的各种制度。其次，组织与程序保障义务。要求国家设立和维护交通（安全）权所赖以实现的组织与程序。最后，排除妨碍义务。即运用刑法、民法、行政法律手段排除第三人对于交通（安全）权的侵害与妨碍。

## （四）交通安全国家保护义务的实现路径

国家并不是一个抽象的存在，往往具象化为立法机关、行政机关、司法机关等国家组织体。据此，立法、行政和司法机关都承担有国家保护义务。立法机关肩负制定法律规范和制度供给的责任；行政机关负有严格执法保护交通参与人权益的义务；同时，无救济即无权利，司法机关应当为交通参与人的交通权益提供有效救济途径。在这三种形态之中，立法机关和司法机关的保护义务固然重要，但受立法和司法原则的限制。而政府行政权具有能动性、

---

[1] 参见张翔：《基本权利的体系思维》，载《清华法学》2012年第4期。

[2] 参见张翔：《论基本权利的防御权功能》，载《法学家》2005年第2期。

积极性,因此,政府的保护义务是交通安全国家保护义务的重点。

首先,政府之于交通权的制度供给义务。禁止行政主体通过行政立法侵犯公民的交通权,也不得随意制定规范性文件限制交通权。从积极意义上,意味着行政机关有义务制定完善的规范体系,保护民众的交通权并防止遭受非法侵害。

其次,政府之于交通权的组织和程序保障义务。现代行政机关行使职权的手段主要是抽象行政行为与具体行政行为。无论抽象还是具体行政行为都应当遵循行为的合法要件,具有主体、权限、程序上的正当性,以维护民众的交通权益。

再则,政府之于交通权的排除妨碍义务。交通参与人的交通权利可能受到来自其他交通参与者或政府的侵犯。无论侵犯者是政府行政机关还是第三人,政府都有责任保障交通参与者交通权益的实现。政府行政机关的行政权的正确行使与交通权益的实现密切相关。在实践中侵犯民众交通权益往往是由于政府滥用权力或渎职失职所致。因此,规范和制约政府的交通管制权是实现民众交通权的重中之重。

## 五、从惩戒到预防:城市交通安全行政功能的转向

### (一) 风险社会与城市交通安全风险

人类已经迈入风险时代。[1]随着风险社会的到来,城市交通安全风险逐渐凸显。当前,我国大中城市已经进入汽车时代,汽车拥堵已是重要的"城市病",同时机动车增加引发的安全问题已经成为困扰现代城市的一大难题。人们在获得现代交通工具带来的诸多便利的同时,也承受着大量交通安全问题带来的恐惧。也就是说,城市交通安全问题实质上是一个风险社会的"我害怕"的问题。如德国学者贝克就指出:"风险社会通常的对应方案……是安全。'不平等的'社会价值体系被'不安全的'社会价值体系所取代……阶级社会的驱动力可以概括为这样一句话:我饿!另一方面,风险社会的驱动力则可以表达为:我害怕!"[2]正是基于对现代城市交通安全风险的忧虑和对

---

[1] 参见[美]H. W.刘易斯:《技术与风险》,杨健、缪建兴译,中国对外翻译出版公司1994年版,第4页以下。

[2] 参见[德]乌尔里希·贝克:《风险社会》,何博闻译,译林出版社2004年版,第57页。

交通安全的渴求,早前侧重于事后执法惩处的法律规制机制已经难以为继,应当更多侧重于对交通安全风险的预防与管理。

所谓风险,在国内外学术界的界定不尽相同。美国学者海因兹认为"风险意味着损害的可能性"。[1]也有观点认为,"风险是指客观存在的,在特定情况下,特定时间内,某一事件导致的最终损失的不确定性"[2]。我们可以将道路交通安全风险理解为客观存在的、由各种因素所导致的人们在进行城市交通活动中最终损失的不确定性。

毋庸置疑,城市交通安全风险也属于风险范畴中的一种。对于民众而言,尤其对于交通参与者来说,这是一种与人们生活息息相关的重要风险类型。城市交通是由人、车、路等构成的复杂的动态系统。随着汽车技术的成熟,机动车速度越来越快,机动车动能越来越大,在人与车的关系之中,交通风险实际上是在增加,而不是减小。潜藏的交通安全风险无时无刻不在威胁交通参与者的生命与财产安全。

一般认为,城市交通安全风险具有以下三个特征:

首先,城市交通安全风险是主客观的统一。道路交通安全风险来源于自然环境和人本身这两个方面。城市交通系统之所以复杂,关键是因为有人的参与。"每个人对交通安全的反应和认知直接影响其参与交通的行为和方式,这是关系道路交通安全的重要因素。"[3]

其次,交通权益损失往往与城市交通安全风险相关。城市道路交通安全风险的损失主要包括:人身伤亡,人的生命或健康受到威胁或损失;财产损失,如车辆损坏、道路创伤、设施损毁,以及交通拥堵、环境污染影响等。[4]

再则,城市交通安全风险具有公共属性和社会属性。交通安全风险是一种纯粹风险,既是私人个体风险,同时也属于社会风险范畴。一方面,交通安全风险可能导致个人伤亡,影响个人生命财产安全;另一方面,作为一种公共产品,城市交通服务的主要提供者和管理者是政府,而使用者则是广大的人民群众。城市道路交通的公共性决定了城市交通安全风险的公

---

〔1〕 转引自[美]H. W. 刘易斯:《技术与风险》,杨健,缪建兴译,中国对外翻译出版公司1994年版,第47页。

〔2〕 参见刘新立:《风险管理》,北京大学出版社2006年版,第3页。

〔3〕 See Cheng W M. Some problems and their solving methods in comprehensive safety evaluation[J]. China Safety Science Journal, 1999,9(4): 75-78.

〔4〕 参见[美]H. W. 刘易斯:《技术与风险》,杨健,缪建兴译,中国对外翻译出版公司1994年版,第47页。

共与社会属性。

### (二) 城市交通安全风险管理与预防

世界卫生组织《预防道路交通伤亡世界报告》揭示了当今世界道路安全风险因素。其中城市交通安全风险主要包括4种因素,即"暴露的机会、在特定暴露条件下发生碰撞的潜在概率、发生碰撞后造成损伤的概率、伤害的转归"[1]。城市交通风险管理包括政府公共风险管理和交通参与者个人交通风险管理两种类型。在这两种风险管理类型中,政府公共风险管理处于主导地位,这也是本书研究的重点。政府部门应通过严格执法,惩处和打击交通违法行为,减少违法行为的发生,从而降低风险。

当前,我国交通安全事故依然处在高发期,"交通事故死亡人数高、事故致死率高、经济损失高、事故增长率高以及事故原因繁多"[2]。传统的城市交通管理体制难以应对风险时代城市交通安全风险的管理与预防。现代交通风险管理体制更加侧重未雨绸缪式的"事前预防",而非亡羊补牢式的"事后惩罚"。首先,应当树立城市交通安全可预防可控制的观念。在历史上,道路交通事故"被认为是意外事件,是不可避免的后果。'事故'一词给人一种不可避免和无法预见的印象。然而,事实并非如此,道路交通伤害是可以通过合理分析和采取措施加以控制的"[3]。我们应当认识到,城市交通安全事故之中,人为因素是导致交通安全事故的最主要诱因。其次,交通安全伤害是可以避免的。根据联合国研究报告的分析,在普发的交通安全事故之中,"若干因素增加了交通事故伤害风险,其中包括车速不妥和超速,不系安全带,不用儿童安全设施,酒后驾车,两轮机动车辆驾驶员不戴头盔,道路基础设施设计不当或保养不良,车辆老化及保养不佳或缺少安全性能"[4]。事实证明,针对交通安全风险因素采取有效管理措施,这必将大大减少交通事故的发生。同时,应坚持交通安全管理"风险预防原则"[5],将城市交通安全风

---

[1] 参见世界卫生组织:《预防道路交通伤亡世界报告:概要》2004年中文版,第7页。

[2] 参见杨耀武:《我国城市交通安全风险管理中的政府职责》,载《哈尔滨学院学报》2009年第10期。

[3] Centers for Disease Control and Prevention. Motor-vehicle safety: A 20th century public health achievement[J]. Morbidity and Mortality Weekly Report, 1999, 48(18): 369-442.

[4] 参见世界卫生组织:《预防道路交通伤亡世界报告:概要》2004年中文版,第9页。

[5] 参见高秦伟:《论欧盟行政法上的风险预防原则》,载《比较法研究》2010年第3期。

险预防的理念贯穿在道路设计、建设、运营、管理的全过程。

### (三) 城市交通安全预防管理的机制构成

城市交通安全管理以对风险隐患的预防和预控为主。建立城市交通安全管理风险评估机制是进行交通安全风险管理的重要一环。政府应全面评估道路交通安全现状,建立城市建设项目交通影响评估体系。同时,政府有必要进行积极引导和大众教育,消除交通安全事故的负面心理后果。[1] 同时,建立城市道路交通安全管理信息发布机制。风险认知和风险沟通是风险管理的重要内容。交通状况信息与信息的沟通是风险认知和风险沟通的前提和基础。建立有效的信息发布机制是风险管理必不可少的环节。信息发布是城市道路交通安全管理者及时向交通参与者、道路使用者发出指令或提供信息,以保障交通安全的有效手段。为了让交通参与者及时了解交通信息,许多城市都建立了专门的交通电台。现代信息技术,如移动手机、交通信息咨询电话服务系统和语音电话,也可以用来提供交通信息,如道路上的天气状况、交通事故状况、道路建设施工情况等。交通安全信息发布在城市道路交通安全管理中起着辅助作用。发布的信息内容应遵循及时、准确、简明原则,使交通参与者始终处于被关注状态,以免提供过多无关信息,从而干扰交通参与者的正常驾驶行为。[2]

## 六、部门协作与社会合作:协同治理体系

### (一) 分工与协作:政府间协作机制

1. 现行体制弊端与大部制改革呼声

2004 年颁布实施的《道路交通安全法》确立了我国交通安全的管理体制。从该法的规定中可以看出,我国现行交通安全管理体制采取的是多元主体的分工监管模式。具体来说,各级政府统管道路交通安全;道路交通安全由公安部门具体负责;交通机关和建设部门负责城市道路规划及道路基

---

〔1〕 参见张开驹:《城市道路交通安全评价及安全措施研究》,南京林业大学 2012 年硕士论文,第 12 页。

〔2〕 参见杨廷飞:《城市道路交通安全长效管理机制研究》,福建师范大学 2009 年硕士论文,第 31 页。

础设施的建设。近年来,交通安全管理中的政出多门、职能交叉、权责不清、部门设置的随意性较强、部门设置的规范性不足、管理层级偏多、纵向职责同构、横向职能交叉等问题相对突出,已成为影响城市交通安全的体制性障碍。

鉴于现行交通安全管理体制的种种弊端,一种构建交通安全管理"大部制"的呼声应运而生。"大部制就是在政府的部门设置中,将那些职能相近、业务范围雷同的事项相对集中,由一个部门统一进行管理,最大限度地避免政府职能交叉、政出多门、多头管理,从而达到提高行政效率、降低行政成本的目标。"[1]

在我国的政府改革进程中,有不少理论研究者和实务部门同志是大部制的拥趸。部分研究者提出,应当"重构交通安全的管理体制,整合交通安全管理职能,重新构建城市交通安全的主管部门"[2]。具体言之,这种观点主张在理清我国公安部门、交通部门与城市建设部门、市政部门管理职责与分工的基础上,进一步明确划分公安部门和交通部门的管理权限。将城市道路规划、工程建设、交通安全执法、运输管理、安全教育等职责统一交由交通部门负责,其将整合成为综合主管部门。[3]交通大部制的推崇者认为,交通主管部门在道路交通管理中的主体地位应当加以明确,由公安机关和建设部门共同负责管理的混乱局面需要改变。应当统一执法、统一规划,"由交通主管部门统一负责道路管理、安全管理、车辆和驾驶员管理"[4]。

2. 交通安全管理大部制的不可能性

这种交通安全管理的大部制模式,将传统的城市道路设施建设与管理职权和城市道路的安全管理职权整合到一个政府部门进行管理。对城市交通安全事务实行集中统一管理,将原分属于公安交管、交通、建设、市政、规划等职能部门的相关职能予以整合合并,遵循统一规划、协调发展、机构精简、节约成本、便利环保的原则,形成统一管理、上下一致、职能明确、权责清晰的城

---

[1] 参见石亚军,施正文:《探索推行大部制改革的几点思考》,载《中国行政管理》2008年第2期。

[2] 参见于志刚,邵毅明:《我国道路交通安全管理新体制的探讨》,载《交通标准化》2006年第10期。

[3] 参见于志刚,邵毅明:《我国道路交通安全管理新体制的探讨》,载《交通标准化》2006年第10期。

[4] 参见杨廷飞:《城市道路交通安全长效管理机制研究》,福建师范大学2009年硕士论文,第31页。

市交通安全管理体制。这种观点单纯从理论上讲,特别是将交通安全管理职能整合进新的大部门体制之中,多少有点理想主义,其实践的可操作性较小,成功概率也较小。

首先,交通大部制只可能是相关职能的相对集中,而难以实现安全管理职能的完全集中。与交通安全管理相关的职能部门众多,如规划、设计、建设、施工、公安交管、市政工程、安全监督等,且不说将这些部门的交通安全管理职能全部集中到某一个部门之中,就算是将公安部门交通安全管理职能整合进大交通部门,都是几乎不可能完成的任务。其次,政府部门间的职能分工依然是现代行政管理的常态。交通安全管理大部制改革也许会有利于解决长期存在的部门机构重叠、职责交叉、政出多门的矛盾,也可能有助于交通决策的效率与执行的效能。但是,交通大部制不可能一劳永逸地解决城市交通安全问题。再则,我国先前交通大部制的改革实践表明,大部制改革本身存在缺陷。自2008年国务院机构改革首次实验大部制改革,十多年以来,大部制改革一直在路上,改革过程中所暴露出来的决策协调能力亟待提升等问题时至今日仍无答案。综上,那种构建交通安全管理大部制的设想过于理想,不太现实,难以实现。

3. 构建跨部门的城市交通安全监管协作体制

"交通安全问题的解决需要中央政府、地方政府、产业界、警察、公众、非政府组织、媒体等多方面主体的合作"。[1]面对转型时期错综复杂的城市交通安全形势,须打破旧有条块分割式的城市交通管理,要在行政部门间构建伙伴型合作关系,加强相关政府部门之间的沟通和联络,建立综合性、多功能的整体联动型交通安全治理体系。从"部门分割"转向"部门整合",从"各自为战"转向"整体协同"。[2]

## (二) 单向与互动:城市交通安全治理机制的社会化协同

对于城市道路安全治理而言,离不开政府行政机关之间的协同与配合。同样,民间、社会和非政府组织也是交通安全治理的重要力量。根据世界卫生组织的研究报告,"社会力量与非政府组织可以通过宣传道路交通伤害的问题、鉴定解决办法的有效性、质疑不起作用的政策以及组成改善道路安全

---

[1] See Tiwari G. Traffic flow and safety: Need for new models in heterogeneous traffic [J]. Injury Control and Safety Promotion, 2000,7(1): 71-88.

[2] 参见陈道银:《风险社会的公共安全治理》,载《学术论坛》2007年第4期。

游说联盟来促进道路安全"[1]。以美国为例,"母亲反对酒后驾驶组织"是一家民间非政府组织。在该组织的游说之下,美国越来越多的州制定了禁止酒后驾车的法律法规。再以欧洲为例,"欧洲运输安全理事会"也是一家非政府组织。该组织对欧盟委员会的道路安全和技术立法有很大的影响力。[2] 向市民提供交通安全服务是城市政府的一项重要责任,但这并不意味着城市政府是提供交通安全服务的唯一主体。政府主导作用在任何时候都是不可或缺的。同时,积极培育市民社会,充分发挥市民、非政府组织和城市志愿者等社会化力量同样重要。

(三)高权与柔性:城市交通安全治理方式的变革

传统以公安交警部门主管城市交通安全问题的治理模式,本质上是传统警察与秩序行政之下的高权行政的体现。公安机关习惯于通过行政处罚、行政审批、行政强制措施等法律手段,以警察机关强制力为保障,通过设定与运用有效的法定义务、行政管理法律措施,发挥法律的制裁、威慑、惩戒、引导功能,促使城市交通的参与者和行为人依法参与交通活动。

从国际比较来看,20世纪90年代以来,积极发挥"软法"(soft law)的作用,[3]综合运用各种非强制性行政行为手段已经成为行政法治的显著趋势。当前,我国城市交通安全治理更多侧重于交通安全管理。在城市交通安全管理过程中,那种"管理就是执法、执法就是处罚"的观念依然大有市场。应针对不同对象、时间、区域,采取合法、合情、合理的柔性管理,将高权管理与柔性管理相结合。探究城市交通安全管理领域非强制性监管方式的作用空间,更多运用行政奖励、行政合同、行政指导和行政规划等柔性行为方式来推动城市交通安全的良好治理。[4]以行政规划为例,目前我国针对交通安全的专项行政规划尚处于空白地带。

---

〔1〕 See Hummel T. Land use planning in safer transportation network planning[R]. Leidschendam, Institute for Road Safety Research, 2001.

〔2〕 See Hummel T. Land use planning in safer transportation network planning[R]. Leidschendam, Institute for Road Safety Research, 2001.

〔3〕 参见罗豪才,宋功德:"公域之治的转型——对公共治理与公法关系的一种透视",载《中国法学》,2005年第5期。

〔4〕 参见[美]丹尼尔·C.埃斯蒂:《超国家层面的良好治理:行政法的全球化趋势》,载《耶鲁法律评论》(第115卷)。

# 第五章

# 城市交通拥堵治理的法治化

## 一、城市交通拥堵治理的合法性向度

### (一) 城市交通拥堵现状及其治理困境

1. 城市交通拥堵形势严峻

有研究者将城市拥堵视为衡量一个城市的城市化水平和经济发展程度的观察指标。盖因交通拥堵并非城市发展的原生问题,而是当城市化和机动化达到一定程度后所出现的次生问题。正因为如此,城市拥堵又被称为城市发展中的问题,是一种幸福的烦恼。虽然城市拥堵是城市发展到一定阶段才出现的次生问题,但是城市交通拥堵一旦形成,就会像癌症一样,严重侵蚀城市机体的健康。当前交通拥堵正在演变成为制约城市发展的世界性顽疾。

伴随城市化进程的加快和机动化程度的显著提升,无论一线大型城市,还是二三线中小型城市,我国大多数城市均面临不同程度的交通拥堵。城市交通拥堵问题呈现逐步蔓延和常态化趋势,成为制约城市经济和社会发展的主要瓶颈。城市交通拥堵也成为困扰城市管理者和广大市民的痼疾顽症。城市交通拥堵浪费了社会资源,增加了社会成本,破坏了居住环境,降低了人居质量,影响了城市生活品质。随着我国城市化进程加快和汽车时代的到来,城市交通拥堵问题与城市人口膨胀、城市交通安全、城市环境污染等问题交叉影响、相互叠加,城市交通拥堵形势更加严峻。

交通拥堵严重影响城市通勤效率和运转效率,影响城市居民的生活幸福体验。根据高德地图《2017年度中国主要城市交通分析报告》,济南、北京、哈尔滨、广州、清远等城市跻身全年拥堵时长榜单前5位。其中,济南市2017年有2078个小时处于拥堵,平均每天拥堵5.7个小时。如果根据通勤时间和工资折合来计算拥堵成本,仅以北京为例,高峰每出行1个小时,就有30分钟耗费在堵车上。根据北京市社保部门公布的平均工资水平,北京市2017年月平均工资7706元,折合到每小时就是7706÷22÷8＝43.78元(按每月22个工作日、每日8小时计算)。基于此,北京市因拥堵造成的时间成本就是21.89元/(人·时)。[1]交通拥堵问题具有扩散效应,往往会诱发交通安全事故,加重机动车尾气排放,加剧交通污染,造成城市道路交通资源浪费,使得城市交通系统饱受诟病。

2. 城市交通拥堵治理效果堪忧

为了治理交通拥堵顽疾,世界各国投入大量的人力、物力、财力,然而治理效果并不理想。人类社会也从未像现在一样感到困惑:为何城市不断扩张,道路越修越多,马路越修越宽,缘何条条大路难通罗马?对于交通治理,人类社会也从未像现在一样有一种无力感和挫败感。虽然有一系列交通发展战略、交通管理策略和交通治理措施的实施,但是交通治理效果并不尽如人意。简而言之,经济飞速发展,城市飞速发展,但城市交通拥堵情势并未见显著改善,城市居民的自由感、幸福感却越来越低,人类在钢筋水泥的丛林里艰难跋涉。

为破解城市交通拥堵问题,国内外经济学、交通工程学和交通管理学分别从不同视角研究城市拥堵的症结,并提出了不同的对策措施。一般认为,城市拥堵问题的本质是车辆与道路、交通供给和交通需求之间固有矛盾的综合体现。经济学认为,城市交通拥堵问题的产生与资源配置方式和过程干预有关,因而重点是抑制交通需求,通过限制小汽车使用、征收交通拥堵税等措

---

[1] 参见高德地图《2017年度中国主要城市交通分析报告》,https://report.amap.com/share.do?id=8a38bb8660f9109101610835e79701bf,访问时间2018年10月20日。

施来进行调节。[1]交通工程学则认为,应当通过增加交通供给,拓展城市道路路网和基础设施建设,发展公共交通,提升交通服务能力来化解交通压力。[2]交通管理学主张,完善交通组织、交通设施和道路网结构,应用智能交通系统,疏导交通流量,提高交通设施利用率。[3]现有研究主要侧重于城市交通拥堵治理的技术层面。毋庸置疑,城市拥堵治理措施必须立足于必要的技术分析。

3. 城市交通拥堵治理的实质:拥堵治理决策

我们认为,任何一项城市拥堵治理措施的出台,最终都要上升为政府的公共行政决策与执行层面。因此城市拥堵治理本质上是一个公共政策选择的政治法律过程,必须注重城市拥堵治理措施决策过程的科学性、民主性和合法性。理论上对于政府拥堵治理决策的法律属性及其法律规制的程度与强度都存在不同争论。有学者认为,城市交通拥堵治理是政府管理公共事务的权力体现,政府拥有对交通拥堵问题进行行政干预的固有职权,政府理所当然具有交通拥堵治理决策和执行的权力。[4]基于此,有学者认为政府可以单方面出台诸如单双号限行、征收燃油税或提高停车收费标准等交通拥堵治理措施。我们认为,城市交通拥堵治理关乎社会公共利益,影响民众的重要权益,任何交通拥堵治理决策的出台与执行都是公共决策的过程,必须遵循基本的行政法治原则,尊重和维护公民的基本权利。

近年来,北京、上海、南京、杭州等城市为治理交通拥堵,采取了各种治理措施,但交通拥堵现状未见明显缓解,交通拥堵形势依然严峻。在实践中,从上海车牌拍卖、北京单双号限行、杭州"半夜鸡叫式"限牌政策,再到南京"史上最贵"差别化停车收费的出台,城市政府主体积极作为,制定实施了一系列城市拥堵治理措施与方案。但是几乎每一项拥堵治理政策措

---

[1] See Moneta N. National Strategy to Reduce Congestion on America's Transportation Network[J]. US Department of Transportation,2006. 转引自戴东昌,蔡建华:《国外解决城市交通拥堵问题的对策》,载《求是》2004年第23期,61-63页。

[2] 参见杨铁英:《公共交通优先才能解决交通拥堵问题》,载《山东交通科技》2007年第2期。

[3] 参见黄良彪,张艳:《城市道路交通拥堵的原因及其治理对策》,载《政法学刊》2007年第1期。

[4] 参见胡健毓:《浅析机动车"尾号限行"政策——基于法经济学的视角》,载《华东交通大学学报》2011年第4期;参见杨柳,李红昌:《城市交通拥堵治理的法经济学分析》,载《长春理工大学学报》2009年第8期。

施的出台与实施都引发了社会的较大反响和广泛争议。值得关注的是,一些城市交通拥堵现状并未因诸多政策措施的实施而得到明显改观,交通拥堵治理决策的政策与措施的有效性与合法性激起民众的更大质疑。以北京为例,北京有时候也被戏称为"首堵"。为化解城市拥堵顽疾,北京市政府已经采取或准备采取尾号限行、摇号限牌、错峰上下班、公共交通补贴、收取交通拥堵费、交通路网扩建等拥堵治理措施。再以南京为例,曾举办南京青奥会等大型国际赛事,如何化解城市交通拥堵和治理的压力,也是南京市所面临的现实问题。

### (二)合法性:城市拥堵治理决策的本质要求

缓解和根治城市拥堵顽疾,为民众提供安全、便捷、畅通的交通出行服务,是政府义不容辞的责任。确保城市交通畅通安全,是关乎城市正常运转、关涉民众出行权益的大事。政府应当承担起"交通给付服务"这一关系国计民生的重要公共物品的生产者、提供者和管理者的角色,建立一种有序、安全、协调、科学的城市交通拥堵治理体系,改善交通管理措施,尽可能缓解和根治交通拥堵现象。

城市交通拥堵治理,关键是拥堵治理决策。无论是限行、限牌还是收费等措施,无不关乎广大市民的重大利益,涉及不同利益群体的重要关切,属于影响重大的公共决策。公共决策的合法性是衡量拥堵治理决策正当性的基本标准。政府拥堵治理决策的法律依据、措施内容、出台程序、执行效果等都应放在法治原则之下进行进一步审视和完善。我们认为,任何一项治理措施的决策出台都涉及公共利益与个人利益、法律的效率价值与公平价值之间的冲突与均衡。依法决策、确保决策的合法性是依法治国理念和法治政府理念对于城市拥堵治理决策的本质要求。本书研究将在行政法治原则的统摄之下,对城市拥堵治理决策的形式合法性、实质合法性与程序正当性问题进行剖析,并对单双号限行、摇号限牌、错峰上下班、交通拥堵费等治堵个案的合法性进行研究,提出构建和完善城市拥堵治理决策合法性保障机制的对策与建议,建立与完善城市拥堵治理决策合法性保障机制。本书研究的意义在于为政府城市拥堵治理提供一种制度平台和法律保障机制,为政府的相关拥堵治理决策提供理论上的支撑,确保城市拥堵治理决策的合法性、民主性和科学性。本书研究对于化解城市拥堵压力,为民众提供安全、畅通、便捷的交通出行环境具有现实指导意义。

城市拥堵治理决策合法性要求在城市拥堵治理决策过程中,决策权限于法有据、决策程序依法进行、决策结果合乎法律规定、决策实施的效果符合法律目的。本书对北京市和南京市城市交通拥堵治理的方案与措施进行实证分析,以化解城市交通拥堵压力为出发点,以"依法决策"为核心理念,以机制创新和制度建设为落脚点,着眼于城市交通拥堵治理决策的合法性保障机制构建。本书遵循"现状与问题→比较与借鉴→对策与建议"的基本路径,立足于北京市和南京市的城市交通拥堵治理方案措施的决策过程和决策效果,剖析城市交通拥堵治理决策过程中存在的突出问题,论证城市交通拥堵治理决策合法性保障机制的基本内涵、总体要求和制度要素。

我国城市交通拥堵治理决策过程与治理措施都面临合法性质疑,需从形式合法性、实质合法性和程序正当性三个层次构建拥堵治理决策合法性的保障机制。本书全面梳理单双号限行、摇号限牌等拥堵治理措施与方案的决策过程与实施效果,并对相关拥堵治理措施与方案的合法性进行剖析,揭示行政主导之下城市拥堵治理决策的合法性瑕疵。同时,引入行政法基本原则,从行政法治视角剖析拥堵治理措施在决策主体、决策权限、决策程序、决策内容与决策效果方面的合法性问题。项目比较研究了交通供给管理模式、交通需求管理模式、交通管理制度完善模式等拥堵治理的理论模式,分析各理论模型的优缺点及其对政府拥堵治理决策的影响。同时,比较分析国内外行政限制性政策、拥挤收费性政策和外延支撑性政策等拥堵治理的政策取向。项目提出城市拥堵治理决策合法性机制的对策建议。首先,城市拥堵治理措施都涉及重大公共利益,并与公民权益密切相关,其决策过程应遵循行政法定原则。要求拥堵治理决策具有法律授权,遵循法律保留原则和法律优位原则。其次,城市拥堵治理决策的实质合法性要求治理方案和措施的内容符合法律目的和行政法基本原则,体现理性精神,协调并兼顾不同利益主体的权益诉求,实现依法决策、科学决策和民主决策。本书重点从比例原则和利益均衡原则层面分析城市拥堵治理决策的实质合法性问题。再则,基于正当程序原则,认为拥堵治理决策应建立最低限度的正当程序机制,健全完善包括公众参与、专家论证、决策公开等在内的决策程序机制,本书侧重研究城市拥堵治理决策合法性保障的制度构架。

## 二、城市交通拥堵治理决策的经验与启示

世界上几乎所有的大城市都正在经受城市交通拥堵问题的折磨。如何

应对城市拥堵问题,也成为一个世界性难题。纽约、伦敦、巴黎、东京、新加坡等城市都采取不同的治理模式和应对措施,其中英国伦敦的交通拥堵收费政策,从决策方案的形成、社会公众的参与到民意立法机关的监督等都具有一定的借鉴和启发意义。伦敦的交通拥堵收费政策是在借鉴新加坡区域通行许可制度的基础上形成的。早在1975年,新加坡正式启用区域通行许可方案,这是世界上第一个真正的交通拥堵收费方案。新加坡的收费政策在引入区域通行许可方案的同时,提高收费区域内的停车费用,其最终目标是在早晚高峰时段缓解中央商务区的交通拥堵,维护中央商务区的经济生命与活力,而不鼓励通勤人员使用汽车。新加坡的区域通行许可和收费政策被证明易于实施和执行,并有可选择的有效可靠的交通替代方式。受新加坡区域通行许可政策和收费政策的启发,伦敦市提出并最终形成颇具特色的交通拥堵收费政策。

### (一) 伦敦拥堵收费政策措施内容

交通拥堵收费方案由时任伦敦市长利文斯通提出,经伦敦市议会批准,由伦敦市交通局实施。

(1) 收费区域与时段。收费区域21平方公里,刚好占伦敦市管权范围的1.3%。这个区域包括西区(伦敦的购物娱乐区)、伦敦城(金融区和伦敦的历史中心),包含伦敦桥、泰晤士河南岸区域,大象城堡区的一部分区域,也包括伦敦市以及卡姆登区、哈克尼区、伊斯灵顿区、兰贝斯区、萨瑟克区和陶尔哈姆莱茨区、威斯敏斯特市的一部分。这个区域被一系列构成内环路(RR)的道路所围绕。收费区域在进入前的路边和路面上有指示标识。至于收费的时段,除公共假期之外,从周一到周五早上7:00到晚上6:30实行收费。[1]

(2) 收费标准与支付方式。在伦敦交通局登记注册过的车辆,在限定区域内通行的,需每天支付5英镑通行费。这个费用可以在使用之日的午夜前支付。为了鼓励及时支付,晚上10:00以后通行费上涨到10英镑。车辆登记注册可以通过电话、网络、手机短信、付款机、零售店、邮局等途径完成注册。收费政策实施的第1年,注册用户已经达到25.5万人。同时,有很多用

---

[1] See ALG Congestion Charging. Report to Transport and Environment Committee, 23 March[R]. London: The Association of London Government, 2004.

户通过其他方式(客服中心、网络、邮局)选择"快速通道"支付。截至第一年年底,39.5万名用户通过"快速通道"注册。用户可以根据自己选择的支付方式,使用现金、支票或信用卡方式支付拥堵费。

(3) 不予收费及收费优惠的情形。在收费区域内,特定车型或法律所规定的特种用途车辆可以免除缴费义务。这些车型主要是摩托车、助动车和自行车,由伦敦公共运输局颁发执照的出租车和迷你出租车,免除车辆消费税(VED)的应急服务车辆,在伦敦交通局注册过的9座以上的特许公共巴士等。除此之外,在伦敦市交通局注册过的特种用途车辆也可以免费通行,如电动车、替代能源车辆、救险车、提供道路救援的抢修车,非公共巴士的9座以上车辆,提供应急服务车辆,某些军用车辆。还有一些车辆应该先支付交通拥堵费,然后申请退还。居住在收费区域范围内的居民,经注册登记后,每人每车享受90%的折扣优惠。[1]

(4) 车牌自动识别技术的使用。伦敦交通拥堵费的收费是利用摄像头对车牌信息加以识别来完成的。沿着收费区域的边界和收费区域内设置有203个摄像头。边界上的摄像点覆盖了所有的出入口,另外还有10台移动装置在收费区域内运行。摄像头被安装在道路的路边或车道中间的安全岛杆子上。摄像头通过网络和控制中心连接,图像被传送、加密并进行数字化标记识别。由于摄像头覆盖密集,几乎所有进入或者在收费区域内行驶的车辆都能在至少一个地点被成功捕捉到,只要一个捕捉结果就足以执行收费。车牌号的记录将与已付费的车辆记录进行比较,车牌自动识别系统确定不能解读的图像会被标识,进行人工核查。在图像记录后的24小时内,所有经过比对的图像都会被删除。那些经比对发现没有付费的车辆,从国家驾驶和车辆许可局获取注册持有人的车辆、姓名和地址信息,在发出罚款通知之前,进行人工核查,确保车辆信息与图像比对一致,并生成一条证据记录。这些证据记录在罚款缴纳13个月后删除。

(5) 罚款通知以及纠纷解决。在用车之日的午夜之前,如果注册车辆的持有人还没有注册支付通行费,那么将生成并发出一张罚款通知单。最初的罚款费用被定为80英镑,与伦敦市中心以及内城的街上停车违章的罚款数目相同。如果在14天内缴纳罚款,费用降至40英镑;如果在28天内没有缴

---

[1] See ALG Congestion Charging. Report to Transport and Environment Committee, 23 March[R]. London: The Association of London Government, 2004.

纳,其费用增至 120 英镑。2004 年 6 月,伦敦交通局把基本的交通拥堵收费罚款提升至 100 英镑,与停车违章罚款齐平;如果在 14 天内缴纳罚款,费用降至 50 英镑;如果在 28 天以后缴纳,费用增至 150 英镑。[1] 如果车辆持有人认为罚款通知的理由是无效的,或者想请求减轻处罚情节,那么他们在收到罚款通知后可以向伦敦交通局投诉。伦敦交通局有义务考虑减轻处罚的请求。如果减轻处罚的申请被接受,伦敦交通局可以使用自由裁量权,取消罚款通知。如果伦敦交通局驳回投诉,那么车辆持有人有权根据以下理由提出上诉:他们不是在违规时间对罚款负有责任的人,罚款已经支付,根据收费方案没有应付的罚款费用,车辆在没有注册持有人同意的情况下使用,罚款费用超出适用的限额,等等。停车和交通上诉服务中心(PTAS)受理上诉,这个机构是为仲裁因停车罚款通知引起的上诉而专门设立的,其在伦敦政府协会的监管下运行。虽然停车和交通上诉服务中心的员工是由伦敦政府协会雇用的,并由伦敦政府协会提供住宿和行政支持,但(英国上议院的)大法官(政府高级法律官员)为其任命了审判员,由这些审判员组成一个审判小组,行使独立于伦敦政府协会的审判权。为了应对额外的交通拥堵收费审判,一位有审判员经验的法律顾问被委任于此,并领导一个最初只有 12 位成员的审判组。由于上诉的案件实在太多,停车和交通上诉服务中心的审判组成员增加至 35 名。[2]

**(二)拥堵收费政策的实施过程**

伦敦交通拥堵收费方案经正式法定程序批准之后,伦敦交通局为推进政策实施,专门组建了交通拥堵收费团队,并以项目化方式进行管理。

(1)拥堵收费政策执行中的信息获取。区别于行政部门的路面现场执法,拥堵收费政策的执法关键是掌握、识别和比对车辆和驾驶人信息。收费执法依赖于获得没有支付通行费的车辆业主或保管人的身份信息。首先,在几乎所有的天气和光线条件下,确保技术可以提供可读的车辆车牌图像。其次,与英国驾驶和车辆许可局达成协议,使伦敦交通局能够在线访问英国驾驶和车辆许可局的数据库。随着车牌信息在一系列的执法活动中作用越来

---

[1] See IPPR. Openness Survey Paper[R]. London: Institute for Public Policy Research, 2004.

[2] See London Assembly. Minutes of the London Assembly, 1 November[R]. London: Greater London Authority, 2000.

越大,英国驾驶和车辆许可局已经开始采取行动提高其记录的即时性和质量。值得注意的是,在伦敦内城部分的车辆中,无证车辆占比高达20%,且在2002—2003年度,这部分车辆逃税使牌照收入损失4.8%。为解决使用无证车辆的问题,英国驾驶和车辆许可局逐步提高车辆信息的准确性。由于伦敦交通局拥有扣留以及最终处理拖欠罚款车辆的权力,这会促使车辆持有人遵守规定及时缴费。[1]

(2) 收费政策的其他配套措施。除收费方案之外,伦敦还制定实施了一系列的交通管理措施。首先,采取交通分流管理措施。伦敦交通局的交通管理工作集中在内环路和接近内环路的放射状道路,其构成了伦敦交通局控制的部分路网。为了改变内环路附近车辆的迂回行驶,减少进入和离开收费区域的交通,让车辆更多地转向内环路附近以离开收费区域,伦敦市加强中央交通管控,特别是提供更大的灵活性以适应车辆迂回行使所带来的新问题。其次,鼓励和提倡公共交通。为减少和控制区域内交通流,解决路边停车问题,加大收费区域以外居住区道路和其他道路的分流,大力提倡自行车、步行和公交优先政策。伦敦市为提高公共巴士的服务质量,引入质量激励合同,改善公共巴士员工的工资和福利,克服高流动率和员工短缺。专门制定"伦敦公共巴士计划",开辟公交专用道,倡导公交先行。

### (三) 伦敦拥堵收费决策的几点启示

伦敦拥堵收费政策自决策之初即遭到各方的反对,经过较长时间的铺垫和酝酿,以及正式决策程序方进入实施阶段。时至今日,伦敦拥堵收费政策被证明是卓有成效的应对交通拥堵的政策措施。检视伦敦拥堵收费决策和实施过程,有以下几点值得我国城市拥堵治理决策时借鉴:

(1) 以政治和行政手段推动市场化措施的实施。严格来说,拥堵收费是一项市场化的手段措施,旨在通过加大用车成本来影响和改变交通参与者的用车习惯。但这项决策的最大推进力量是当时的伦敦市政府。虽然可能有争议说,一项像交通拥堵收费这样激进的政策应该慢慢来,通过时间来获得支持。但也有强有力的证据表明,在面对程序与资金困难、技术问题、政治变化和精心策划的反对行为时,时间会侵蚀最初对有争议政策的承诺。因此,

---

[1] See London Assembly. Minutes of the Meeting of the Transport Policy and Spatial Development Policy Committee[C], 2000.

快速行动可以保证方案实施,而用一种更为放松的方式却有可能失败。利文斯通决定在伦敦市中心实施交通拥堵收费,并使其在尽可能短的时间内开始实施。虽然一些人批评他采用了一种仅允许每天收费的技术(车牌自动识别),而不是与每辆车对交通拥堵的单独作用更加相关的技术,但此种技术不易推广,并且运行昂贵,利文斯通还是选择实施一种能在他第一任期内又快又好实施的系统。他宁愿选择对现在而言"足够好的"系统,而非以后的"更好的"系统。

(2)采取多项配套政策共同推进拥堵治理。交通拥堵收费政策只是一揽子治理措施的一部分。这一揽子治理措施应该能为交通参与者提供足够的选择,并减轻单向政策的负面影响。利文斯通在改进公共巴士服务与交通和环境管理方面进行了大量投资。政策实施要求一个大体上看起来可靠和公平的方案,其已经过深思熟虑,一旦做出"实施"的决定后,就能按时实施,不会有技术和程序上的拖延以及经费方面的超支,而且这个方案在付诸实施后会更有效率。伦敦道路收费选择工作组的有效研究为利文斯通提供了一个方案,此方案由一个专家团队耗费一年时间开发出来。这一背景赋予方案一定的可靠性。这不是利文斯通的方案,他曾经梦想由其关系密切的顾问团队关起门来提出这个方案。与之相反,这是由一个独立的专家小组根据调查研究所得而开发的方案。

(3)科学的政策研究与政策分析。伦敦交通局拥堵收费研究团队进行了大量坚实的前期研究。然而拥堵收费方案难以满足所有群体的所有诉求,方案的某些关键部分和重要问题一直受到方方面面的关注和质疑。特别是在研究相关可能的影响评估方面,存在技术上的缺陷和空白。拥堵收费政策受伦敦中心城区的交通流量、环境、经济、不同社群(特别是低收入汽车使用者)等因素的影响。[1]

(4)建构良好的法律框架。《大伦敦政府法案》为拥堵收费政策的出台提供了法律框架支撑。该法案授予伦敦市长相当大的权力。通过《大伦敦政府法案》赋予伦敦市长广泛的权力,这些都有利于伦敦市采取迅速的改革行动。伦敦的拥堵收费政策还有一个主要优势,那就是相对独立而具有权威的伦敦交通局。该交通局负责管理伦敦主要的路网、交通(信号)控

---

[1] See London Assembly. Minutes of the Meeting of the Transport Policy and Spatial Development Policy Committee, 6 February; London Assembly. Minutes of the Meeting of the Transport Policy and Spatial Development Policy Committee, 6 March.

制、公共巴士,还拥有交通拥堵收费权。此外,基于法律的公平而有效的执法对交通拥堵收费政策的成功来说至关重要。可以想见,如果执法不严格,选择性执法,必然影响社会公众对政策的接受度和服从度。如果有人能够超然于政策措施之外逃脱付费,那对于守法者来说,这样的政策显然是不公平的。[1]

(5) 广泛的参与和广泛的支持。拥堵收费政策影响多方的利益。伦敦市政府认识到应该通过磋商来获得媒体、重要利益相关方以及公众的支持。在该项政策决策过程中,普通民众、新闻媒体、不同的利益相关方都参与到决策过程之中,充分表达意见。伦敦市政府当局做了大量细致的工作,让民众接受伦敦市中心需要减少交通拥堵的现实,也让民众认识到这个方案是解决交通拥堵的一个合理而公平的方式。

(6) 交通拥堵收费不是目的而是手段。事实上,伦敦交通拥堵收费方案为城市交通治理提供了相对稳定的收费来源。每一年交通拥堵收费的绝对数额较大,但正如当初决策的宗旨,收费并不是目的,而是一种调节手段。《2000年交通法案》已经明确任何交通拥堵收费方案的目的必须是减少交通拥堵,而非增加政府收入。但实践表明,交通拥堵收费的确是一项巨大的收入源。伦敦市将拥堵收费与伦敦交通局的一般收入相混合,用于城市交通治理和改善,获得了公众认可。

## 三、城市交通拥堵治理决策的合法性反思

### (一) 城市交通拥堵治理的理论模式

在理论上,交通工程和交通管理学认为,交通拥堵是城市交通供给与交通需求矛盾失衡的必然结果。针对导致交通拥堵的不同诱因,先后形成了增加交通供给、交通需求管理和交通制度完善三种不同的拥堵治理理论模型,并成为城市政府拥堵治理决策的理论支撑。

(1) 增加交通供给模式。增加交通供给模式的主要观点是合理配置道路和土地资源,并对道路和土地资源加以充分利用。增加供给模式主张增加

---

[1] See London Assembly. Minutes of the Meeting of the Transport Policy and Spatial Development Policy Committee, 5 December; London Assembly. Minutes of the Meeting of the Transport Policy and Spatial Development Policy Committee, 6 February.

城市道路来应对交通拥堵等问题。增加交通供给模式在强调增加道路基础设施的重要性的同时,注重交通规划、交通管理以及智能交通的重要性。在该理论影响下,在进入汽车社会的早期,欧美等发达国家解决城市交通问题的策略重点是加快建设交通基础设施,提高现有路网的交通通行效率和容量。该理论模式的最突出问题在于城市道路和土地资源极其稀缺,不可能无限制地增加道路和土地供给。同时正如著名的"当斯定律"所揭示的,[1]新增加的道路供给总会刺激新的交通需求,而交通需求迟早会超过交通供给。基于此,单纯依靠增加交通供给,是难以化解现代城市交通问题的。因此,在20世纪末,发达国家政府交通治理的重点转向对现有道路资源的管理,探索新的交通管理和控制手段。

(2)交通需求管理模式。交通需求管理模式最核心的观点是倡导公共交通优先,限制小汽车的使用。公共交通被实践证明是一种大容量、高效率、环境友好的出行方式,也是缓解城市拥堵的关键。早在20世纪90年代,美国新城市主义先驱彼得·卡尔索普提出"以公共交通为导向的城市发展理念"。[2]交通需求管理理论认为,在过度依赖小汽车的城市,小汽车占用了大部分的道路和交通资源,但只承担较少部分的交通客运量。受交通需求管理理念的影响,欧洲几乎所有大城市都建有完善的公共交通系统,并着力建设可持续的公交型大都市。在日本,轨道交通承担了城市大部分通勤客运量,大大改善了路面交通、汽车交通的拥堵状况。目前,受交通需求管理理论的影响,世界各国通过经济杠杆,采取收费调节方式,如拥挤收费、停车收费、限制私家车使用、鼓励多人共乘等措施控制小汽车的使用,提高公共交通分担率。

(3)交通制度完善模式。交通制度完善模式的理论基础是新制度经济学。[3]德国是交通制度完善模式的坚定践行者。德国通过设定严重的法律后果,对交通违法违规行为进行重罚。同时建立个人信用档案,交通违法违规将计入信用档案,影响个人信用等级,并可能造成终身影响。将交通违法

---

[1] "当斯定律"的主要含义是新建的道路设施总会诱发新的交通量,而交通需求总是倾向于超过交通供给。See Anthony Downs. Can traffic congestion be cured? [J]. The Washington Post,2006(4):955-974.

[2] 转引自仇保兴:《推动城市公共交通跨越式发展》,载《城市交通》2007年第1期。

[3] 新制度经济学的核心观点认为,制度是指用来规范人类行为的规则,其功能在于降低交易费用。一方面,它通过规范人们的行为,减少社会生活中的冲突和摩擦,以避免由此带来的效率损失;另一方面,它使人们对未来形成较合理的预期,降低不确定性。

和个人的工作机会、机动车保险费率等挂钩。严刑峻法倒逼交通参与者严格遵守交通规则,进而形成一种个人自觉。从德国的实践我们可以看出该理论模式的基本主张。该理论主张,政府应加强制度供给,制定严格规范的政策法规,强化市民的交通守法意识,消除人为造成的交通拥堵及交通事故。在新制度经济学的影响下,一些国家遵循德国的交通治理路径,制定严厉的交通法规,重罚违法违章者,提升整体交通文明。

上述三种治理模式各有优缺点及其适用的先决条件。在治理实践中,不同模式治理策略存在互为补充、混合使用的趋势,共同致力于城市交通拥堵问题的解决。在我国的城市交通治理实践中,加大交通供给、强化交通需求管理、完善交通管理制度这三种理念都有一定的作用空间。

### (二)城市交通拥堵治理的政策取向

根据不同的治理理论模式,世界各国城市管理者综合采取了不同的治理策略,并转化为政府的治理行为和措施,体现为政府的公共政策。目前,世界各国所采取的治理方案主要包括限制性措施、拥堵收费措施和外延式配套措施。

(1)限制性治理措施。所谓限制性措施,也即行政限制性措施,主要是经由政府主导的行政措施。域外发达国家和重点城市主要采取以下三类限制性措施来应对交通拥堵问题。其一,直接限制和抑制小汽车消费。以新加坡为例,其于1990年首创"拥车证制度",以调控机动车保有量。凡是购买机动车者必须首先竞买"车辆拥有证"。车辆拥有证的发放数量有限且费用高昂。其目的在于增加小汽车的拥有成本。其二,设置高额购车消费税以提高机动车的购买成本,从而抑制小汽车的保有量。在法国,车辆购置消费税为车辆本身价值的30%—50%。新加坡购车者除竞买拥车证之外,也需额外支付购车消费税。其三,对已经购买车辆的使用进行限制。如新加坡汽车牌照分为普通牌照和红色牌照。"红色牌照车辆可以享受税费优惠,但只能在工作日19时至隔天7时之间以及周末和公共假日使用,其他时间则需要额外付费。"[1]限制性治理措施以行政手段直接或间接抑制小汽车的购买消费和小汽车使用,进而倒逼民众尽可能使用公共交通出行。

---

[1] 参见赵蕾:《城市交通拥堵治理:政策比较与借鉴》,载《中国行政管理》2013年第5期;戴东昌、蔡建华:《国外解决城市交通拥堵问题的对策》,载《求是》2004年第3期。

(2)拥堵收费措施。众所周知,城市道路是一种公共物品,城市土地是一种稀缺资源。正是由于交通资源的稀缺性,额外占用交通资源需额外付费。这正是拥堵收费的理论基础之所在。当前英国伦敦、新加坡等城市采取的拥堵收费方案包括:其一,根据时间要素和区域要素对车辆收取拥堵费。时间要素和区域要素可以并用,也可以单独使用。如伦敦对特定时间段驶入中心城区的车辆收取拥堵费。新加坡的区域许可制度、伦敦的拥堵收费制度被证明是迄今为止最有效的缓解交通拥堵的治理对策,也被越来越多的城市所采用。[1]其二,收取高额的停车费用。这种措施是提高停车成本以间接遏制机动车使用,这也是很多城市所采用的"以静制动"的治堵策略。[2]其三,对车辆的正常使用定期或定程额外收取费用。一些国家和地区为了缓解交通拥堵,对车辆的正常使用征收高额税费。无论是特定时段特定区域拥堵收费,还是停车收费,实则都是利用经济手段,运用市场杠杆影响交通参与人的交通行为,调节交通资源配置。

(3)外延配套措施。伦敦、新加坡的交通拥堵治理实践表明,无论限制性措施还是拥堵收费措施,都不可能脱离其他支撑性配套措施而独立发挥拥堵治理功能。唯有构建一系列配套支撑措施,方能实现拥堵治理目标。这些外延性配套政策措施包括科学的城市交通规划,发达的公共交通服务体系,现代化的智能交通系统,高素质的、文明的城市交通参与者等。这些要素构成交通拥堵治理的外延支撑性政策。

### (三)城市拥堵治理的实证分析

1. 北京市拥堵治理的实证分析

北京作为我国首都,因其交通拥堵而被戏称为"首堵"。北京市交通拥堵治理的措施与路径对我国其他大城市交通拥堵治理具有标杆和示范意义。统计数据显示,近年来北京市中心城区内的路网平均速度仅为15公里/时,

---

[1] 伦敦于2003年开始对中心区实行交通拥堵收费政策,并不断调整。根据伦敦市交通局提交的评估报告,推行该政策后收费区域内小汽车流量降低了31%,平均车速提高了21%,公共巴士速度提高了70%。参见戴东昌,蔡建华:《国外解决城市交通拥堵问题的对策》,载《求是》2004年第3期。

[2] 在香港,中心区停车费用一般为30—100港币/时,中环附近的固定泊位年租金通常高达几十万港币。在美国纽约的曼哈顿区,即使是拥有车位的居民,每月仍需支付300—400美元管理费,而非固定的泊位,费用大约每小时20美元。参见戴东昌,蔡建华:《国外解决城市交通拥堵问题的对策》,载《求是》2004年第3期。

早已突破20公里/时的国际拥堵警戒线。数据表明,北京市城市拥堵现状堪忧,拥堵治理刻不容缓。[1]

导致北京市城市拥堵的主要因素在于:其一,常住人口迅速增加,出行需求总量大幅攀升。据统计,2013年北京市常住人口已经达到2114.8万人,比2012年增加45.5万人,交通出行总量压力巨大。其二,机动车保有量大,增幅迅猛。目前北京拥有汽车总量达537.1万辆,仅2013年一年增加将近40万辆。[2]其三,交通出行结构不合理,北京居民出行以机动车出行为主,公共交通分担率较低。[3]此外,北京作为大国首都,是国家政治、经济和文化中心,导致城市拥堵的诱因更为复杂,治理难度也更大。

2010年12月,北京市公布《关于进一步推进首都交通科学发展,加大力度缓解交通拥堵工作的意见》[4],决定自即日起分步实施综合性交通拥堵治理措施。综合措施概括起来分为"建""管""限"三个方面。其中对民众出行权益产生重要影响、引起社会广泛争议的政策措施主要集中在"管"和"限"两方面。侧重于"管"的措施主要包括调整停车收费标准、停车价格按区域和场所实行阶梯价格等。侧重于"限"的措施主要包括:实行小客车保有量增量调控,以摇号方式无偿分配小客车配置指标;实施区域限行措施;机动车单双号限行;限制外地车进城措施等。

2. 南京市拥堵治理的实证分析

南京市城市拥堵的成因及其治理措施在我国大中型城市中具有一般性和代表性。目前,南京市核心区主干道高峰时段平均车速为18.4公里/时,也已经突破20公里/时的国际拥堵警戒线,城市拥堵程度可想而知。导致南京拥堵的因素众多。其一是潮汐式流量引发的规律性拥堵。一些流量大路段有规律的在早晚高峰必堵,下雨、下雪等恶劣天气堵情更加严重。其二是近年来机动车数量激增。数据显示,截至2020年底,南京市机动车拥有量达291.3万辆。私家车快速增加,导致南京城市道路负荷不断加重。其三是

---

[1] 参见中国社会科学院财经战略研究院:《中国城市竞争力报告》,社会科学文献出版社2013年版,第77页。

[2] 数据源自北京市统计局:《北京市2013年国民经济和社会发展统计公报》,详见北京市统计局网站http://tjj.beijing.gov.cn/,访问时间2018年12月30日。

[3] 国外发达国家大城市公共交通分担率(以轨道交通为主、地面公交为辅)一般占60%—80%,小汽车交通(包括私家车、公务车和出租车)占总出行量的12%—32%。

[4] 参见《关于进一步推进首都交通科学发展,加大力度缓解交通拥堵工作的意见》(京政发〔2010〕42号)。

南京市区路网和区域功能构成不合理。受长江、紫金山以及明城墙等山水自然条件和历史文化名城保护限制,南京市区路网密度较低,市民出行范围主要集中在主城范围,造成通道交通需求猛增。其四是公共交通不完善,机动车出行率高但效率低下,汽车的空载率较大。

在采取何种交通拥堵治理措施方面,南京市曾存在较大争论。是否借鉴北京、广州或杭州等城市采取尾号限行、车牌拍卖等措施来解决城市拥堵问题一直都存在争论。[1] 近年来南京在缓解交通拥堵问题上,侧重于完善路网功能,加大交通供给,优化配置地铁、公交等公共交通资源。在南京的治堵决策中,引起较大争议的是2014年6月南京出台的号称"史上最贵"的"差别化收费政策"。停车新政通过提高交通拥堵地段的出行成本,采用经济杠杆治理核心区拥堵,旨在减少道路停车时间、缓解市中心区域交通压力。南京市目前的机动车保有量已达291.3万辆,但全市停车泊位只有107万个,核心区域停车位成为一种稀缺资源。伴随着停车新政的出台,公安部门会同城管、物价部门重新调整了停车场区域划分,调高了高峰时段、中心城区的停车费用。停车新政的实施效果有待进一步观察,但新政的合法性争论将长期发酵。

### (四) 城市拥堵治理措施的合法性质疑

交通拥堵已经成为一种社会公害。政府拥堵治理决策意味着行政权力对拥堵问题的介入和干预。行政规制理论揭示出,任何行政控制都会导致某种公共资源稀缺。只要车牌、车位等道路资源是有限的,也就存在市场投机的需求和权力寻租的可能。当前我国城市政府的拥堵治理决策更多表现为行政主导之下的头痛医头、脚痛医脚的随意性和随机性决策。这种随意性和随机性反映在拥堵决策上,必然导致决策行为的现实利益和短期效应。针对政府拥堵治理,普遍的争议在于靠行政主导还是靠法治路径,靠行政命令还是靠市场机制,交通权分配侧重于公平还是效率等。交通限行、车牌摇号拍卖、差别化停车收费政策等任何一种治理措施的出台,一直伴随着极大的争议,社会各界对治理措施的合法性与合理性之惑、科学性与有效性之困、成本与效益之疑、临时性与常态化之争等等都存有不同

---

[1] 杭州市的治堵政策被称为"半夜鸡叫式"突击决策。广州市政府发布限购政策并未召开听证会,公布之前未向社会公众透露任何决策信息。

的看法和争论。[1]

（1）尾号限行措施。尾号限行是因城市交通压力而催生的一种交通制度。北京、杭州等城市已连续多年实施工作日高峰时段区域限行交通管理措施。越来越多的城市将交通限行措施作为拥堵治理的备选方案，限行措施走向频繁限行和常态限行的趋势。尾号限行的合法性质疑主要有以下几点：其一，决策的法律依据。尾号限行是否具有法律法规的明确依据，政府决策是否存在扩大解释和类推适用的情形。[2]其二，决策内容的正当性。尾号限行在实施之初，北京市每天减少80万辆私家车上路，效果显著。但随着北京市机动车保有量突破537万辆，限行措施已经难以有效抑制路面交通的车流量，尾号限行效果将被"抹平"。[3]其三，决策程序是否合法。尾号限行是政府部门对公民财产使用权的限制，这种限制能否由政府单方高权行为加以决定，是否应当遵循基本的法律程序。[4]

（2）车牌摇号拍卖措施。摇号和拍卖限牌是在道路承载能力范围内，通过限制汽车购买数量，抑制私家车过快增长，减轻城市道路载荷，从而缓解交通拥堵。车牌限制的关键是如何平衡道路承载能力和市民购车需求。《道路交通安全法》第9条已经规定了申请车牌的条件，并未明确可以摇号或拍卖方式发放牌照。在实施效果上，上海是最早实行车辆牌照拍卖的城市。上海上牌的压力转移到周边苏、浙、皖等省份，上海及周边的车辆消费并没有得到明显抑制。近年来，上海车牌牌照拍卖收入累计过百亿。购车人在支付车辆价款和税费之外，额外支付高额的车牌费用，其合法性何在？虽然北京采取无偿的摇号方式发放牌照，对每个人的机会看似均等，但是如何测算和控制号牌资源，摇号是否会带来负面社会影响，这些问题都值得关注。[5]

---

[1] 参见钱卿：《交通限行措施的行政法解读——以单双号限行为样本》，载《行政法学研究》2012年第4期。

[2] 参见莫纪宏：《机动车限行必须要有正当的公共利益》，载《法学家》2008年第5期。

[3] 参见余凌云：《机动车单双号限行：是临时还是长效——行政法学的视角》，载《法学家》2008年第5期。

[4] 参见冯玉军：《单双号限行与公民社会中的权利冲突及其解决》，载《法学家》2008年第5期。

[5] 在此背景下，"号贩"等群体可能会出现，由此产生的"炒号"现象可能会提高购车成本。

（3）公共交通补贴措施。导致交通拥堵的一个主要原因就是机动车使用过多，而公共交通的分担率较低。通过公共交通补贴措施，让市民更多选择公共交通出行，让市民树立自觉乘坐公共交通工具的意识，可以有效缓解交通拥堵问题，这也是国外城市通行的做法。常见的补助方式包括公交客票补贴、共乘补贴、交通津贴和车辆油费补贴等。公共交通补贴是由政府公共财政支出，补贴民众交通出行以解决交通拥堵的方式。然而公共交通补贴的法律依据、补贴对于有车一族和无车一族的公平性问题、补贴的程序与标准问题都值得进一步商榷，同时公共交通补贴的有效性也取决于公共交通体系自身的发达和完备程度。

（4）错峰上下班措施。目前北京、杭州等城市采用有限度的错峰上下班制度。[1]值得注意的是，错峰措施的有效性取决于必要的先决条件，必须经过科学的调查和论证才能实施。跟风式地适用该制度，不仅不能缓解交通拥堵，还有可能加重城市拥堵。[2]

（5）停车费上涨措施。城市拥堵主要集中于城市的中心区，其原因之一即是市民习惯于驾驶私家车前往城市中心区。以南京为例，南京市目前机动车保有量达291.3万辆，而市区停车泊位只有107万个，核心区域停车位成为一种稀缺资源。城市中心过低的停车费使得私家车主并不在意停车成本问题，由此导致驾驶者习惯于更长时间挤占中心区本就稀缺的停车位，甚至将车辆停靠在中心区域的路边停车位而不进行移动。中心区域不断增加的驾驶时间，不断增加的车辆驶入量和不能及时放行的内部车辆必将导致城区许多地段成为堵点。理论和实务上认为，进一步上涨停车费，提高汽车使用成本，可减少市民驾车欲望，有效减少市区汽车行驶量，从而缓解交通拥堵。利用经济杠杆调节拥堵无可非议，但是其决策的合法性问题、公平等问题值得重视。

---

[1] 此项措施具体为：北京市属各级党政机关、社会团体、事业单位、国有企业和城镇集体企业部分单位的上班时间从早8点30分调整为9点，下班时间由17点30分调整为18点。

[2] 错峰上下班措施实施的前提和基础性条件包括：首先，实施错峰上下班工作制要求上下班时段内居民出行总量超出道路网络容量范围，且出行方式中私人机动车出行比例较高，上下班距离以中短途为主，大部分通勤时间宜小于拟错开的时间段。其次，全日出行需求存在明显的早晚高峰，且出行高峰小时系数较大。再次，全日道路网络流量存在明显的早晚高峰，且交通高峰小时系数较大。同时满足以上条件，才具有实施错峰上下班的可能性。

# 四、拥堵治理决策合法性重构的法理基础

## （一）拥堵治理决策的法律属性

1. 城市拥堵治理是一种公共决策过程

任何一项治理措施都涉及公共利益与个人利益、法律的效率价值与公平价值之间的冲突与均衡。任何一项城市拥堵治理措施的出台，最终都要上升为政府的公共行政决策与执行层面。因此城市拥堵治理本质上是一个公共政策选择的政治法律过程，依法决策、确保决策的合法性是依法治国理念和法治政府理念对于城市拥堵治理决策的本质要求。[1]尤为值得注意的是，城市拥堵治理决策，不仅仅是公共决策，还属于重大行政决策事项。[2]根据国务院行政法规《重大行政决策程序暂行条例》，以及《浙江省重大行政决策程序规定》等地方规章的规定，无论车牌拍卖、单双号限行，还是拥堵收费，都关乎城市民众的重要利益，属于"涉及重大公共利益或者社会公众切身利益的"重大决策事项，应当受行政法治原则的调整和规范。

2. 提供交通出行服务是政府的重要责任

城市道路、城市公共交通工具都是重要的公共产品。正是基于道路的公共属性，出行逐渐成为公民的一项社会性权利。[3]从法国、韩国和日本等国交通权的形成与发展历程来看，现代社会城市化与机动化导致交通拥堵、交通安全隐患、交通污染等问题，政府是否以及如何应对这些交通问题都会客观影响民众尤其弱势群体的交通利益。交通权的提出，为交通问题的解决提供法治化框架，侧重保障国民的基本交通需求，尤其是行人、老人、残疾人等

---

〔1〕 如2004年国务院《全面推进依法行政实施纲要》要求建立健全科学民主决策机制，实行依法决策、科学决策、民主决策。

〔2〕 国务院《重大行政决策程序暂行条例》第3条："本条例所称重大行政决策事项包括：（一）制定有关公共服务、市场监管、社会管理、环境保护等方面的重大公共政策和措施；（二）制定经济和社会发展等方面的重要规划；（三）制定开发利用、保护重要自然资源和文化资源的重大公共政策和措施；（四）决定在本行政区域实施的重大公共建设项目；（五）决定对经济社会发展有重大影响、涉及重大公共利益或者社会公众切身利益的其他重大事项。决策机关可以根据本条第一款的规定，结合职责权限和本地实际，确定决策事项目录、标准，经同级党委同意后向社会公布，并根据实际情况调整。"

〔3〕 关于交通出行的公权属性的论证，请见下文"（二）交通出行权：城市拥堵治理的国家义务"。

相对弱势群体的基于移动的权利。对于城市居民来说,享受安全、便捷的交通出行服务,这是民众的基本权利。换言之,为民众提供高效便捷的交通出行服务,则是政府义不容辞的责任。在一些中小城市,政府仅靠修路、扩大交通供给就能保障居民这一权利的实现。但是对于北京、南京等大型城市,仅仅依靠增加交通供给是远远不够的。政府应不断改革创新,采取多种方法措施,保障居民的交通权益。

3. 交通拥堵治理应均衡效率与公平价值

"城市交通拥堵问题是一个社会问题,更是一个民生问题。"[1]城市交通拥堵治理涉及众多的利益相关方,如中央政府、地方政府、私家车主、出租车企业、出租车司机、网约车平台、网约车司机、行人、汽车生产厂商等多元利益主体。交通拥堵治理决策与执行,势必产生公权和私权的交互冲突与影响。城市交通拥堵治理既要关照行政机关拥堵治理决策与执行的效率,又要兼顾城市交通参与者多元相利益相关方的公平。如前所述,道路是重要的公共物品,也是城市交通的主要载体形式。作为公共物品和公共资源,城市道路面向一般城市居民提供交通服务,每个城市居民都可以利用城市道路实现自由而平等的移动的权利。当前,几乎每个城市的每一项交通拥堵决策都会挑动社会脆弱的神经。民众和社会所焦虑的焦点,在于对交通权配置公平的担忧。交通问题所映射的路、车和人的矛盾,有时候会体现为车辆与行人、公车与私车、有车一族与社会弱势群体的群体对立感。"因交通拥堵所带来的社会总体交通福利的损失主要来自我国城市道路通行权的实际分配的严重不公平,解决城市交通拥堵问题的核心就是从民生的视角,公平地分配城市交通权,均等化社会公共服务资源。"[2]公平分配城市交通权就是要求依法保障不同利益主体的交通权益。

4. 兼顾拥堵治理决策的合法性和有效性

对于拥堵治理决策的合法性而言,尤其应当重视政策决策过程的合法性。法谚云:正义要实现,更要以人民看得见的方式实现。程序正义是实质正义的基础与前提。交通拥堵治理政策措施是对公共交通资源的权威分配,制定过程中必须符合公共政策,尤其是重大公共政策的制定要求。首先,应

---

[1] 参见杨向前:《民生视域下我国特大型城市交通拥堵问题研究》,载《城市规划》2012年第1期。

[2] 参见杨向前:《民生视域下我国特大型城市交通拥堵问题研究》,载《城市规划》2012年第1期。

保证多元交通主体的参与。其次,应遵循公共政策的程序要求。对于交通管制政策的有效性而言,重点在于建构交通拥堵治理政策措施实施效果的评价机制。唯有建构一套相对科学的评价标准和中立的评价机制,方能确保交通拥堵治理政策措施实施效果评价的客观公正性。政策评价的另一个主要功能在于及时修正政策执行过程中出现的偏差和误区,确保政策执行的持续性、连贯性与实效性。

### (二) 交通出行权:城市拥堵治理的国家义务

如前文所述,交通出行是公民的一项基本权利,保障公民交通出行则是国家的义务。

维护公共利益,实现城市道路安全与畅通,是政府警察行政与秩序行政的重要职能。为了实现公共利益,对交通参与人的个体权益进行限制成为一种政府警察"特权"。[1]但是传统的警察与秩序行政,较少从相对人视角去反思拥堵治理决策问题。也即,任何一项拥堵治理措施不仅仅出于公共利益,同时交通过程必然涉及特定与非特定个体的财产权、出行和迁徙自由等个体的权益。政府拥堵治理的根本目的在于实现民众交通出行的便捷与畅通。与此相对应,政府和警察机关的拥堵治理绝不仅仅是一项职权,更是政府的职责与义务。

## 五、城市拥堵合法性保障机制的构成与建构

### (一) 城市拥堵治理决策合法性的构成要素

尾号限行、车牌摇号拍卖、错峰上下班、拥堵费征收等拥堵治理措施作为重大行政决策,牵涉面广,影响深远。拥堵治理决策的"依据、内容和程序是否符合法律的要求,是对法治政府建设的考验,它体现了政府依法行政的能力和水平。将拥堵治理措施置于法治政府建设的视野下予以考量,对于确保

---

[1] 参见李震山:《警察行政法论——自由与秩序之折冲》,台北元照出版有限公司2007年版,第57页。

政府依法决策具有重要的现实意义"[1]。

拥堵治理决策的合法性反映的是政府的治理决策活动与法之间的关系。拥堵治理决策行为必须遵循行政法的基本原则,体现合法性要求。拥堵治理决策作为重要公共政策的形成与执行过程,其合法性本质上体现的是"法与行政"的关系,应当接受行政法基本原则的调整。从总体上讲,拥堵治理决策"法与行政的关系"应当是决策活动受到法的控制。这反映在行政法基本原则上,即要求拥堵治理决策在总体上适用依法行政原则。[2]首先,行政法定原则,要求拥堵治理决策必须符合法的形式正义;其次,行政均衡原则,要求拥堵治理决策必须体现法的实质正义;最后,行政正当原则,要求拥堵治理决策必须体现法的程序正义。

与之相对应,拥堵治理决策的合法性具体包括形式合法性、实质合法性和程序合法性三个层面。具体言之,首先,拥堵治理决策须接受行政法定原则的调整,拥堵治理决策应符合法的形式正义,遵循"法无明文规定不得任意行政"的基本准则,具有法律的明确授权且符合法律的明文规定;其次,拥堵治理决策接受行政均衡原则的调整,要求全面权衡各种利益关系,实现实质正义;再次,拥堵治理决策须接受行政正当原则的调整,要求拥堵治理决策符合最低限度的程序公正标准。

### (二) 城市拥堵治理决策的形式合法性

1. 行政法定原则与形式合法性的一般要求

拥堵治理决策须遵循行政法定原则,从而具备形式合法性,这是依法行政的基本要求,也是拥堵治理决策的合法性底线。形式合法性要求拥堵治理决策行为应当有法律、法规或者规章的依据。拥堵治理决策的形式合法性包括三层要求。其一,权力来源与权力行使都必须具有明确的法定依据,否则越权无效。具体而言,拥堵治理决策权力的取得和存在必须有法律依据;拥堵治理职权的行使必须由法设定或依法授予;政府主体的拥堵治理职权必须在法律规定的权限范围内行使才属合法。同时,政府主体的拥堵治理职权不仅要依据法定的权限,还要依据法定的程序行使。其二,涉及市民重大权益

---

[1] 参见金国坤:《法治政府视野下行政决策的要件——基于北京交通限行措施的考量》,载《新视野》2009 年第 5 期;金国坤:《论科学决策、民主决策的法治化——基于北京市交通治堵方案征求民意的考量》,载《法学杂志》2011 年第 7 期。

[2] 参见周佑勇:《行政法基本原则研究》,武汉大学出版社 2005 年版,第 222 - 228 页。

的拥堵治理决策事项,只能由法律加以规范,行政机关不得越权规定。凡是属于法律保留范围的事项,行政机关非经授权不得自行创制规则。其三,与拥堵治理决策相关的行政法规、行政规章必须具有法律依据,且不得与上位法相抵触。[1]

2. 拥堵治理措施的形式合法性分析——以尾号限行为例

尾号限行最初是为了应对 2008 年北京奥运会期间首都的交通压力而创设的交通管制措施。这种措施实施的效果明显,单双号限行措施的确对奥运会期间北京的交通拥堵起到了一定程度的缓解作用。基于奥运会期间尾号现行措施的良好效果,2012 年北京市启动特定时段、特定区域机动车单双号限行措施。时至今日,济南、成都、西安等越来越多的城市热衷采用单双号限行的交通拥堵治理措施。即便是尾号限行措施,从北京的实践我们可以看出,2008 年奥运会期间的尾号限行措施和 2012 年之后所启动的尾号限行措施是存在区别的。具体来说,2008 年的尾号限行措施是一种临时性的措施,而 2012 年后启动的尾号限行措施则是一种常态化的长期的措施。因此,评价尾号限行措施的形式合法性,需要区分这两种不同的措施形态并加以具体分析。

对于临时性尾号限行措施,需要结合相关法律规范来分析其形式合法性。一般认为,《道路交通安全法》第 39 条是实施尾号限行措施的直接法律依据[2]。结合奥运期间尾号限行措施来看,首先,奥运会属于大型群体性活动,公安机关根据奥运会期间的交通流量情况做出尾号限行决定,是具有法律上的依据的,其权力来源合法自无异议。其次,法条规定由公安机关做出交通管制决定,似乎只有公安机关才是做出临时性尾号限行的决定的适格主体。但是我们认为,北京市公安机关是北京市人民政府的下属机关,由北京市政府做出奥运会期间单双号限行措施的决定,满足主体权限适格之要件。再则,在限行措施实施前,北京市政府发布通告,符合《道路交通安全法》第 39 条第 2 款关于提前向社会公告的要求,其程序也是合法的。基于此,可以得

---

[1] 参见余凌云:《机动车单双号限行:是临时还是长效?——行政法学的视角》,载《法学家》2008 年第 5 期;参见钱卿:《行政法视域中利益结构的个案解析——以单双号限行为样本》,载《政治与法律》2012 年第 7 期。

[2] 《道路交通安全法》第 39 条规定:"公安机关交通管理部门根据道路和交通流量的具体情况,可以对机动车、非机动车、行人采取疏导、限制通行、禁止通行等措施。遇有大型群众性活动、大范围施工等情况,需要采取限制交通的措施,或者作出与公众的道路交通活动直接有关的决定,应当提前向社会公告。"

出如下结论：北京奥运会期间临时性的尾号限行措施从决策到执行,形式上基本合法。

值得关注的是,北京奥运会后,北京和其他城市所采取的常态化的、持续性尾号限行措施的合法性问题。对于尾号限行措施的行为定性,有人定性为行政许可[1],也有学者认为是行政强制措施[2],还有学者认为是对公民私家车使用权的限制。[3]无论定性如何,争论的焦点在于常态化的尾号限行措施是否合法,是否具有法律上的依据。

对于《道路交通安全法》第39条的理解,学界存在两种不同观点。一种观点认为,该条第1款规定的是常态化的交通限制措施,第2款规定的是临时性的交通限制措施,如果作此种理解,则北京奥运会后的常态化尾号限行措施具有第39条第1款的授权。这样意味着常态化的尾号限行措施的权力来源合法。另一种观点认为,第39条所规定的限制通行、禁止通行措施都是一种临时性的管制措施,不能作为北京实施常态化尾号限行措施的法律依据。如果作这种理解,常态化限行有违法之嫌疑。

对于《道路交通安全法》第39条,笔者认为应该坚持从严理解原则。简言之,《道路交通安全法》第39条不能成为实施常态化、长期性尾号限行措施的法律依据。无论从字面文义解释还是体系化解释视角,第39条要求"根据道路和交通流量的具体情况"采取不同管制措施,具体情况具体分析,体现了时间上的及时性、临时性,以及空间上的特定性。换言之,依据第39条出台长期性的尾号限行措施存在合法性的瑕疵。为弥补持续性尾号限行措施的合法性欠缺问题,正如有学者指出,"实行长期限行或连续采取限行措施,应当有新的法律、法规或规章依据"[4]。由北京市制定地方性法规加以明确授权为宜。

---

[1] 参见郭爱娣:《尾号限行违反物权法系误读,法制办称有法律依据》,载《京华时报》2009年3月21日版。

[2] 参见金国坤:《法治政府视野下行政决策的要件——基于北京交通限行措施的考量》,载《新视野》2009年第5期。

[3] 参见莫纪宏:《机动车限行必须要有正当的公共利益》,载《法学家》2008年第5期。冯玉军:《单双号限行与公民社会中的权利冲突及其解决》,载《法学家》2008年第5期。

[4] 参见金国坤:《法治政府视野下行政决策的要件——基于北京交通限行措施的考量》,载《新视野》2009年第5期。

### （三）城市拥堵治理决策的实质合法性

1. 行政均衡原则与拥堵治理的实质合法性

对于拥堵治理措施而言，具备形式合法性只是合法性的最低要求。现代行政法治要求拥堵治理措施接受行政均衡原则的调整，具备实质合法性。实质合法性要求拥堵治理决策遵循行政均衡原则，均衡个人利益与个人利益、公共利益与个人利益。作为均衡原则的子原则，比例原则是分析城市拥堵治理决策实质合法性的重要工具。

2. 比例原则与拥堵治理决策的实质合法性

"比例原则是指行政机关实施行政行为应兼顾行政目标的实现和保护相对人的权益，如果为了实现行政目标可能对人权造成某种不利影响时，应使这种不利影响限制在尽可能小的范围和限度，使二者处于适度的比例。"[1] 这项原则要求拥堵治理措施的内容，如果是为了公共利益需要合法侵害行政对人的某种权益，必须要寻找恰当的决策执行的方式、时间、手段、措施等，以尽量把对行政相对人的不利影响降低到最小范围和程度。

根据比例原则的分析框架，我们可以从以下维度拷问尾号限行、车牌拍卖、汽车限购等拥堵治理措施。首先，所采取的拥堵治理措施是否有助于交通管制目标的实现，是否有助于缓解城市交通拥堵压力；其次，所采取的拥堵治理措施是否必要，是否是多种可供选择方案中的最佳方案；再则，如果拥堵治理措施对特定交通参与者的权益造成影响与损害，这种利益影响是否已经最小。如果从以上角度对我国诸多城市交通拥堵治理措施进行合法性评价，我们会发现，有些拥堵治理措施或许有助于缓解交通压力，但有些手段与措施被过度使用，并不是必要的；有些管制措施客观上影响甚至侵犯了特定交通参与者的权益，但在维护交通公共利益的背景下，忽视了对特定相对人的利益补偿和权益救济。

### （四）城市拥堵治理决策的程序合法性

行政正当原则侧重强调拥堵治理决策的程序正当性，具体包含避免偏私、行政参与和行政公开三项内容。[2] 城市拥堵治理决策属于城市政府的

---

〔1〕 参见金国坤：《法治政府视野下行政决策的要件——基于北京交通限行措施的考量》，载《新视野》2009 年第 5 期。

〔2〕 参见周佑勇：《行政法原论》，北京大学出版社 2018 年版，第 77 - 81 页。

重大行政决策事项,应当遵循重大行政决策的程序要求。前文所述的杭州市"半夜鸡叫式"汽车限购决策,深圳"出尔反尔式"汽车限购决策,社会民众和舆论质疑声音最大的即是其决策过程的不公开、不透明,民众无从知情,也无从参与。基于此,为实现城市拥堵治理决策的程序合法性,务必遵循国务院《重大行政决策程序暂行条例》,以及各地方政府所制定的《重大行政决策程序规定》,建构城市交通拥堵治理决策的"权益保障"[1]、"公众参与"[2]、"专家论证"[3]、"风险评估"[4]、"合法性审查"[5]、"集体决策"[6]等程序机制。

---

[1] 参见《浙江省重大行政决策程序规定》第4条:"决策机关在决策工作中应当依法保障公民、法人和其他组织的决策知情权、参与权、表达权和监督权。"

[2] 参见《浙江省重大行政决策程序规定》第9条:"组织公众参与,应当通过座谈会等方式,听取基层、相关群体代表和有关部门等单位的意见、建议。决策方案形成后,应当通过公告栏、政府网站或者新闻媒体等便于决策影响范围内公众知晓的信息发布途径,公告决策方案或者公众关注的相关内容,征求社会有关方面的意见,但依法应当保密的事项或者内容除外。"

[3] 参见《浙江省重大行政决策程序规定》第13条:"组织专家论证,应当重点讨论研究有关专业性问题以及决策的可行性和成本效益等问题。参与论证的专家可以是决策机关建立的有关专家库中的人员,也可以是根据需要邀请的对决策相关问题富有经验或者研究的其他人员。专家论证一般应当采用会议形式;难以召开会议的,也可以采用其他形式。专家参与论证后,应当出具本人签名的书面意见。"

[4] 参见《浙江省重大行政决策程序规定》第14条:"组织风险评估,应当考虑与决策有关的社会稳定、公共安全、生态环境、实施成本等方面可能存在的问题,重视公众参与和专家论证中的不同意见,判断决策条件的成熟程度和总体风险,研究控制和应对风险的相关措施。"

[5] 参见《浙江省重大行政决策程序规定》第15条:"对决策方案进行合法性审查,主要审查下列内容:(一)决策机关是否具有相应法定决策权;(二)决策方案相关内容是否具有法定依据,与有关法律、法规、规章规定是否抵触;(三)决策方案制订中是否符合法定程序要求;(四)其他需要审查的内容。"

[6] 参见《浙江省重大行政决策程序规定》第17条:"由政府决策的事项,应当由政府常务会议或者全体会议讨论决定;由部门决策的事项,应当由部门负责人集体讨论决定。由部门起草决策方案并由政府决策的事项,在报送政府前,应当由部门负责人集体讨论决定。"

# 第六章

# 城市网约车监管的法治化

## 一、网约车的兴起及其管制难题

随着"互联网＋"时代的来临,移动互联技术改变催生出网络预约出租汽车的城市交通新业态。网约车服务开创了全新的出行方式,为民众出行带来便利,为城市公共交通提供了有益补充。与此同时,网约车的出现,直接影响到传统出租车行业的生存与发展。对网约车行业如何进行管制,是一个新命题、新挑战。

### (一) 网约车兴起带来的政府监管挑战

网约车刚刚兴起不久,即进入野蛮生长阶段,并带来全新的管制难题。诸如网约车平台之间的恶性竞争,网约车与传统出租车行业的恶性竞争,乘客乘车安全如何保障,因网约车而导致的出租车罢运、社会群体性事件等问题无时无刻不在刺激着社会的神经。如何对网约车行业进行监管,私家车能否进入网络租车服务领域,网约车与传统出租车行业如何进行利益调整等深层次问题不断考验着管理者的智慧,也倒逼管理者监管模式与监管方式的变革。[1]

---

〔1〕 参见霍佳震等:《"互联网＋"时代的出行变革》,载《解放日报》2015年11月26日版。

经历过初期国务院办公厅《指导意见》[1]和中央七部委《暂行办法》[2]这两份法律文件的出台,网约车正式获得合法地位。这两份法律文件体现了监管者对"互联网＋交通"这种新鲜事物的包容态度,体现了对共享经济一定程度的认可,为我国网约车行业的健康有序发展提供了法律支撑。2018年6月,交通运输部等七部门联合发文[3],进一步明确了网约车联合监管工作流程,建构网约车行业监管体制。

随着监管模式的初步确立和相应法律规范的出台,社会舆论对网约车行业的关注焦点逐步从网约车本身转向政府管制模式、监管措施的合法性与正当性。虽然《暂行办法》在形式上承认了网约车运营模式的合法性,但值得注意的是,《暂行办法》只是概括性承认网约车的合法地位,但并未明确网约车准入条件、平台责任等可操作性的细节。《暂行办法》授权各城市政府主体结合本地经济社会发展水平、人口规模、资源禀赋、城市交通状况等实际,因城施策,制定落地实施细则,推进改革政策落地实施。当前理论界和实务界对网约车行业监管最大的质疑即是《暂行办法》以及各城市政府主体实施细则本身的合法性问题。一方面《暂行办法》及各地实施细则在规制思路、规制手段上沿袭了传统出租车的监管模式,对网约车设置过高的限制条件,与其说是为网约车发展正名,实质上对网约车发展形成"绞杀",并不利于网约车的发展。[4]另一方面,《暂行办法》及各地实施细则的相关条款,尤其市场准入和准入条件等存在违宪违法的可能,也存在侵犯特定主体基本权利的可能。

**(二) 网约车政府管制面临的法治困境**

依据《暂行办法》,"互联网＋出租汽车"被定性为网络预约出租汽车,其法律地位正式确立。一时间,网约车的监管问题成为全社会关注的热点。但大众热衷于对新业态实施是否需要监管、以何种形式监管的同时,鲜有对监管主体作出实证的分析论证。出租汽车监管,本身就是一个世界性、长期性的公共管理难题。网约车所具有的"互联网＋"特性,对其线上线下监管提出

---

[1] 参见《国务院办公厅关于深化改革推进出租汽车行业体系发展的指导意见》(国办发〔2016〕58号)。

[2] 参见《网络预约出租汽车经营服务管理暂行办法》(交通运输部工业和信息化部商务部公安部工商总局质检总局国家网信办令2016年第60号)。

[3] 参见《关于加强网络预约出租汽车行业事中事后联合监管有关工作的通知》(交办运〔2018〕68号)。

[4] 参见顾大松:《网约车改革低速而行》,载《民主与法制时报》2016年8月28日版。

了更大的挑战。

在参阅国内多地出租汽车地方立法、管理依据、执法路径以及有关网约车司法判例中,笔者发现各地对网约车监管模式不尽相同,体现在监管主体上有较大差异,而与监管主体密切关联的监管依据、执法对象以及同类案件的强制和处罚环节上也各不相同,加之各地司法机关对网约车行政争议案件的裁判结果大相径庭,直接形成了交通运输法制不统一、执法碎片化的尴尬局面,阻碍了交通运输领域依法行政的推进。深究其因,这既是多年来各地交通系统运输管理机构与主管部门内部分工、授权组织职能定位不清造成的,也与网约车监管是由国家进行"顶层设计"并授权地方实施属地化管理有关,更暴露出当前行政管理体制下监管部门趋利避害的倾向和新事物立法滞后的弊端。本书试从监管主体入手展开论述,指出当前网约车监管中主体差异的法制困境,并尝试提出相应的对策。

本书从政府监管主体的视角切入网约车行业监管问题。结合网约车行业的动态发展,着重阐述监管的必要性,明确相关概念和法律规定,列明并分析国内主要城市在监管主体上的差异;然后基于监管现状,阐明监管中因主体不统一而引发的各种问题和相应的法制困境;最后围绕法制工作实践和国家新一轮机构改革方向进行归纳梳理,提出相应对策。本研究收集查阅了有关的期刊、理论书籍、政府文件等等,并且对这些资料文件进行整理、归纳、分析,总结出一些有利于明确和完善网约车市场监管主体的结论。同时,研究以国内主要城市和南京市的网约车监管主体为例,对比分析监管主体的差异和存在的问题,引导出完善方法和解决途径。再则,笔者通过对同类性质行政处罚案件和不同司法案例,就各地的监管主体差异进行研究,分析成因并提出有针对性的完善建议。

## 二、网约车监管的实证分析

### (一) 网约车监管的必要性

1. 监管背景分析

出租汽车行业在城市发展进程中扮演着重要角色。[1]但随着互联网和

---

[1] 出租汽车行业是城市综合交通运输体系的组成部分,是城市公共交通的补充,承担着为社会公众提供个性化运输服务的功能。参见《关于深化改革推进出租汽车行业健康发展的指导意见》(国办发〔2016〕58号)。

手机移动终端的普及与发展,使用手机软件召车,改变了原来路边扬招拦停的召车模式,极大地满足了公众高效便捷出行的需求,使城市客运出行模式优化升级,既消除了原有的信息隔阂,也提高了车辆使用率和出行效率。尽管这一出行形态是否应予规制,在其发展初期社会争论极大,但却因其低价和便捷受到公众的普遍欢迎。

2015年5月起,以滴滴、优步、易到为代表的各家网约车平台公司掀起了"烧钱"补贴用户和驾驶员的高潮,这一以资本为后盾快速占领市场的发展策略使得网约车市场疯狂增长,拉开了国内网约车行业的竞争大幕。截至2018年6月底,已有70多家网约车平台公司取得了经营许可,全国共发放网约车驾驶员证34万多本、车辆运输证20万多本。以南京市为例,已核发网约车运输证的车辆数大大超过巡游出租汽车的数量。网约车行业发展势头迅猛。

出租汽车行业在解决群众出行方面发挥着重要作用,事关人民群众利益,事关社会稳定大局,党中央、国务院始终高度重视出租汽车行业改革发展稳定工作,并将规范网约车发展和推动巡游出租汽车转型升级作为出租汽车行业改革的重要内容。国务院办公厅《指导意见》[1]明确:"网约车是出租汽车服务的一种新型服务方式。"这一定论"为传统出租车的改革和网络预约出租汽车的生存和发展提供了制度基础"[2]。2016年7月《暂行办法》出台,作为跨部门的行政规章,标志着网约车正式纳入法治化监管的轨道。

网约车具有"一点接入、全网服务"特征,突破了层级和地域边界限制,具有跨部门、跨区域、网络化特点。网约车的异军突起,打破了原有城市公共交通领域出租汽车的垄断格局,"网约车与传统出租车形成正面、直接竞争关系,不可避免地对传统出租车构成巨大冲击"[3],对既有的监管模式和内容产生了较大的挑战,不仅引发了社会各界的广泛争议,也成为社会经济学、公共管理学乃至法律学界争相研究的社会现象。同时,监管过程中也逐步暴露出管理法规不完善、信息监管不到位、管理手段单一、多方监管机制未能形成、违法行为屡禁不绝等问题。网约车所介入的毕竟是公共交通行业,当其发展中的负面效应逐渐显现并放大时,就需要政府的有效监管[4]。综上,网

---

〔1〕 参见《关于深化改革推进出租汽车行业健康发展的指导意见》(国办发〔2016〕58号)。
〔2〕 参见沈福俊:《网络预约出租车经营服务行政许可设定权分析》,载《上海财经大学学报》2016年第6期。
〔3〕 参见王静:《中国网约车的监管困境及解决》,载《行政法学研究》2016年第2期。
〔4〕 参见贞元:《网约车监管应寻求"公约数"》,载《人民日报》2016年10月19日版。

约车行业监管的复杂性前所未有,这就给行业监管带来了新的挑战和要求。

2. 监管必要性分析

网约车作为交通运输新业态,发展两年来,对深化出租汽车行业改革、展现行业新形象、提供差异化服务、满足市民出行需求等方面起到了积极作用。但网约车在发展过程中仍存在不少问题,引起了社会公众的普遍关注,具体表现为[1]:部分网约车平台公司仅以投资人关心的"流量"和"估值"为目标,漠视服务质量和安全运营;个别网约车平台公司凭借其强大的资本支撑力,以低价倾销的方式补贴用户和驾驶员,恶意抢占市场;在高额补贴的刺激下,实际运营滋生了司机刷单、中途退单、"马甲"车经营等诸多不规范现象,扭曲了公共出行需求,造成了市场秩序的混乱;平台放任大量不合规的车辆和人员在平台上注册并从事非法营运,使得"网约车"行业鱼龙混杂,乘客的人身安全和个人信息无法得到保障;个别平台合规化进程缓慢,在许多地级城市既不申请经营许可,也不主动清退不合规驾驶员和车辆,甚至出资报销罚款额、拒绝接受政府监管或者与监管部门讨价还价;平台未按规定提供行业管理所必需的注册信息,信息监管进程迟滞,数据完整性、传输时效性较差等。

事实也证明,在网约车的运营服务中,平台公司因过度追逐市场份额、忽视安全主体责任而形成的不安全、低质量的服务,最终均由乘客和用户来承担。2018年,全国连续发生多起滴滴司机杀害乘客、性侵、性骚扰事件,特别是2018年5月6日和8月24日,在三个月时间内,先后发生郑州空姐和浙江乐清女孩乘坐滴滴顺风车途中被害案件,引起社会高度关注,严重危害了人民群众生命财产安全,影响了社会稳定和行业健康有序发展。

对此,2018年7月,经国务院同意,由交通运输部牵头的交通运输新业态协同监管部际联席会议制度确立,标志着交通新业态的协同监管机制正式建立。[2] 11月下旬,交通运输部通报了网约车平台专项工作检查组检查情况。其存在的主要问题和隐患包括:顺风车产品存在重大安全隐患;安全生产主体责任落实不到位;网约车非法营运问题突出;应急管理基础薄弱且效能低

---

〔1〕 参见评论员文章:《"烧钱大战"不可持续》,载《中国交通报》2018年4月23日版。

〔2〕 由交通运输部、中央宣传部、中央政法委、中央网信办、发展改革委、工业和信息化部、公安部、司法部、人民银行、市场监管总局、信访局、战略支援部队第三部等12个部门和单位组成,其主要职能为完善涉及交通运输领域新业态的法律法规体系,健全多部门协同监管机制,加强舆论引导和形势研判,提高行业治理和应急处置能力,促进行业持续稳定健康发展。参见国务院办公厅:《国务院办公厅关于同意建立交通运输新业态协同监管部际联席会议制度的函》(国办函〔2018〕45号)。

下;社会稳定风险突出;公共安全隐患问题巨大;互联网信息安全存在风险隐患。[1]

至此,社会各界对网约车行业应当依法加强监管、引导行业有序规范发展及更好保障人民群众出行安全已达成共识。同时,在全球范围内,对网约车的监管也趋紧。2018年8月,美国纽约市议会通过网约车限制令,纽约市政府将在一年内停止向网约车发放新的"上路执照"[2]。对于网约车巨头Uber,包括德国、西班牙等国家,都明确发出禁令限制其发展。2017年,欧盟最高法院裁定Uber应作为出租车接受监管[3]。

**(二) 各地网约车监管主体的比较**

1. 网约车监管主体的概念

一般而言,监管主体有广义和狭义之分。广义上的监管主体,既包括事实上的监管主体,也包括名义上的监管主体。以网约车行业为例,《暂行办法》是由交通运输部等七部委共同制定的,上述部门在各自的法定职责内对网约车行业实施监督、管理。如对于网络安全和信息安全方面的违法违规行为,由公安、工信等部门负责查处;对于网络舆论宣传和引导、网络舆情监测则由网信办负责;对网约车计程计时等计量违法行为,则由质检部门予以查处。因此,从这个意义上说,除了交通运输部这个事实上的监管主体外,上述其他部委均为广义上的网约车监管主体。此外,由于属地管理是此轮全国范围内出租汽车改革的基本依托,考虑到地区间的差异,应给予地方充分的政策空间和自主权,落实城市政府主体责任。从这个意义上讲,城市政府也是网约车广义上的监管主体。

从狭义层面看,根据"三定方案"和法定职责,交通运输管理部门无疑是网约车监管工作最主要、最直接的主体,监管范围包括规划行业发展、开展行业立法、设定行业规范和标准、作出行政许可、对违法行为实施处罚、开展事中事后监管以及负责日常管理与服务等。本书仅立足于狭义的监管主体开

---

[1] 参见丁怡婷,刘志强:《联合检查组通报网约车安全情况》,载《人民日报》2018年11月29日版。
[2] 参见罗雨翔:《由纽约市议会通过网约车限制令说起》,载《中国交通报》2018年8月16日版。
[3] 参见新浪网 https://tech.sina.com.cn/roll/2017-12-21/doc-ifypwzxq4793964.shtml,访问时间2018年12月8日。

展论述。

2. 国内主要城市对网约车监管主体的设定

出租车的管理责任主要在于各级城市人民政府,这就需要各个城市的人民政府在顶层设计文件的指导下,制定具体的实施细则来推动出租汽车改革。因此,各地出台监管依据并以此明确网约车管理主体,是城市人民政府对网约车行业实施有效监管的基础和前提。放眼全国,上海出台政府规章《上海市网络预约出租汽车经营服务管理若干规定》,规定市交通行政管理部门是本市网约车的行政主管部门,由市交通行政管理部门作出行政许可决定,发放网约车许可证件。北京出台网约车实施细则,规定市交通委员会负责网约车的管理和统筹工作,市交通委运输管理局具体组织实施网约车管理工作,发放许可证件。此外,北京还出台了地方性法规——《北京市查处非法客运若干规定》,进一步强化打击非法客运行为的力度。广州出台政府规章《广州市网络预约出租汽车经营服务管理暂行办法》,规定市交通行政主管部门是本市网约车的行政主管部门。深圳出台的暂行办法,规定市交通运输主管部门作出许可决定,发放许可证件。杭州修订通过了《杭州市客运出租汽车管理条例》,是全国第一部将网约车纳入管理的城市地方性法规。该法规将网络预约出租汽车纳入调整范围,并延续原有规定,将相关行政管理职能授权道路运输管理机构行使,即由道路运输管理机构作出许可决定,颁发许可证件。成都出台的实施细则(暂行),规定县级交通运输行政主管部门负责发放经营许可证件。武汉修订了地方性法规《武汉市客运出租汽车管理条例》,明确规定市交通运输管理部门是本市客运出租汽车行业的行政主管部门,市客运出租汽车管理机构具体负责全市客运出租汽车监督管理工作,且行政许可和处罚均由交通运输管理部门作出。

两相对比,各地在推进监管的过程中,共同之处在于:一是多数城市改革政策基本落地,改革与发展同步推进,既出台了出租汽车行业的改革意见,也同步出台了本地的网约车管理细则;二是网约车的合规化进程有序推进,各地的网约车逐步转入健康规范发展阶段,多个省市已实现了网约车许可申办"全网络、全自动、零现场、零费用"的"互联网+"政务服务新模式,有利于网约车的快速发展。而各地对网约车的监管差异也较为明显,如监管主体不一、网约车落地政策宽严有别、管理依据的效力等级差异大、已取得合法资质的数量悬殊等。

3. 各地监管主体差异及成因分析

目前,各地网约车监管主体的差异主要表现在是以"出租汽车行政主管部门"为主体,还是以"道路运输管理机构"为主体。一般而言,对于"行政主管部门"的严格理解,是指"主管某个方面的政府职能部门",即应当是一级政府的组成部门,而不是主管部门所属的管理机构。行政主管部门,是政府的职能部门,在分类上属于行政机关,主要从事直接执行法律、依照法律的规定采取措施对行政事务进行管理的工作,通常也称之为"执法"。其活动具有明显的执行性[1]。

根据行政法的基本原理,"行政主体分为职权行政主体与授权行政主体"[2]。前者如中央和地方各级人民政府及其职能部门,而后者如行政机关职能部门的派出机构、经授权的事业单位或其他社会团体。依据该行政法法理分类,在交通运输系统内,交通运输行政主管部门无疑为职权主体,而其所属的道路运输管理机构则为授权主体。职权行政主体与授权行政主体划分的意义,就在于保证行政主体依法行政,防止越权。

从历史上看,出租汽车管理有其特殊性。作为大部制改革内容之一,交通运输部于2008年3月挂牌,出租汽车行业管理职能正式纳入管辖范围。而在此之前,国内部分城市的出租汽车管理职能是在建设部门。目前,调整出租汽车管理的法律法规,除了各地依据地方立法权限制定的地方性法规外,在国家层面只有三项部门规章,即《网络预约出租汽车经营服务管理暂行办法》(2016年制定)、《巡游出租汽车经营服务管理规定》(2014年制定、2016年修改)、《出租汽车驾驶员从业资格管理规定》(2011年制定、2016年修改)。在新一轮政府机构改革和事业单位分类改革的大背景下,上述新出台或者修订的部门规章,对于巡游出租汽车、网络预约出租汽车和出租汽车从业资格的监管主体,已由"道路运输管理机构"修改为"出租汽车行政主管部门"。其上位法依据来源于《国务院对确需保留的行政审批项目设定行政许可的决定》(国务院412号令),其中明确"出租汽车经营资格证、车辆运营证和驾驶员客运资格证核发"为行政许可,并规定县级以上地方人民政府出租汽车行政主管部门是出租汽车经营资格证、车辆运营证和驾驶员客运资格证核发的实施机关。[3] 实际上,主管部门与管理机构不只是表述不同,其所蕴含的管理与被管理、职权与职责关系是有实质上差异的。

---

〔1〕 参见方世荣:《行政法原理与实务》,中国政法大学出版社2007年版,第30页。

〔2〕 参见张正钊,胡锦光:《行政法与行政诉讼法》,中国人民大学出版社2009年版,第40页。

〔3〕 参见《国务院对确需保留的行政审批项目设定行政许可的决定》(国务院412号令)。

《立法法》第73条[1]将地方性事务的立法权授权给地方。而出租汽车管理事项属于"城乡建设与管理、环境保护、历史文化保护等方面的事项",对网约车进行规制属于"城乡建设与管理"项下的"城市交通管理"范畴,明显属于地方性事务[2]。因此,在网约车兴起之前,具有地方立法权的各级政府,也有权通过地方性法规授权,将巡游出租汽车管理职能授权至交通运输主管部门下属的道路运输管理机构具体实施。

交通运输部出台的上述三项规章中关于监管主体的表述,与各地既有的地方性法规重叠,自然就产生了对"出租汽车行政主管部门"的两种理解,即一种是严格按照部门规章规定的字面含义,顺应新一轮党和政府机构改革的方向,将出租汽车市场监管的权限交由地方政府交通运输主管部门承担;另一种则是根据地方性法规的授权,或者虽没有地方性法规作为依据但由人民政府指定,将出租汽车(含巡游和网约)的管理职能统一交予道路运输管理机构,使其成为另一类的出租汽车行政主管部门,而这一机构在目前的政府行政组织框架下多为事业组织。自20世纪80年代以来,我国政府不断分权于社会,以提高社会自治度,与此相应,我国公共行政的主体呈多元化的趋势。其中,道路运输管理机构作为事业组织,其职能与相应国家行政职能有较密切的联系,国家从方便管理的角度将相应行政职能授予此类组织行使[3]。

在国内多数城市尚未启动地方性法规修订的情形下,对上述三项规章中的表述,基于上述两种不同的理解,直接造成了各地在监管主体上的差异。以江苏省为例,目前对网约车的监管,选定监管主体主要分为两种:一种是由行政主管部门实施监管,由行政主管部门作出行政许可决定,实施行政处罚,其监管主体为各市、县交通运输局;另一种的监管主体是各市、县道路运输管理机构。由道路运输管理机构作出行政许可决定,实施行政处罚。而道路运输管理机构是交通运输行政主管部门的下属事业单位,对出租汽车在内的道路客运管理有地方性法规《江苏省道路运输条例》授权。

---

[1] 参见《立法法》第73条:"地方性法规可以就下列事项作出规定:(一)为执行法律、行政法规的规定,需要根据本行政区域的实际情况作具体规定的事项;(二)属于地方性事务需要制定地方性法规的事项。"

[2] 参见郑毅:《中央与地方立法权关系视角下的网约车立法》,载《当代法学》2017年第2期。

[3] 参见胡锦光:《行政法专题研究》,中国人民大学出版社2006年版,第47页。

### (三)南京市网约车监管主体的选择和确定

2017年1月19日,南京市出台规范性文件《南京市网络预约出租汽车管理暂行办法》,将网约车依法纳入管理。截至2018年12月26日,共计受理网约车平台经营许可申请7件,核发经营许可证件7件;受理网约车运输证许可申请51030件,核发运输证件27775件,待核发运输证件23255件;受理网约车驾驶员从业资格申请80346件,考试合格核发从业资格证件46109件。目前南京市网约车车辆、从业人员资格的申请和许可数量均位列江苏省首位。

1. 网约车监管主体的选定

对交通运输新业态,南京市采取"鼓励创新、趋利避害、守住底线,包容审慎"的监管思路,推动新旧业态融合发展。与国内同类城市相比,南京市网约车门槛及标准不算严苛,表现为:一是南京市网约车平台和网约车牌照没有数量限制,凡是符合规定的车辆均可申请成为网约车,与北、上、广、深、杭等限牌城市有根本区别。二是网约车申请主体没有条件限制。与北京网约车仅限"出租汽车经营者和个人所有车辆"申请以及上海网约车仅限"出租汽车和客车租赁经营者"申请有本质不同。三是网约车从业人员没有户籍限制。四是燃油汽车的车辆轴距要求与杭州、深圳等国内同类城市相当,同时也未设定车辆总价限制。

2. 作出许可的主体

根据《南京市网络预约出租汽车管理暂行办法》[1]第4条第1款之规定,南京市网约车监管,采取由市交通行政主管部门负责行政许可,市、区两级运输管理机构负责市场监管的管理模式。对于滴滴、美团、神州、易到、曹操等申请在南京从事网约车经营的网约车平台公司,由市交通运输局作出行政许可并核发经营许可证件。

3. 实施处罚的主体

根据交通运输部等七部委《管理办法》第34条的规定,南京市对网约车各类违法案件的处罚主体为南京市交通运输局,其复议机关为南京市人民政府或者江苏省交通运输厅。由于滴滴和美团公司将南京作为双方"鏖战"的

---

[1] 参见《南京市网络预约出租汽车管理暂行办法》第4条:市交通运输行政主管部门是本市网约车管理的行政主管部门,区交通运输行政主管部门按照规定的职责负责辖区内网约车监督管理工作。交通运输行政主管部门所属的运输管理机构负责网约车日常管理工作。

主战场,南京市监管部门对网约车市场的监管力度在全国也处于前列。以2018年为例,全年共查扣非法营运网约车1900余辆,立案处罚网约车平台公司141件,全年未出现行政复议和行政诉讼案件。

## 三、网约车监管手段的法治困境

以行政许可和行政处罚为重要内容的市场监管,是传统行政管理的重要手段。以行政许可为例,一般情况下,法律、法规在设定行政许可时,实施机关都比较明确[1]。根据《行政许可法》[2]的规定,设定行政许可应该明确其实施机关。但《网约车管理办法》中有关网约车许可的实施机关,在直辖市、设区的市或者县级层面只笼统地表述为出租汽车行政主管部门,表述不精准、不具体、不唯一,赋予了市级人民政府较大的裁量空间,这意味着政府既可以指定交通运输行政主管部门作为出租汽车行政主管部门,也可以授权道路运输管理机构作为出租汽车行政主管部门。对于网约车这类新业态的监管,由于多数省份和城市尚未修订原有的出租汽车管理的地方法规,故网约车《管理办法》规定的包括许可和处罚在内的实施机关,在与各地立法授权重叠后,直接造成了监管主体的不统一,客观上造成了交通运输系统内部的执法不统一。

各地在监管实践中,部分城市对于监管主体的选择,不仅与执法路径的选择、管理依据的选用、行政复议机关层级等因素密切相关,也与地方管理部门在监管中趋利避害有关。如将监管主体设定为道路运输管理机构,能够直接降低复议层级,将行政争议限定在市级层面;可以不正面接触全国性的网约车平台公司,退居幕后做隐形人,回避外界对监管政策和管理行为不当的指责;根据行政诉讼法的规定,作出行政行为的是道路运输管理机构,出租汽车行政主管部门不会直接成为行政诉讼的被告等。当然,其弊端也显而易见,不仅与依法治国的理念、职权法定的原则相悖,而且也与新一轮政府机构改革和事业单位分类改革的方向不符。

---

〔1〕 参见张春生、李飞:《中华人民共和国行政许可法释义》,法律出版社2003年版,第42页。

〔2〕 参见《行政许可法》第18条:"设定行政许可,应当规定行政许可的实施机关、条件、程序、期限。"

### (一) 监管手段存在的现实问题

（1）许可主体与处罚主体不统一。各地在对网约车的监管中，作出行政许可的主体与实施行政处罚的主体并非同一行政机关。以江苏省昆山市为例，该市对于神州、曹操、北汽等网约车平台作出许可的主体是市交通运输局，而对网约车各类违法行为进行处罚时，则由昆山市交通运输道路综合行政执法大队作出。该市于2017年6月7日以政府公告《昆山市人民政府关于确认昆山市交通运输道路综合行政执法大队行政执法主体资格的公告》（昆政发〔2017〕29号）的方式明确：昆山市交通运输道路综合行政执法大队属于《公路法》《公路安全保护条例》《道路运输条例》等法律法规授权的公路管理机构、道路运输管理机构范畴，具有相应的行政执法主体资格。由此可见，昆山市对于网约车监管，作出许可的主体是该市交通运输行政主管部门，而实施处罚的主体是市交通运输道路综合行政执法大队，其性质是道路运输管理机构。因此，许可主体与处罚主体并不一致。

（2）新法与旧规选择性适用。受监管思路、执法路径、复议层级、司法风险等因素的影响，在法律依据可选择适用的前提下，监管主体在法律依据的选择上空间较大。以江苏省扬州市为例，该市对于各类网约车违法行为的处罚，在法律依据《网约车管理办法》（2016年11月1日施行）和《江苏省道路运输条例》（2013年4月1日施行）中，选择适用后者作为处罚依据。尽管这两部依据法律效力层级不一，前者为部门规章，后者为省级地方法规，但从两者制定、生效的时间和调整对象来看，《网约车管理办法》是调整网约车这一新业态的专门性规章，更具有针对性和时效性，可以优先适用；而《江苏省道路运输条例》的调整对象是整个道路运输经营活动，具体包括道路旅（乘）客运输经营和道路货物运输经营，道路旅（乘）客运输经营分类项下的出租汽车客运，应属传统巡游出租汽车，故不宜作为对网约车违法行为的处罚依据。在具有全国影响的司法判例中，广东省广州铁路运输中级人民法院（2017）粤71行终786号《蔡某诉广州市交通委员会、广州市人民政府、行政处罚及复议纠纷案》中，司法机关在判决书中明确指出：规范传统出租车营运行为的法律法规未涉及网约车这一新生事物，不能直接作为网约车营运行政处罚的法律依据。[1]

---

〔1〕 参见贺伟：《对网约车营运行政处罚的审查》，载《人民司法(案例)》2018年第2期。

(3)监管中趋利避害降低行政复议层级。根据《行政复议法》的规定,对不同层级的行政主体作出的行政行为申请行政复议,其复议机关的层级自然不同。以江苏省为例,省内多数城市将网约车的监管主体确定为道路运输管理机构,即由县、市级道路运输管理机构,依据《江苏省道路运输条例》,对未经许可从事出租汽车客运经营的个人予以处罚,或者依据《网约车管理办法》,对个人及网约车平台公司实施处罚。行政相对人对道路运输管理机构作出的处罚决定提起复议,只能限定在市级交通运输行政主管部门。[1]由于复议层级的限制,市级交通运输行政主管部门就拥有了相对较大的裁量空间,既可以及时消解行政纠纷、化解执法争议,也能防止进入后一步的司法诉讼程序。当然,即便行政相对人直接提起诉讼,也可以避免道路运输管理机构的上级交通运输行政主管部门成为行政诉讼的被告。

(4)交通执法区域分割和碎片化。基于上述问题,在江苏省行政区域内,很可能会出现这样两种情况:即同一网约车经营者,在不同城市申请网约车经营许可时,受理许可或者作出行政许可决定的机关各不相同,可能是申请地的交通行政主管部门,也可能是道路运输管理机构。实务中的这种混乱给网约车经营者业务办理带来了不一致,申请材料也将有所区别,不符合法治政府建设中倡导的审批服务便民化、标准化要求。同理,对于一个未经许可从事网约车经营活动的违法者而言,在不同的城市,将面临不同层级交通执法主体作出的处罚,或者是市级交通运输行政主管部门,或者是县级以上法规授权的道路运输管理机构,其提起行政复议的对象和行政复议机关也明显存在差异。上述情况,自然造成了交通运输系统内执法区域的人为分割,监管碎片化是不可避免的,省级层面的法制不统一可见一斑。

**(二)监管手段面临的法律困境**

政府和行政机关依法行政是依法治国基本方略的应有之义。对于网约车的监管,受多种因素影响,从省级层面看,交通执法区域分割和碎片化是客观存在的。当然,一方面,这与不同层级的立法中法律用语不统一有关。对应到网约车监管中,就是如何理解"出租汽车行政主管部门"这一模糊的立法用语。毕竟,地方基层管理部门在实施行政管理和执法中总是趋利避害的,

---

[1] 参见《交通运输行政复议规定》第6条:"对县级以上地方人民政府交通运输主管部门依法设立的交通运输管理机构,依照法律、法规授权,以自己的名义作出的具体行政行为不服的,向设立该管理机构的交通运输主管部门申请行政复议。"

"怕担责""少担责"或者"不担责"已成为一种常态。另一方面,"多头立法体制在便利行政管理的同时,也更易带来各个层次、类别的行政法规范之间的冲突矛盾问题"[1]。由于中央与地方的利益冲突以及备案、审查、修改、废止不及时等原因,致使在法律规范体系中,必然出现了中央与地方法律规范相抵触的现象。[2] 目前,网约车监管主体差异造成的法制困境具体表现为:

（1）监管主体依据的法律层级不高。道路运输行业效力等级最高的法律依据,是由国务院2004年制定、2016年第二次修订的《道路运输条例》（中华人民共和国国务院令第406号）。该条例第81条明确规定："出租车客运和城市公共汽车客运的管理办法由国务院另行规定。"这一条的另一层意思即是,出租车客运管理不属于该条例的调整范围。在"蔡某诉广州市交通委员会、广州市人民政府行政处罚案"的裁判文书中,法院也是坚持这种观点。

根据《行政许可法》的规定,作为国务院部门规章的《网约车管理办法》不具备行政许可的设定权,其具体规定的"三许可"（网约车经营许可、网约车从业许可及网约车运输证）,因上位依据《国务院对确需保留的行政审批项目设定行政许可的决定》（国务院412号令）具有临时性,本身存在授权缺陷和不足,受到诸多质疑。因此,在各地尚未修订地方性法规且未正式出台行政法规的背景下,各地在实施监管中所依据的只能是该部门规章和同等层级的《出租汽车驾驶员从业资格管理规定》,而根据《行政诉讼法》第63条的规定,人民法院审理行政案件,对于规章只是参照适用。[3] 可见,作为监管依据的《网约车管理办法》,其效力位阶不高依然是主要问题。

（2）交通行政执法主体不统一。尽管有广州等地的司法判例,但江苏省部分城市依然以《江苏省道路运输条例》作为处罚网约车违法行为的依据,而南京、南通等少数城市却以《网约车管理办法》作为依据实施行政处罚。其中,苏州、南京两市除对个人实施行政处罚外,还分别依据《网约车管理办法》的有关规定对网约车平台公司作出了处罚,但两市处罚的主体却各不相同。

---

[1] 参见方世荣:《论维护行政法制统一与行政诉讼制度创新》,载《中国法学》2004年第1期。

[2] 参见杨世建:《法制统一的反思:中央与地方立法权限的界分及冲突解决》,载《南京大学法律评论》2006年第26期。

[3] 参见《行政诉讼法》第63条:"人民法院审理行政案件,以法律和行政法规、地方性法规为依据。地方性法规适用于本行政区域内发生的行政案件。人民法院审理民族自治地方的行政案件,并以该民族自治地方的自治条例和单行条例为依据。人民法院审理行政案件,参照规章。"

南京以市交通运输局名义实施处罚,苏州则以市道路运输管理处名义实施处罚。同样的情形,在对经营许可证、从业资格证和车辆运输证等资格证件的核发上,各地也存在各自为政、相互分割的局面,在对网约车的监管过程中客观上形成了不统一的局面。

(3) 道路运输管理机构的组织定位不清。我国交通运输系统内设机构多为事业组织,承担着大量行政管理、市场执法、公益服务职能。这些事业组织一般由法律、法规授权,实施公路路政、道路运政、港政航政、海事、交通工程建设等行业管理。行政执法机关将大量执法事项交由所属事业单位实施,造成包括道路运输管理机构在内的事业组织定位不清,实际从事着行政管理职能,与事业单位的属性不符。

《道路运输条例》将道路运输管理的职能赋予了县级以上道路运输管理机构。[1] 与此同时,国内多数地方立法,包括省级与市级,也以《道路运输条例》为参照,将相应的行政管理职能授权至道路运输管理机构这类事业单位。基于国家法规和地方法规授权,对于原有的道路运输业态,即巡游出租汽车的监管,从经营资质核发、从业人员许可准入以及各类出租汽车违法行为的处罚,由各地道路运输管理机构具体实施,而其上级主管部门即地方人民政府交通运输主管部门负责组织领导道路运输管理工作,并不实际参与到行业的监管中去。

随着网约车业态的兴起,网约车作为出租车分类中的一项,尽管《网约车管理办法》明确监管主体为出租汽车行政主管部门,但因法规的滞后,国内多数城市仍以道路运输管理机构作为网约车的监管主体,这与新一轮党和国家机构改革和事业单位分类改革的方向是相反的,也与《网约车管理办法》授权行政主管部门作为监管主体的本意不符。应当看到,由事业组织承担市场监管和行政执法的行政职能,必将随着改革的深入推进而成为历史。

(4) 司法案例对监管主体的认定不一。近年来,为维护出租汽车客运市场秩序,各地交通运输主管部门加大了对无证网约车的查处力度,引发了相应的行政争议,受到媒体的广泛报道,迅速成为社会关注的热点。济南、广州、上海、深圳、兰州、北京、合肥等地的司法机关也相继受理了有关网约车的行政处罚和行政强制行政案件。虽然网约车违法案件的事实各不相同,但其

---

[1]《道路运输条例》第 7 条:"国务院交通主管部门主管全国道路运输管理工作。县级以上地方人民政府交通主管部门负责组织领导本行政区域的道路运输管理工作。县级以上道路运输管理机构负责具体实施道路运输管理工作。"

中法律适用的争议、比例原则的应用以及行政行为和执法程序的合法性、正当性是具有共性的。由于各地司法机关在裁判文书中所表述的裁判理由、判决结果并不统一,这给网约车行政执法工作造成了困扰。

以广州和上海两地的裁判为例,在"蔡某诉广州市交通委员会、广州市人民政府行政处罚及复议纠纷案"中,广州铁路运输中级人民法院二审认为:《广州市出租汽车客运管理条例》系规范传统巡游出租车营运行为的法律依据,并未涉及网约车这一新生事物。其裁判要旨是"网约车经营服务不同于传统的巡游出租车经营行为,对这一新型共享经济模式应予必要的理解和宽容。规范传统出租车营运行为的法律法规并未涉及网约车这一新生事物,其不能直接作为网约车营运行政处罚的法律依据"[1]。但"孙某诉上海市交通委员会行政处罚案"的裁判要旨是:"网约车属于出租汽车的一种,其从事客运经营活动需要取得营运资质,否则将构成非法营运,交通行政主管部门可以依据地方性出租汽车管理条例对其客运活动进行监管和处理。"[2]综上,两地法院对调整传统出租汽车的地方法规究竟能否作为网约车处罚的依据,态度是截然相反的,这也让行政执法机关无所适从。

此外,《人民司法(案例)》中,选登了部分网约车诉讼案例,分别以《法治化进程中行政审判要遵循比例原则》(济南中院)、《对网约车营运行政处罚的审查》(广东高院)、《网约车未取得营运资质擅自从事客运构成非法营运》(上海高院和浦东新区法院)、《对涉网约车行政处罚的司法审查限度》(北京二中院)、《处罚违规网约车需要理性行政》(张家港法院、江阴法院和昆山法院)为标题,从裁判要旨、案情、审判和评析等方面,阐述裁判理由,但各案例裁判结果并不统一。理性分析,各地司法机关的裁判结果与各地对网约车的监管态度和政策是密切相关的。可见,审判机关对网约车监管工作尚未形成统一认识,直接影响了各地交通运输主管部门的行政执法,即司法的不统一也造成了执法的不统一。

## 四、网约车监管的对策与建议

完善监管对策就需要坚持问题导向,借助全面推进行政审批制度改革、

---

[1] 参见贺伟:《对网约车营运行政处罚的审查》,载《人民司法(案例)》2018年第2期。

[2] 参见王岩、郭寒娟:《网约车未取得营运资质擅自从事客运构成非法营运》,载《人民司法(案例)》2018年第2期。

综合行政执法改革、事业单位分类改革、新一轮党和国家机构改革等重大改革等契机,从改革、立法等方面入手,至少在省级层面统一监管主体,进一步提升网约车行业监管体系和监管能力现代化水平,有效解决网约车业态监管困境。

### (一) 监管规范的适应性变革

1. 加快修订行政法规以提高监管主体的授权等级

作为网约车管理的顶层设计和执法依据,跨部门的联合规章《网约车管理办法》自2016年7月出台至今已经两年多了。该部立法的一个显著特点就是法律位阶较低。随着国家对网约车监管工作的深入推进,该联合规章为规范网约车行业有序发展发挥了重要的支撑作用,但也暴露出法规层级较低、管理手段不足(只限于警告和罚款)、监管合力不强、违法成本过低等问题。同时,国内各城市发布的网约车管理细则大部分也属于规章以下的规范性文件,层级普遍较低,不利于网约车的规范发展。鉴于上述因素,在全国两会召开期间,提升网约车立法层级的呼声也一直不断。在2018年全国两会上,约30位全国人大代表联名的议案被提交全国人大,该议案建议制定网络预约出租汽车管理法[1]。可见,国务院以制定行政法规的形式,对网约车做出全新的制度安排,以满足移动互联网和大数据时代的需要,从国家战略的高度和对网约车的健康发展予以统筹考虑,是较为现实和妥当的选择。网约车监管涉及七个国务院部门。根据《立法法》第81条之规定,在《网约车管理办法》运行两年多之后,应尽快提请国务院制定有关网约车的行政法规。[2] 这样才能为网约车行政规制奠定较为坚实的法律基础,实现立法为管理保驾护航的作用。

2. 加强地方性法规解释以明确监管主体

作为全省对出租汽车行业进行规范的依据,《江苏省道路运输条例》制定于2012年,其调整对象并不包含网约车这一业态,需要通过立法修订来扩充该法规的适用范围,便于省内各地监管部门以此为据对网约车行业实施有效监管。但立法资源是宝贵的,且法规修订周期较长,需要经过提出立项、审议表决等法定程序。在这部地方性法规修订前,可借鉴外省、市的有益经验和

---

[1] 参见史兆琨:《规制网约车,尺度怎么定》,载《检察日报》2018年4月11日版。

[2] 参见《立法法》第81条:"涉及两个以上国务院部门职权范围的事项,应当提请国务院制定行政法规或者由国务院有关部门联合制定规章。"

做法,由制定机关对《江苏省道路运输条例》进行解释。设置一个修法前的过渡期,对有关网约车监管问题予以统一和明确。具体包括全省范围内的监管主体、法律适用、强制措施等内容。如安徽省人大以答复请示的形式,作出了《关于〈安徽省道路运输管理条例〉适用有关问题的请示》(皖人常法函〔2016〕39 号)的答复,对《安徽省道路运输管理条例》第 15 条[1]的适用范围和网约车监管主体都作了较为明晰的解释。该答复明确了网络预约出租汽车管理责任主体。在该项"答复"之中,安徽省人大解释道:第 15 条的规定是将依法由主管部门负责的出租汽车管理工作授权由其所属的出租汽车管理机构负责具体实施。鉴于《国务院办公厅关于深化改革推进出租汽车行业健康发展的指导意见》(国办发〔2016〕58 号)明确将网络预约出租汽车与传统的巡游出租汽车一同纳入出租汽车行业管理。因此,该条同样适用于网约车。该答复还就及时修订《安徽省道路运输管理条例》提出了建议,即"鉴于《安徽省道路运输管理条例》出台在前,请你厅认真研究,如存在《立法法》第九十五条第二项规定情形的,宜适时启动修改程序"。据此,安徽省境内对网约车的监管,其主体是统一、具体和明确的。该答复对于安徽省各地加强网约车监管、统一执法发挥了积极的指导作用,值得学习和借鉴。

**(二) 网约车监管机构改革**

在国家统一部署下,全国事业单位分类的改革进程明显加快。2016 年,中央把交通运输部作为承担行政职能事业单位改革的试点部门[2],并于 2017 年出台改革顶层指导意见,提出在江苏等四省份开展省、市、县三级试点。在改革背景下,统一由交通运输行政主管部门行使网约车监管职能是大势所趋。首先,根据国家机构改革和事业单位改革的总体要求,作为事业单位的道路运输管理机构,其行政职能应逐步回归交通行政主管机关。道路运输管理机构不宜实施网约车的行政许可,其对网约车监管的许可职能将回归交通运输行政主管部门。若如此,《网约车管理办法》中引发争议的出租汽车行政主管部门将不再产生歧义,含义更加清晰,指向更加明确。其次,整合道

---

[1] 参见《安徽省道路运输管理条例》(2015 年安徽省第十二届人民代表大会常务委员会第十八次会议修订)第 15 条:"市、县人民政府出租汽车行政主管部门领导本行政区域内的出租汽车管理工作,其所属的出租汽车管理机构负责具体实施出租汽车管理工作。"

[2] 参见《中央编办 交通运输部关于地方交通运输行业承担行政职能事业单位改革试点有关问题的意见》(中央编办发〔2017〕193 号)

路运输管理机构的执法职能。目前,道路运输管理机构在事业单位改革中,多被认定为承担行政职能的事业单位。交通运输系统内的道路运输管理机构,其原有的行政职能,包括行政许可、行政裁决等,除由行政机构承担外,执法职能将由综合行政执法机构承担。据此,道路运输管理机构将不再行使行政检查权、行政处罚权和行政强制权,其不能依据地方性法规的授权成为网约车监管的主体,而相应的地方性法规也将作修订,网约车的监管职能将由新成立的交通运输综合行政执法机构承担,事业单位性质的道路运输管理机构也将不复存在。

### (三)加快成立交通运输综合行政执法机构

推进综合行政执法体制改革,是深化行政管理体制改革的重要组成部分,也是推进依法治理、提高管理效能、提升城市治理能力现代化的重要环节。根据《中共中央关于深化党和国家机构改革的决定》原则精神,对于网约车执法领域,也需要深化交通运输行政执法体制,针对互联网企业和网约车"一点接入、全网服务"的特点,成立专门的交通运输综合执法部门,对网约车市场实施统一标准、统一主体、统一对象开展执法工作,提升市场监管的效能。交通行政执法应与时俱进,更多应用科技手段,推行非现场执法。建立综合执法指挥平台,建构公众和社会监督、市场主体信用承诺、红黑名单联合奖惩、重大风险监测防控、服务质量信誉考核等多项监管机制。

综上,网约车新业态发展迅猛,给传统的道路运输行业监管工作带来了巨大的挑战,固有的监管模式已很难适应。对于"互联网+交通"的监管,既不能放任自流,也不能因循守旧,需要立法、执法和司法的联动,需要跨部门联手合力监管,这才是科学、适度、高效和智慧的监管,才能引导和规范网约车新业态的良性发展。

# 第七章

# 研究结论、研究反思与未来展望

## 一、研究结论

本书从城市道路交通管制的难点热点问题出发,以城市道路利用与权利为切入点,运用规范分析、案例分析、比较研究、原理剖析等方法展开研究,形成了以下主要研究结论:

第一,交通权利缺位是导致现代城市交通问题复杂化的重要根源。当前城市交通安全、城市交通拥堵、城市交通污染等现代城市交通问题相互交织叠加。导致"城市病"日趋复杂和"交通病"积重难返的成因是多元的、复杂的。但权力本位、政府主导、交通管制"特权"观念、交通管制裁量权过大等是导致相关问题的重要因素。与之相对应的,则反衬出公民交通权利长期缺位,交通权益保障机制严重缺失。

第二,应对和解决城市交通问题需确立和保护公民的公法交通权。在现代城市和交通发展进程中,政府交通管制决策和行为时刻影响交通参与人的交通利益。赋予公民交通权,建构公民交通利益的权利化保护机制,有利于防御政府交通管制行为对公民交通利益的侵犯,并为国家和政府设定国家义务,进而制约政府交通管制权,规范交通管制行为,实现交通管制的法治化。

第三,解决现代城市交通问题应推动公民交通权走向规范生成。法国、日本以交通基本法的形式确认公民交通权的存在,认为交通权是基于自由移动的权利,是公民迁徙、就业等基本权利的基础性权利。德国行政法学将交通管制活动定性为基于道路利用的一般对物行政行为,扫清了公民交通权司法保护的障碍。我国公民的交通利益客观存在,且存在交通利益权利主张。基于公民交通利益的重要性,应推动公民交通权从学理证成走向规范生成,为交通利益提供法律保护机制。

第四,规范交通管制裁量权是实现城市交通管制法治化的关键。城市交通管制并非警察"特权",关乎民众交通通行和道路利用权益。交通管制应接受正当程序约束,纳入司法审查范围。同时区分不同情形,建立交通管制决定与通告的预防诉讼制度、交通管制措施的撤销与变更诉讼制度、交通管制特别牺牲的行政补偿制度和违法交通管制的行政赔偿制度。

第五,履行政府交通安全保护义务是城市交通安全管制法治化的关键。顺应现代政府"管理"向"治理"的转型,推动城市交通安全管制从"传统管制型"向"协同治理型"的转变,从"事后惩治"转向"事先预防"。强化政府"交通安全保护义务",构建政府部门之间"协作治理机制",政府与社会"合作治理机制",发挥城市交通安全风险管理和预防管理功能。

第六,确保公共决策的合法性是城市交通拥堵管制法治化的关键。城市交通拥堵治理过程是公共选择过程,关键是拥堵治理公共决策的合法性。城市交通拥堵治理决策应遵循法律保留原则和法律优位原则,具有形式合法性;拥堵治理方案和措施内容符合比例原则和利益均衡原则,具有实质正当性;拥堵治理决策过程应遵循正当程序原则,具有程序正当性。

第七,限定管制权力边界是城市网约车管制法治化的关键。网约车是互联网时代城市交通的新业态。放任不管,网约车必然野蛮生长,成为法外之地;管制过严,则必然阻碍网约车行业发展。在"互联网+交通"背景下,突破思维桎梏,改革监管模式,创新规制手段,实行一般许可,适当降低准入门槛、放宽数量限制和价格管制,促进网约车行业的健康有序发展。

## 二、研 究 反 思

在本书研究过程中,深感还存在诸多研究不足和遗憾之处。以下两点尤其值得笔者进一步反思:

其一,公民公法交通权的学理证成与规范证成之间存在差距。本书从现实的城市交通问题出发,揭示隐藏在问题表象背后公民权利缺位的问题实质,试图证成公民公法上的交通权,进而建构"交通管制权—公民交通权"的分析框架。遗憾的是,这种证成只是一种学理层面的证成。如何推动学理证成走向规范生成,如何从法律规范层面确立我国公民的交通权,进而建构公民交通权的保障机制以及政府交通管制权的监督制约机制,这是症结之关键,还有比较漫长的路要走。

其二,存在法学研究视角方法与交通工程、交通管理学科视角方法的交叉难题。城市交通问题是一个多学科相交叉的问题。本书研究以法学,尤其是宪法与行政法学的视角和方法为主,但交通安全、交通拥堵治理、网约车监管等问题涉及交通工程技术、城市管理、交通管理等多个学科的方方面面。在本书研究过程中存在法学与交通两张皮现象,也存在过于重视法学方法和法学视角而忽视了城市与交通问题本身的独特个性问题。研究过程中深感法学与交通学科交叉研究之难。

## 三、未来展望

着眼于未来城市与交通的健康可持续发展,以及城市交通管制的法治化进程,应当着力推动城市与交通发展,以及城市与交通管制的转型。

其一,发展模式:从交通追随型转向交通先导型。在城市发展与交通发展关系上,我国多数城市尚处在交通追随城市发展阶段。在城市与交通发展关系上,表现为"交通发展追随城市土地开发"的关系模式,造就了一种"摊大饼式"的城市发展形态。未来城市交通需求将呈现总量稳步增长、需求品质升级的特征。城市发展需要城市交通提供强大支撑和引领作用。基于此,未来要充分重视交通的先导功能,以交通发展支撑和推动城市发展,逐步树立交通先导型的城市发展战略。

其二,价值导向:从以车为本转向以人为本。传统以车为本位、汽车导向的交通管制政策缺乏对交通的本来意义和人类的根本自由的思考。反思传统交通发展理念必须改变以车为本位、以小汽车为中心的交通政策导向。在价值理念上须从"以车为本"转向"以人为本",从"关注车辆的畅通"转向"关注人的安全与畅通"。在具体操作层面,须大力发展城市公共交通,改变民众的出行方式和出行习惯,大力提高民众绿色出行比例。

其三,管制策略:从政策主导转向规则主导。交通管制呈现出交通问题的政策治理特征。交通管制的政策治理模式有悖于现代法治理性和法治精神。推动现代城市交通治理从政策规制向法律治理转型是交通治理的必由之路。运用法治思维和法治方式引领和推动城市交通治理,规范和约束政府公权力,尊重和保障交通参与者的权益,规制和化解城市与交通发展过程中的系统性社会风险,从而走可持续发展道路的治理模式。

其四,管制动力:权力主导转向协同共治。政府权力一元化主导势必带来交通管制公共性缺失,引发交通管制失灵问题。顺应现代政府从"管理"向"治理"的转型,未来城市交通管制应当限定政府的权力边界,从政府主导、权力主导走向政府引导、市场主导、公民主体、社会参与,形成政府、社会与民众协同共治的新型治理结构和治理体系。

其五,管制效果:兼顾合法性与有效性。未来城市交通管制必然是合法性和有效性的有机结合。过于强调城市交通管理的形式合法性,一定程度上忽视了城市交通治理策略的实质效果和实质正当性。从管理本位走向治理本位,应当在交通管制政策的合法性和有效性之间寻求平衡。对城市交通管制而言,尤其应当遵循公共政策的程序要求,重视公共政策决策过程的合法性。同时建构公共政策执行绩效的评价标准和评价机制,确保交通政策实施的有效性。

# 参考文献

## 一、中文译著

1. [德]弗里德赫尔穆·胡芬.行政诉讼法[M].莫光华,译.北京:法律出版社,2003.
2. [德]哈特穆特·毛雷尔.行政法学总论[M].高家伟,译.北京:法律出版社,2000.
3. [德]汉斯·J.沃尔夫,奥托·巴霍夫,罗尔夫·施托贝尔.行政法[M].高家伟,译.北京:商务印书馆,2002.
4. [德]亨利·苏勒.德国警察与秩序法原理[M].李震山,译.台北:台北登文书局,2005.
5. [德]平特纳.德国普通行政法[M].朱林,译.北京:中国政法大学出版社,1999.
6. [德]乌尔里希·贝克.风险社会[M].何博闻,译.南京:译林出版社,2004.
7. [美]H.W.刘易斯.技术与风险[M].杨健,缪建兴,译.北京:中国对外翻译出版公司,1994.
8. [美]V.奥斯特罗姆,等.制度分析与发展的反思:问题与抉择[M].北京:商务印书馆,1992.
9. [美]伯纳德·施瓦茨.行政法[M].徐炳,译.北京:群众出版社,1986.
10. [美]丹尼尔·F.史普博.管制与市场[M].余晖,何帆,译.上海:上海三联书店,上海人民出版社,2008.
11. [美]凯尔森.法与国家的一般理论[M].沈宗灵,译.北京:中国大百科全书出版社,1995.
12. [美]约翰·罗尔斯.正义论[M].何怀宏,何包钢,廖申白,译.北京:中国社会科学出版社,2009.
13. [美]罗·庞德.通过法律的社会控制[M].沈宗灵,董世忠,译.北京:商务印书馆,1984.

14. [美]斯图亚特·林恩.发展经济学[M].王乃辉,等译.上海:上海三联书店,2009.

15. [日]大桥洋一.行政法学的结构性变革[M].昌艳滨,译.北京:中国人民大学出版社,2008.

16. [日]谷口安平.程序的正义与诉讼[M].王亚新,刘荣军,译.北京:中国政法大学出版社,1996.

17. [日]户崎肇.交通运输的文化经济学[M].陈彦夫,王姵岚,译.台北:台北翰庐图书出版有限公司,2012.

18. [日]室井力.日本现代行政法[M].吴微,译.北京:中国政法大学出版社,1995.

19. [日]盐野宏.行政法[M].杨建顺,译.北京:法律出版社,1999.

20. [日]植草益.微观规制经济学[M].朱绍文,等译.北京:中国发展出版社,1992.

21. [英]弗里德里希·冯·哈耶克.自由秩序原理[M].邓正来,译.北京:生活·读书·新知三联书店,1997.

22. [英]罗彻尼·托利.可持续发展的交通城市交通与绿色出行[M].孙文财,等译.北京:机械工业出版社,2013.

23. [英]洛克.政府论[M].叶启芳,瞿菊农,译.北京:商务印书馆,1964.

24. [英]米尔恩.人的权利与人的多样性:人权哲学[M].夏勇,张志铭,译.北京:中国大百科全书出版社,1995.

25. [英]威廉·韦德.行政法[M].徐炳,译.北京:中国大百科全书出版社,1997.

## 二、中文著作

1. 巴兴强,张丽莉.交通工程导论[M].长沙:中南大学出版社,2015.

2. 白钢,史卫民.中国公共政策分析[M].北京:中国社会科学出版社,2006.

3. 陈俊,徐良杰,朱顺应.交通管理与控制[M].2版.北京:人民交通出版社,2017.

4. 陈敏.行政法总论[M].7版.台北:台北新学林出版有限公司,2009.

5. 陈文荦.道路交通法规概论[M].北京:警官教育出版社,1997.

6. 陈新民.德国公法学基础理论[M].济南:山东人民出版社,2001.

7. 陈新民.行政法总论[M].台北:三民书局,1995.

8. 程燎原,王人博.赢得神圣:权利及其救济通论[M].济南:山东人民出版社,1993.

9. 法治斌,董保城.宪法新论[M].台北:元照出版有限公司,2006.

10. 方世荣.行政法原理与实务[M].北京:中国政法大学出版社,2007.

11. 公安部交通管理局.道路交通安全法及相关配套法规汇编[M].北京:中国人民公安大学出版社,2004.

12. 公安部交通管理局.交通警察执法手册[M].北京:中国人民公安大学出版

社,2004.

13. 公安部政治部.新编道路交通管理学[M].北京:中国人民公安大学出版社,2009.

14. 公丕祥.权利现象的逻辑[M].济南:山东人民出版社,2002.

15. 龚向和.从民生改善到经济发展:社会权法律保障新视角研究[M].北京:法律出版社,2013.

16. 龚向和.作为人权的社会权:社会权法律问题研究[M].北京:人民出版社,2007.

17. 管欧.交通法规概要[M].台北:三民书局,1986.

18. 郭庆殊.行政规划及其法律控制研究[M].北京:中国社会科学出版社,2009.

19. 过秀成.城市交通规划[M].南京:东南大学出版社,2010.

20. 过秀成.道路交通运行分析基础[M].南京:东南大学出版社,2010.

21. 何伯森.工程项目管理的国际惯例[M].北京:中国建筑工业出版社,2007.

22. 何海波.行政诉讼法[M].北京:法律出版社,2011.

23. 胡建淼.行政行为基本范畴研究[M].杭州:浙江大学出版社,2005.

24. 胡金东,田宁.汽车社会交通治理的伦理路径[M].北京:中国人民大学出版社,2015.

25. 黄茂荣.法学方法与现代民法[M].北京:法律出版社,2007.

26. 黄亚平.城市规划与城市社会发展[M].北京:中国建筑工业出版社,2009.

27. 惠生武.公安交通管理学[M].北京:中国政法大学出版社,2006.

28. 江必新,梁凤云.行政诉讼法理论与实务[M].北京:法律出版社,2016.

29. 江玉林.畅通、高效、安全、绿色:中国城市公共交通可持续发展重大问题解析[M].北京:科学出版社,2010.

30. 姜明安.行政法与行政诉讼法[M].北京:北京大学出版社,2012.

31. 姜昕.比例原则研究:一个宪政的视角[M].北京:法律出版社,2008.

32. 李步云.人权法学[M].北京:高等教育出版社,2005.

33. 李建良.宪法理论与实践[M].台北:学林文化事业有限公司,1999.

34. 李建良.行政法基本十讲[M].台北:元照出版有限公司,2017.

35. 李瑞敏.城市道路交通管理[M].北京:人民交通出版社,2009.

36. 李铁.城镇化改革的地方实践[M].北京:中国发展出版社,2013.

37. 李芸.都市计划与都市发展:中外都市计划比较[M].南京:东南大学出版社,2002.

38. 李震山.警察行政法论:自由与秩序之折冲[M].台北:元照出版有限公司,2007.

39. 李震山.行政法导论[M].台北:三民书局,2011.

40. 林腾鹞.行政诉讼法[M].台北:三民书局,2008.

41. 林喆.权利的法哲学:黑格尔法哲学研究[M].济南:山东人民出版社,1999.

42. 刘飞.德国公法权利救济制度[M].北京:北京大学出版社,2009.
43. 刘光容.政府协同治理:机制、实施与效率分析[M].武汉:华中师范大学出版社,2008.
44. 刘军宁.市场逻辑与国家观念[M].北京:生活·读书·新知三联书店,1996.
45. 刘南.交通运输学[M].杭州:浙江大学出版社,2009.
46. 刘新立.风险管理[M].北京:北京大学出版社,2006.
47. 卢建军.警察职权的界定与配置[M].北京:北京大学出版社,2017.
48. 罗豪才.软法与公共治理[M].北京:北京大学出版社,2006.
49. 罗豪才,湛中乐.行政法学[M].2版.北京:北京大学出版社,2006.
50. 马怀德.行政程序立法研究:《行政程序法》草案建议稿及理由说明书[M].北京:法律出版社,2005.
51. 马怀德.行政法与行政诉讼法[M].5版.北京:中国法制出版社,2015.
52. 马生安.行政行为研究:宪政下的行政行为基本理论[M].济南:山东人民出版社,2008.
53. 孟鸿志.行政法学[M].北京:北京大学出版社,2002.
54. 潘开灵,白烈湖.管理协同理论及其应用[M].北京:经济管理出版社,2006.
55. 皮纯协,何寿生.比较国家赔偿法[M].北京:中国法制出版社,1998.
56. 钱小鸿,史其信,章建强.智慧交通[M].北京:清华大学出版社,2011.
57. 全国人大常委会法制工作委员会刑法室.《中华人民共和国道路交通安全法》释义及实用指南[M].北京:中国民主法制出版社,2012.
58. 沈开举.行政法学[M].郑州:郑州大学出版社,2009.
59. 石亚军.透视大部制改革:机构调整、职能转变、制度建设实证研究[M].北京:中国政法大学出版社,2011.
60. 世界卫生组织.世界预防道路交通伤害报告[M].刘光远,译.北京:人民卫生出版社,2004.
61. 陶学荣,陶睿.中国行政体制改革研究[M].北京:人民出版社,2006.
62. 汪进元.基本权利的保护范围:构成、限制及其合宪性[M].北京:法律出版社,2013.
63. 王俊豪.政府管制经济学导论:基本理论及其在政府管制实践中的应用[M].北京:商务印书馆,2001.
64. 文国玮.城市交通与道路系统规划[M].北京:清华大学出版社,2013.
65. 翁岳生.行政法[M].北京:中国法制出版社,2009.
66. 吴兵,李晔.交通管理与控制[M].5版.北京:人民交通出版社,2015.
67. 吴庚.行政法之理论与实用[M].北京:中国人民大学出版社,2005.
68. 夏勇.法理讲义:关于法律的道理与学问[M].北京:北京大学出版社,2010.

69. 肖泽晟.公物法研究[M].北京:法律出版社,2009.
70. 熊文钊.公法原理[M].北京:北京大学出版社,2009.
71. 杨春福.权利法哲学研究导论[M].南京:南京大学出版社,2000.
72. 杨建顺.日本行政法通论[M].北京:中国法制出版社,1998.
73. 杨建顺.行政规制与权利保障[M].北京:中国人民大学出版社,2007.
74. 杨立新.道路交通事故责任研究[M].北京:法律出版社,2009.
75. 杨兴坤.大部制:雏形、发展与完善[M].北京:中国传媒大学出版社,2012.
76. 姚爱国.城乡规划管理实务指导[M].长春:吉林大学出版社,2013.
77. 叶必丰.行政行为的效力研究[M].北京:中国人民大学出版社,2002.
78. 应松年.当代中国行政法[M].北京:中国方正出版社,2005.
79. 于安.德国行政法[M].北京:清华大学出版社,1999.
80. 聂福茂,余凌云.警察行政法学[M].北京:中国人民公安大学出版社,2005.
81. 俞可平.治理与善治[M].北京:社会科学文献出版社,2000.
82. 袁振洲,魏丽英,谷远利.城市交通管理与控制[M].北京:北京交通大学出版社,2013.
83. 张春生,李飞.中华人民共和国行政许可法释义[M].北京:法律出版社,2003.
84. 张立伟.权利的功利化及其限制[M].北京:科学出版社,2009.
85. 张千帆.宪法学导论:原理与应用[M].北京:法律出版社,2004.
86. 张千帆.宪法[M].北京:北京大学出版社,2008.
87. 张树义.行政诉讼法学[M].北京:中国政法大学出版社,2007.
88. 张文显.法理学[M].北京:高等教育出版社,2011.
89. 张翔.基本权利的规范建构[M].北京:高等教育出版社,2008.
90. 张正钊,胡锦光.行政法与行政诉讼法[M].北京:中国人民大学出版社,2009.
91. 章剑生.现代行政法基本理论[M].北京:法律出版社,2008.
92. 章志远.行政诉讼类型构造研究[M].北京:法律出版社,2007.
93. 赵坚.集约型城镇化与我国交通问题研究[M].北京:中国经济出版社,2013.
94. 中国可持续交通课题组.城市交通可持续发展:要素、挑战及对策[M].北京:人民交通出版社,2008.
95. 周天勇.中国行政体制改革30年[M].上海:格致出版社,2008.
96. 周伟.宪法基本权利:原理·规范·应用[M].北京:法律出版社,2006.
97. 周训芳.环境权论[M].北京:法律出版社,2003.
98. 周佑勇.现代城市交通发展的制度平台与法律保障机制研究[M].北京:中国社会科学出版社,2017.
99. 周佑勇.行政裁量基准研究[M].北京:中国人民大学出版社,2015.
100. 周佑勇.行政裁量治理研究:一种功能主义的立场[M].北京:法律出版

社,2008.

101. 周佑勇.行政法基本原则研究[M].武汉:武汉大学出版社,2005.

102. 周佑勇.行政法原论[M].北京:北京大学出版社,2018.

## 三、期刊论文

1. 晨尘,等.关于《中国城市理性交通宣言》的讨论[J].城市交通,2007,5(1):92-94.
2. 蔡君时.美国公共交通的立法[J].城市公共交通,2000(1):14-15.
3. 曹国华,黄富民."交通引导发展"理念下城市交通规划研究:以江苏省为例[J].城市规划,2008,32(10):80-83.
4. 陈春妹,王晓明.城市交通发展观念的三大转变[J].北京规划建设,2006(5):42-45.
5. 陈道银.风险社会的公共安全治理[J].学术论坛,2007,30(4):44-47.
6. 陈桂清.交通事故责任认定中的路权探讨[J].福建公安高等专科学校学报(社会公共安全研究),2001,(15)4:23-24.
7. 陈国鹏."互联网+交通"视角下缓解城市交通拥堵的私家车共享模式研究[J].城市发展研究,2016,(23)2:105-109.
8. 陈军.公私合作执行行政任务的国家责任探析[J].西部法学评论,2016(1):37-45.
9. 陈瑞华.论证据相互印证规则[J].法商研究,2012,(29)1:112-123.
10. 陈征.基本权利的国家保护义务功能[J].法学研究,2008,30(1):51-60.
11. 陈珺.公私部门合作中的风险分配:理想、现实与启示[J].公共行政评论,2010,3(5):175-194.
12. 陈忠祥.城市治理的策略选择[J].福建质量管理,2018(13):267-268.
13. 仇保兴.推动城市公共交通跨越式发展[J].城市交通,2007,(5)1:11-16.
14. 崔运武.论我国城市公用事业公私合作改革的若干问题[J].上海行政学院学报,2015,(16)4:39-50.
15. 戴东昌,蔡建华.国外解决城市交通拥堵问题的对策[J].求是,2004(23):61-63.
16. 刁芳远.新型权利主张及其法定化的条件:以我国社会转型为背景[J].北京行政学院学报,2015(3):43-51.
17. 丁煌,高峻.整体性治理的实践探索:深圳一体化大交通管理体制改革案例分析[J].行政论坛,2011,6:5-9.
18. 段进宇,梁伟.控规层面的交通需求管理[J].城市规划学刊,2007(1):82-86.
19. 樊桦.我国交通运输管理体制改革的回顾和展望[J].综合运输,2008(10):8-13.
20. 范冠峰.如何破解我国大城市交通拥堵的困局[J].理论界,2009(2):195-196.
21. 范进学.权利概念论[J].中国法学,2003(2):13-20.

22. 范永辉.由深圳经验看我国城市交通管理体制改革[J].综合运输,2005(2):63-64.

23. 方芳.论道路通行权及其限制[J].学术交流,2017(4):116-123.

24. 方芳.论道路通行权的性质[J].湖北民族学院学报(哲学社会科学版),2016,34(1):91-98.

25. 方世荣.论维护行政法制统一与行政诉讼制度创新[J].中国法学,2004(1):42-51.

26. 方新军.权利客体的概念及层次[J].法学研究,2010,32(2):36-58.

27. 丰伟."中心城市交通行政管理体制改革研讨会"综述[J].学术动态,2004,1:31-32.

28. 冯玉军.单双号限行与公民社会中的权利冲突及其解决[J].法学家,2008(5):1-5.

29. 付子堂,常安.民生法治论[J].中国法学,2009(6):26-40.

30. 付子堂.构建民生法治[J].法学研究,2007(4):150-151.

31. 高秦伟.论欧盟行政法上的风险预防原则[J].比较法研究,2010(3):54-63.

32. 高向宇.城市交通基础设施的建设与管理[J].公路,2001(3):22-29.

33. 宫希魁.路权分配的三个原则[J].党政干部学刊,2008(5):61-62.

34. 龚鹏飞.交通管制若干问题研究[J].道路交通与安全,2006(12):9-13.

35. 龚向和.国家义务是公民权利的根本保障:国家与公民关系新视角[J].法律科学,2010,28(4):3-7.

36. 龚向和,袁立.劳动权的防御权功能与国家的尊重义务[J].北方法学,2013,7(4):35-44.

37. 龚向和.理想与现实:基本权利可诉性程度研究[J].法商研究,2009,26(4):32-38.

38. 龚向和,刘耀辉.基本权利给付义务内涵界定[J].理论与改革,2010(2):128-130.

39. 龚向和.论社会权的经济发展价值[J].中国法学,2013(5):93-101.

40. 殷凤军,叶茂,过秀成.大城市新城交通规划推进机制设计[J].城市发展研究,2015,22(10):1-5+10.

41. 顾昕.公共财政转型与政府卫生筹资责任的回归[J].中国社会科学,2010(2):103-120+222.

42. 郭继孚,刘莹,余柳.对中国大城市交通拥堵问题的认识[J].城市交通,2011,9(2):8-14+6.

43. 郭明瑞.权利冲突的研究现状、基本类型与处理原则[J].法学论坛,2006(1):5-10.

44. 郭卫华,王莹."行人违章,撞了白撞"之民法分析[J]. 政治与法律,2002(2):80-84.

45. 郭文帅,王杨堃. 深圳市综合交通管理体制改革的经验与启示[J]. 综合运输,2014(8):20-24.

46. 郝振清. 交通运输行政处罚自由裁量基准刍议[J]. 生产力研究,2011(4):122-125.

47. 何志鹏. 权利冲突:一个基于"资源—需求"模型的解释[J]. 环球法律评论,2011,33(1):38-47.

48. 贺伟. 对网约车营运行政处罚的审查[J]. 人民司法(案例),2018(2):15-18.

49. 洪朝辉. 论中国城市社会权利的贫困[J]. 江苏社会科学,2003(2):116-125.

50. 胡健毓. 浅析机动车"尾号限行"政策:基于法经济学的视角[J]. 华东交通大学学报,2011,28(4):100-105.

51. 胡敏洁. 转型时期的福利权实现路径:源于宪法规范与实践的考察[J]. 中国法学,2008(6):63-72.

52. 胡肖华. 论预防性行政诉讼[J]. 法学评论,1999(6):91-95.

53. 胡子祥,吴文化. 城市交通管理机制及其发展[J]. 综合运输,2001(7):1-6.

54. 黄江彦,何曦. 半独立路权模式下现代有轨电车通过能力计算与仿真研究[J]. 现代城市轨道交通,2018(1):51-58.

55. 黄锴. 法律续造在行政处罚法中的适用及限制:以"黄灯案"为分析对象[J]. 政治与法律,2013(8):146-154.

56. 黄良彪,张艳. 城市道路交通拥堵的原因及其治理对策[J]. 政法学刊,2007(1):114-118.

57. 黄学贤,周春华. 略论行政紧急权力法治化的缘由与路径[J]. 北方法学,2008(1):107-112.

58. 黄学贤. 行政法中的法律保留原则研究[J]. 中国法学,2004(5):47-53.

59. 季金华. 公平与效率:路权制度安排的价值基础[J]. 甘肃政法学院学报,2009(6):38-45.

60. 季卫东. 法律程序的意义:对中国法制建设的另一种思考[J]. 中国社会科学,1993(1):83-103.

61. 贾义猛. 大部门体制改革:从探索实行到坚定推进:以铁路和交通运输行政管理体制改革为例[J]. 行政管理改革,2011(11):25-29.

62. 间炤. 北京市交通行政管理体制的变革[J]. 中国道路运输,2004(7):3.

63. 江利红. 论行政法实施过程的全面动态考察[J]. 当代法学,2013,27(3):34-42.

64. 江利红. 论行政法学中"行政过程"概念的导入:从"行政行为"到"行政过程"[J]. 政治与法律,2012(3):79-90.

65. 江利红.行政过程的阶段性法律构造分析:从行政过程论的视角出发[J].政治与法律,2013(1):140-154.

66. 姜昊晨.既得利益拗不过市场:我国出租车行业的管制博弈[J].中国法律评论,2017(3):194-206.

67. 姜明安.论公法与政治文明[J].法商研究,2003(3):62-70.

68. 姜明安.行政规划的法制化路径[J].郑州大学学报(哲学社会科学版),2006(1):8-9.

69. 金国坤.法治政府视野下行政决策的要件:基于北京市交通限行措施的考量[J].新视野,2009(5):50-53.

70. 兰天玉.网约车监管模式选择:以非营运车辆为视角[J].黑龙江省政法管理干部学院学报,2017(5):24-27.

71. 李彬.现代城市交通中路车之争的矛盾缓释[J].上海城市管理,2012,21(5):29-32.

72. 李常青.权利冲突之辨析[J].现代法学,2005(3):39-45.

73. 李弋强."道路通行权"与"优先通行权":"路权"内涵的法理思考[J].前沿,2012(24):73-75.

74. 李宏伟.民生科技的价值追求与实现途径[J].科学经济社会,2009,27(3):99-102.

75. 李辉,任晓春.善治视野下的协同治理研究[J].科学与管理,2010,30(6):55-58.

76. 李建华.公共政策程序正义及其价值[J].中国社会科学,2009(1):64-69+205.

77. 李龙,杜晓成.论人性化执法[J].华中科技大学学报(社会科学版),2004(5):62-67.

78. 李绍谦,汤伟文.把行政裁量权降为零:南县国土资源局改革土地行政审批的主要做法[J].国土资源导刊,2006(5):38-39.

79. 李霞.论特许经营合同的法律性质:以公私合作为背景[J].行政法学研究,2015(1):22-34.

80. 李忠奎.交通基础设施国有资产流失原因及改革方向分析[J].水运管理,2003(8):26-27.

81. 梁根林."醉驾"入刑后的定罪困扰与省思[J].法学,2013(3):52-60.

82. 梁迎修.权利冲突的司法化解[J].法学研究,2014,36(2):61-72.

83. 林彦.全国人大常委会如何监督依法行政:以执法检查为对象的考察[J].法学家,2015(2):1-14+176.

84. 凌维慈.行政法视野中机动车限行常态化规定的合法性[J].法学,2015(2):26-34.

85. 刘尔思.我国城市交通设施建设投融资方式研究[J].云南财贸学院学报,2004

(6):19-21.

86. 刘国.论自由权及其限制标准[J].广东社会科学,2011(6):237-244.

87. 刘茂林,秦小建.论宪法权利体系及其构成[J].法制与社会发展,2013,19(1):31-43.

88. 刘奇志,宋中英,商渝.城乡规划法下控制性详细规划的探索与实践:以武汉为例[J].城市规划,2009,33(8):63-69.

89. 刘圣中.决策与执行的分合限度:行政三分制分析[J].中国行政管理,2003(6):45-50.

90. 刘士林.文化在大都市交通系统中的意义[J].江苏行政学院学报,2007(3):47-52.

91. 刘伟忠.我国协同治理理论研究的现状与趋向[J].城市问题,2012(5):81-85.

92. 刘艳红.交通过失犯认定应以结果回避义务为基准[J].法学,2010(6):141-153.

93. 刘艺.认真对待利益:行政法中的利益问题[J].社会科学家,2004(5):32-36.

94. 刘治彦.大城市交通拥堵的缓解策略[J].城市问题,2014(12):86-92.

95. 刘作翔.权利冲突的几个理论问题[J].中国法学,2002(2):56-71.

96. 卢毅,李华中,彭伟.交通发展规划向公共政策转变的趋势[J].综合运输,2010(4):21-26.

97. 鲁鹏宇.日本行政法学理构造的变革:以行政过程论为观察视角[J].当代法学,2006(4):153-160.

98. 陆静.深圳:优化综合交通管理体制[J].运输经理世界,2010(8):65.

99. 陆远权,牟小琴.协同治理理论视角下公共危机治理探析[J].沈阳大学学报,2010,22(5):105-107.

100. 骆梅英.行政许可标准的冲突及解决[J].法学研究,2014,36(2):46-60.

101. 吕成龙,张亮.城市路权分配的困境及法治对策[J].中州学刊,2017(4):56-61.

102. 罗豪才,宋功德.公域之治的转型:对公共治理与公法互动关系的一种透视[J].中国法学,2005(5):3-23.

103. 罗豪才,宋功德.认真对待软法:公域软法的一般理论及其中国实践[J].中国法学,2006(2):3-24.

104. 马驰骋.行政规划裁量理论特性研究[J].重庆交通大学学报(社会科学版),2012,12(1):38-41.

105. 马怀德,解志勇.论对物行政行为[J].法律适用(国家法官学院学报),2002(9):17-20.

106. 马俊驹.国家所有权的基本理论和立法结构探讨[J].中国法学,2011(4):89-102.

107. 马特.权利冲突解决机制的整体构建[J].国家行政学院学报,2013(2):53-58.

108. 孟鸿志.行政规划裁量与法律规制模式的选择[J].法学论坛,2009,24(5):38-43.

109. 莫纪宏.机动车限行必须要有正当的公共利益[J].法学家,2008(5):5-8+1.

110. 宁乐然.再论生命权与通行权[J].法学杂志,2006(3):105-106.

111. 庞松.论交通结构调整与交通可持续发展[J].交通环保,2001(5):1-4+9.

112. 彭岳.分享经济规制现状及方法改进[J].中外法学,2018,30(3):763-781.

113. 钱卿.交通限行措施的行政法解读:以单双号限行为样本[J].行政法学研究,2011(4):60-69.

114. 庆丽.论公民交通权的构成、限制及其合宪性[J].广西社会科学,2016(10):94-99.

115. 全永燊,潘昭宇.建国60周年城市交通规划发展回顾与展望[J].城市交通,2009,7(5):1-7.

116. 全永燊,王婷,余柳.城市交通若干问题的思考与辨识[J].城市交通,2018,16(2):1-8.

117. 沈福俊.网络预约出租车经营服务行政许可设定权分析:以国务院令第412号附件第112项为分析视角[J].上海财经大学学报,2016,18(6):105-114+127.

118. 沈跃东.论程序行政行为的可诉性:以规划环境影响评价公众参与为视角[J].行政法学研究,2012(3):9-16.

119. 石亚军,施正文.探索推行大部制改革的几点思考[J].中国行政管理,2008(2):9-11.

120. 石子坚.为路权正名[J].公安学刊(浙江公安高等专科学校学报),2007(1):33-38.

121. 疏泽民.路权原则在交通事故处理中的应用[J].现代交通管理,1997(3):35.

122. 宋宗宇,温长煌,曾文革.建设工程合同溯源及特点研究[J].重庆建筑大学学报,2003(5):87-92.

123. 苏苗罕.计划裁量权的规制体系研究[J].云南大学学报(法学版),2008(2):37-41.

124. 孙书妍.立法技术与法律的有效性:以就业促进法为例[J].人大研究,2008(6):23-26.

125. 孙小平.我国网约车的政府规制负面影响及其路径改进建议[J].中国市场,2017(11):31-33.

126. 汤啸天.关于缓解城市交通拥堵的思考[J].山东警察学院学报,2015,27(1):134-139.

127. 唐洪.完善我国道路交通安全管理体制的若干思考[J].湖北警官学院学报,2012,25(10):46-49.

128. 田林.关于确立根本性立法技术规范的建议[J].中国法律评论,2018(1):182-189.

129. 田勇军.交通行政处罚中"一事不再罚"之"一事"问题探析[J].交大法学,2016(1):67-86.

130. 汪进元.论宪法的正当程序原则[J].法学研究,2001(2):51-59.

131. 汪文雄,陈凯,钟伟,等.城市交通基础设施PPP项目产品/服务价格形成机理[J].建筑管理现代化,2009,23(2):105-108.

132. 汪习根.公法法治论:公、私法定位的反思[J].中国法学,2002(5):49-58.

133. 汪玉凯.中国行政体制改革20年的回顾与思考[J].中国行政管理,1998(12):10-13.

134. 王东.PPP主体关系中的政府:角色定位与行为机制框架[J].中国政府采购,2015(3):74-79.

135. 王洪明.试论基于"路权"的交通肇事过错划分[J].福建公安高等专科学校学报,2003(4):59-63.

136. 王静霞.新时期城市交通规划的作用与思路转变[J].城市交通,2006(1):17-22.

137. 王静.中国网约车的监管困境及解决[J].行政法学研究,2016(2):49-59.

138. 王克金.权利冲突论:一个法律实证主义的分析[J].法制与社会发展,2004(2):43-61.

139. 王克先.对《道路交通安全法》第七十六条的质疑[J].湖北经济学院学报(人文社会科学版),2005,2(1):123-125.

140. 王利明.民法的人文关怀[J].中国社会科学,2011(4):149-165+223.

141. 王青斌.论行政规划中的私益保护[J].法律科学(西北政法大学学报),2009,27(3):54-61.

142. 王庆廷.新兴权利渐进入法的路径探析[J].法商研究,2018,35(1):30-41.

143. 王锡锌.在纠结中前行的网约车改革[J].人民论坛,2016(S1):63-65.

144. 王锡锌,章永乐.专家、大众与知识的运用:行政规则制定过程的一个分析框架[J].中国社会科学,2003(3):113-127.

145. 王锡锌.自由裁量权基准:技术的创新还是误用[J].法学研究,2008,30(5):36-48.

146. 王秀红.道路通行权内涵初探[J].安徽职业技术学院学报,2008,7(4):41-44.

147. 王雪丽.城市公共安全体系存在的问题及其解决方略[J].城市问题,2012(7):79-83.

148. 王雪松,彭建.美国大都市区最新综合交通规划比较研究[J].国际城市规划,2012,27(1):90-98.

149. 王岩,郭寒娟.网约车未取得营运资质擅自从事客运构成非法营运[J].人民司法(案例),2018(2):4-6.

150. 王有为,张子阳.封闭式独立路权下公交车路阻函数研究[J].公路交通技术,2016,32(4):134-138+144.

151. 魏迪.基本权利的国家保护义务:以德、中两国为审视对象[J].当代法学,2007(4):104-109.

152. 魏建新.利益视角下的行政决策听证[J].广西社会科学,2015(2):114-118.

153. 魏礼群.积极稳妥推进大部门制改革[J].求是,2011(12):15-18.

154. 魏连雨,康彦民.城市交通的可持续发展[J].河北省科学院学报,2000(3):186-189+192.

155. 吴兵,董治,李林波.城市公共交通规划中的民众参与问题研究[J].山东交通学院学报,2008(2):32-35.

156. 吴太成,胡启.加快改善交通运输环境为保增长保民生保稳定服务[J].乌蒙论坛,2009,3:48-50.

157. 吴毅洲.基于TDM的城市交通拥挤对策研究[J].交通科技,2005(3):78-80.

158. 吴忠民.民生的基本涵义及特征[J].中国党政干部论坛,2008(5):33-35.

159. 夏勇.作为情节犯的醉酒驾驶:兼议"醉驾是否一律构成犯罪"之争[J].中国刑事法杂志,2011(9):17-22.

160. 鲜铁可.论危险犯的分类[J].法学家,1997(5):12-17.

161. 肖陆军.科学发展观与构建民生型政府[J].重庆师范大学学报(哲学社会科学版),2008(2):9-14.

162. 肖渭明.公共采购强制招标法律制度研究[J].行政法学研究,2003(2):36-42.

163. 肖泽晟.论公物法理论视野下的道路通行权及其限制:以交通禁行措施为个案的分析[J].江苏行政学院学报,2009(3):122-127.

164. 肖泽晟.论公物附近居民增强利用权的确立与保障[J].法商研究,2010,27(2):15-22.

165. 谢立斌.自由权的保护义务[J].比较法研究,2011(1):35-42.

166. 邢鸿飞,徐金海.论基础设施权[J].法律科学(西北政法大学学报),2011,29(1):156-161.

167. 邢会强.PPP模式中的政府定位[J].法学,2015(11):17-23.

168. 熊秋红.从保障对质权出发研究证人出庭作证[J].人民检察,2008(24):11.

169. 徐键.公共建设规划、开发利益与社会公正:利益回馈的理论与模式[J].法治研究,2009(2):8-12.

170. 徐晋.有关机动车停车交通违法行为法律适用的思考[J].交通与运输,2008(3):62-64.

171. 徐生钰,栗金金,罗慧.PPP模式在南京地下基础设施中应用的案例分析[J].地下空间与工程学报,2015,11(3):557-563+802.

172. 徐昕.网约车管理细则的合法性及法律救济[J].山东大学学报(哲学社会科学版),2017(3):76-81.

173. 徐循初.对我国城市交通规划发展历程的管见[J].城市规划学刊,2005(6):11-15.

174. 薛凯.有关机动车行政管制的法律思考[J].楚天法治,2015(2):43.

175. 闫庆军,徐萍平.基于外部性的交通拥堵成因分析与缓解策略[J].经济论坛,2005(5):57-59.

176. 杨彬权.论担保行政与担保行政法:以担保国家理论为视角[J].法治研究,2015(4):130-145.

177. 杨登杰.执中行权的宪法比例原则:兼与美国多元审查基准比较[J].中外法学,2015,27(2):367-390.

178. 杨洁,过秀成,陆璐.关于城市交通规划编制法治化的若干问题思考[J].东南法学,2013:70-77.

179. 杨解君.公共决策的效应与法律遵从度:以"汽车限购"为例的实证分析[J].行政法学研究,2013(3):63-69.

180. 杨解君,赖超超.公物上的权利(力)构成:公法与私法的双重视点[J].法律科学(西北政法学院学报),2007(4):49-58.

181. 杨柳,李红昌.城市交通拥堵治理的法经济学分析[J].长春理工大学学报(高教版),2009,4(8):39-40.

182. 杨世建.法制统一的反思:中央与地方立法权限的界分及冲突解决:以"洛阳种子案"为例[J].南京大学法律评论,2006(2):46-54.

183. 杨永忠.自然垄断产业普遍服务的理论基础、成因与政策[J].生产力研究,2006(2):180-182.

184. 杨铁英.公共交通优先才能解决交通拥堵问题[J].山东交通科技,2007(2):89-90.

185. 杨向前.民生视域下我国特大型城市交通拥堵问题研究[J].城市规划,2012,36(1):92-96.

186. 杨小君,黄全.机动车牌照拍卖行为的合法性认识:解读《行政许可法》第12、53条的相关规定[J].行政法学研究,2005(4):113-119.

187. 杨耀武.我国道路交通安全风险管理中的政府职责[J].哈尔滨学院学报,2009,30(10):76-79.

188. 杨志琼.美国醉驾的法律规制、争议及启示[J].法学,2011(2):35-44.

189. 姚建宗,方芳.新兴权利研究的几个问题[J].苏州大学学报(哲学社会科学版),

2015,36(3):50-59.

190. 姚建宗.新兴权利论纲[J].法制与社会发展,2010,16(2):3-15.

191. 叶高峰,史卫忠.情节犯的反思及其立法完善[J].法学评论,1997(2):32-38.

192. 易军.所有权自由与限制视域中的单双号限行常态化[J].法学,2015(2):18-25.

193. 易延友."眼球对眼球的权利":对质权制度比较研究[J].比较法研究,2010(1):52-68.

194. 易延友.证人出庭与刑事被告人对质权的保障[J].中国社会科学,2010(2):160-176+223-224.

195. 于宏伟,朱庆锋.正确对待权利冲突:现象与解决方式之间[J].法学论坛,2006(1):28-31.

196. 于泉,杨永勤,任福田.交通工程中路权的分析研究[J].道路交通与安全,2006(2):10-11+15.

197. 于志刚,邵毅明.我国道路交通安全管理新体制的探讨[J].交通标准化,2006(10):126-129.

198. 余凌云.部门行政法的发展与建构:以警察(行政)法学为个案的分析[J].法学家,2006(5):138-145.

199. 余凌云.机动车单双号限行:是临时还是长效?:行政法学的视角[J].法学家,2008(5):8-10.

200. 余睿.公共财产所有权的法律属性[J].江西社会科学,2015,35(1):148-153.

201. 余睿.论行政公产的法律界定[J].湖北社会科学,2009(9):160-164.

202. 裴保纯.浅谈路权的特征及作用[J].现代交通管理,1997(5):9-11.

203. 袁晓新.道路通行权的范畴及行使方法[J].广东交通职业技术学院学报,2015,14(2):31-34.

204. 张步峰.论行政程序的功能:一种行政过程论的视角[J].中国人民大学学报,2009,23(1):82-88.

205. 张大驼.论保障城市交通弱势群体的路权分配[J].辽宁警察学院学报,2016,18(3):73-77.

206. 张改平,罗江,荣朝和.有关国家的交通权立法及其借鉴意义[J].综合运输,2016,38(5):34-41.

207. 张康之.走向服务型政府的"大部制"改革[J].中国行政管理,2013(5):7-10.

208. 张平华.权利冲突是伪命题吗?:与郝铁川教授商榷[J].法学论坛,2006(1):11-18.

209. 张卿.论大城市治理交通拥堵的政府监管制度选择与优化[J].行政法学研究,2017(6):44-57.

210. 张善根. 人权视野下的民生法治[J]. 法学论坛,2012,27(6):28-34.

211. 张涛."放管服"改革下网约车新政的法治化审视[J]. 福建行政学院学报,2017(4):27-35.

212. 张天培. 关于优化交通资源配置的思考[J]. 综合运输,2006(12):15-19.

213. 张霆. 南京市交通设施市场化投融资模式研究[J]. 河海大学学报(哲学社会科学版),2010,12(2):72-75+92.

214. 张文显. 民生呼唤良法善治:法治视野内的民生[J]. 中国党政干部论坛,2010(9):12-14.

215. 张文艳. 浅析城市交通管理体制改革[J]. 交通企业管理,2011,26(7):27-29.

216. 张翔. 机动车限行、财产权限制与比例原则[J]. 法学,2015(2):11-17.

217. 张翔. 基本权利的受益权功能与国家的给付义务:从基本权利分析框架的革新开始[J]. 中国法学,2006(1):21-36.

218. 张翔. 论基本权利的防御权功能[J]. 法学家,2005(2):65-72.

219. 张效羽. 试验性规制视角下"网约车"政府规制创新[J]. 电子政务,2018(4):32-41.

220. 张效羽. 网约车地方立法若干法律问题研究[J]. 行政与法,2016(10):87-93.

221. 张欣. 关于城市交通拥堵的探讨[J]. 科技与企业,2013(11):287.

222. 张新兰,陈晓. 落实公共交通设施用地策略研究[J]. 城市规划,2007(4):86-88.

223. 张言彩. 交通基础设施建设对社会经济的影响[J]. 交通科技与经济,2006(6):106-107.

224. 张艳玲. 道路交通安全管理问题研究综述[J]. 道路交通与安全,2008(4):11-13+17.

225. 张玉磊. 新型城镇化的法治视角:从政策之治到法治之治[J]. 长白学刊,2016(3):56-62.

226. 章志远,黄娟. 公用事业特许经营市场准入法律制度研究[J]. 法治研究,2011(3):53-60.

227. 章志远. 行政诉讼类型构造模式研究:比较法角度的审视[J]. 安徽广播电视大学学报,2006(4):8-13.

228. 赵刚. 加强民生科技已成为各国政府制定科技政策的新导向[J]. 中国科技论坛,2008(1):6-7.

229. 赵蕾. 城市交通拥堵治理:政策比较与借鉴[J]. 中国行政管理,2013(5):82-85.

230. 赵丽君. 论部门行政法的法学特质:以我国机动车登记备案制度为例[J]. 行政与法,2017(1):89-94.

231. 赵琳娜,贾兴无,戴帅,等. 中国城市道路交通安全特点解析[J]. 城市交通,2018,16(3):9-14+20.

232. 赵明昕. 机动车第三者责任强制保险的利益衡平问题研究[J]. 现代法学,2005(4):155-167.

233. 赵文芝. 建设新北京交通体系的政策与行动[J]. 城市交通,2006(1):12-16.

234. 赵信会. 英美证据评价制度的定位[J]. 法律科学(西北政法大学学报),2010,28(2):149-156.

235. 赵紫星. 公路交通基础设施投融资现状与改进建议[J]. 当代经济,2012(17):18-19.

236. 征汉年. 权利正当性的社会伦理思考[J]. 江苏社会科学,2009(2):128-133.

237. 郑春燕. 论城乡规划的司法审查路径:以涉及城乡规划案件的司法裁判文书为例[J]. 中外法学,2013,25(4):803-816.

238. 郑洁. 重庆市综合交通体系重点建设项目融资模式研究[J]. 重庆交通学院学报(社会科学版),2006(2):13-16.

239. 郑毅. 中央与地方立法权关系视角下的网约车立法:基于《立法法》与《行政许可法》的分析[J]. 当代法学,2017,31(2):12-22.

240. 郑玉颜,关敬辉. 城市轨道交通建设中面临的几个问题[J]. 城市轨道交通研究,2010,13(6):98-100.

241. 周汉麒,洪文胜. 加快推进武汉城市交通建设投融资体制改革[J]. 学习与实践,2005(7):26-29.

242. 周江评. 美国公共交通规划立法及其政策启示[J]. 城市交通,2006(3):22-26.

243. 周江评. 中国城市交通规划的历史、问题和对策初探[J]. 城市交通,2006(3):33-37+4.

244. 周伟. 论禁止歧视[J]. 现代法学,2006(5):68-75.

245. 周详. "醉驾不必一律入罪"论之思考[J]. 法商研究,2012,29(1):137-143.

246. 周佑勇. 论行政裁量的利益沟通方式[J]. 法律科学(西北政法大学学报),2008(3):74-82.

247. 周佑勇. 特许经营权利的生成逻辑与法治边界:经由现代城市交通民营化典型案例的钩沉[J]. 法学评论,2015,33(6):1-14.

248. 周佑勇. 行政裁量的均衡原则[J]. 法学研究,2004(4):123-133.

249. 周忠学. 城市交通权之国家义务[J]. 云南师范大学学报(哲学社会科学版),2015,47(4):120-129.

250. 朱芒. 论我国目前公众参与的制度空间:以城市规划听证会为对象的粗略分析[J]. 中国法学,2004(3):52-58.

251. 朱蕊,王守清. 资源补偿项目(RCP)融资模式特许权要点设计:以某湿地公园项目为例[J]. 建筑经济,2011(9):75-79.

252. 朱未易. 论城市治理法治的价值塑型与完善路径[J]. 政治与法律,2015(2):72-79.

253. 朱新力,唐明良. 现代行政活动方式的开发性研究[J]. 中国法学,2007(2):40-51.

254. 竺效. 机动车单双号常态化限行的环境法治之辨[J]. 法学,2015(2):3-10.

## 四、外文论著

1. Sumalee A, Kurauchi F. Network capacity reliability analysis considering traffic regulation after a major disaster[J]. Networks and Spatial Economics,2006,6(3):205-219.

2. Valleley M. Congestion charging. Report to Transport and Environment Committee[R]. London: The Association of London Government,2004.

3. Mondschein A, Taylor B D. Is traffic congestion overrated? Examining the highly variable effects of congestion on travel and accessibility[J]. Journal of Transport Geography,2017,64:65-67.

4. Cosens B A, Craig R K, Hirsch S L, et al. The role of law in adaptive governance[J]. Ecology and Society,2017,22(1):308-319.

5. Brown I D, Copeman A K. Drivers' attitudes to the seriousness of road traffic offences considered in relation to the design of sanctions[J]. Accident Analysis & Prevention,1975,7(1):15-26.

6. Centers for Disease Control and Prevention. Motor-vehicle safety: A 20th century public health achievement[J]. Morbidity and Mortality Weekly Report,1999,48(18):369-442.

7. Vaudelin C Z. Transport policy of France in the context of ecological problems[J]. RUDN Journal of Political Science,2016(3):87-96.

8. Cervero R. The transit metropolis: A global inquiry[M]. Washington D C: Island Press,1998.

9. Cheng W M. Some problems and their solving methods in comprehensive safety evaluation[J]. China Safety Science Journal,1999,9(4):75-78.

10. Gruyter C D, Currie G, Rose G. Sustainability measures of urban public transport in cities: A world review and focus on the Asia/Middle East Region[J]. Sustainability,2016,9(1):43.

11. DeCaro D A, Chaffin B C, Schlager E, et al. Legal and institutional foundations of adaptive environmental governance[J]. Ecology and Society,2017,22(1):1-32.

12. Esty D C. Good governance at the supranational scale: Globalizing administrative law[J]. The Yale Law Journal,2006,115(7):1490-1562.

13. Mohan D. Traffic safety: Rights and obligations[J]. Accident Analysis and Pre-

vention,2019,128:159-163.

14. Toulni H, Nsiri B, Boulmalf M, et al. An ontology based approach to traffic management in urban areas[J]. International Journal of Systems Applications, Engineering & Development,2015,9:54-59.

15. Hansen M B. Marketization and economic performance[J]. Public Management Review,2010,12(2):255-274.

16. Bowie N. The constitutional right of self-government[J]. The Yale Law Journal, 2021, 130(7):1652-1951.

17. Tiwari G. Traffic flow and safety: Need for new models for heterogeneous traffic [J]. Injury Control and Safety Promotion,2000,7(1):71-88.